GAIA
ORGANIZATION
盖亚组织

况阳——著

机械工业出版社
China Machine Press

图书在版编目（CIP）数据

盖亚组织 / 况阳著 . -- 北京：机械工业出版社，2022.1
ISBN 978-7-111-69620-9

I. ①盖⋯ II. ①况⋯ III. ①企业管理 – 组织管理 IV. ① F272.9

中国版本图书馆 CIP 数据核字（2021）第 238985 号

组织既有生物性，也有心理性，还有社会性，这是组织的三性。让组织具备三性，是赋予组织第一次生命。赋予组织第二次生命，是要让组织成为由高活力组织个体和组织间共生关系组成的盖亚组织。本书以华为、阿里巴巴、字节跳动等知名企业作为主要案例去剖析组织的本质，既有为什么层面的本质探讨，又有怎么做层面的方法论探讨。读者不仅能洞见组织的本性，还能学习构建起充满活力、可以永续经营的盖亚组织。

盖亚组织

出版发行：机械工业出版社（北京市西城区百万庄大街 22 号　邮政编码：100037）	
责任编辑：杨振英	责任校对：马荣敏
印　　刷：北京诚信伟业印刷有限公司	版　　次：2022 年 1 月第 1 版第 1 次印刷
开　　本：170mm×240mm　1/16	印　　张：21.5
书　　号：ISBN 978-7-111-69620-9	定　　价：89.00 元

客服电话：(010) 88361066　88379833　68326294　　投稿热线：(010) 88379007
华章网站：www.hzbook.com　　　　　　　　　　　　读者信箱：hzjg@hzbook.com

版权所有 · 侵权必究
封底无防伪标均为盗版
本书法律顾问：北京大成律师事务所　韩光 / 邹晓东

FOREWORD ◀ 推荐序　组织发展的未来

管理学家切斯特·巴纳德认为，组织由三个要素组成：共同的目标、协作的意愿和良好的沟通。人们说起组织，一般情况下想到的是单个的组织。但是随着时代发展，需要从更高层面认识和发展组织。一群组织通过协作和沟通，共同实现某个目标，也完全可以被看作组织。这样的一群组织叫作什么，我见过不同的提法，如网络组织、组织生态圈、生态链、组织群落、社会化组织等。见到况阳先生在本书提出的"盖亚组织"概念后，我眼前一亮，觉得这是一个贴切、形象、简洁的用词，而且颇有深意。

读本书之前，我对组织的思考聚焦在作为个体的组织。在我看来，组织发展的目的，是通过优化权责分工和沟通方式，建立有利于实现组织目标的协作体系。我构想的蓝图中，组织发展经历三个阶段：第一阶段，保持传统的权力结构基本不变，通过明确权责关系，增大授权程度，消除不必要的管理层级。第二阶段，改变传统的权力结构，通过赋能组织成员，增大分权程度，打造敏捷、灵活、适应力强的组织。其中赋能不仅是让协作者有能力，更重要的是，让有能力的协作者有权力。第三阶段，颠覆传统的权力结构，通过彻底的分权，以文化机制为基础，实行综合市场和结构机制的混合机制，实现自组织，即没有管理者的组织。

我阅读本书最大的收获，是学习到了从更高的层面认识组织和组织发展，并有了一些新的感悟，尤其是如下三点：第一，扩展了对组织发展的认识。我在上一段描述的组织发展第二阶段，与本书讲到的高活力组织很类似。我现在认识到，高活力组织继续向第三阶段发展，不一定是将自身变成颠覆层级制传统的自组织，也可以通过升级到一个更大的生态，即盖亚组织中继续发展，而且后者的可能性更大。实际上，国内不少企业的组织发展，正是沿着这条路向前的。对于盖亚组织来说，虽然其中的单个组织都可能不是自组织，但整个盖亚组织却实现了自组织。例如，海尔公司正在实践的"平台+小微"，每个小微公司并不是自组织，但"平台+小微"构成的整体，是按照自组织的设想来运作的。

第二，盖亚组织可以被想象成一群节点形成的网络。盖亚组织中的高活力组织，是网络中的核心节点，起主导作用。这个网络是目标导向的，即根据需要实现的目标，在网络内调动资源，实现最优的资源配置。这个网络是开放的，表现为高活力组织稳定，而其他成员相对稳定，有进有出。这个网络是灵活的，围绕着不同的任务，这个网络里面的成员形成不同的组合。这个网络是分层的，高活力组织自身也可能是个盖亚组织，并层层嵌套。这个网络是稳健的，如果盖亚组织由高活力组织做主导，成员具备必要的多样性，而且成员之间协作良好，那么在面对外部环境的变化时，就具备强大的自我调节能力。

第三，基于文化的协作机制对于盖亚组织至关重要。组织文化很可能突破单个组织的边界，在更大范围的盖亚组织中存在，并发挥重要的作用。传统组织的层级关系中，上级可以给下级们下达指令来实现协作，但网络关系中，每个成员是自主独立的，这种下达指令的方式行不通。市场机制主张通过价格杠杆来实现协作，但网络关系中，由于成员之间需要较稳定的合作，因此不能完全依赖价格杠杆，否则难以避免的机会主义和交易成本会破坏组织所需的成员之间的信任。共享的盖亚组织文化，尤其是共享的目标和价值观，是培育和维持信任最重要的因素。盖亚组织文化既有共性，也有个性。共同的特点是鼓励开放、分享、合作、共赢，而它们不同的商业模式、不同的客户需求、不同的发展阶段等诸多因素也必然形成文化方面的个性。

本书给组织发展领域做出了一定的贡献，有两点特别值得指出。组织学家加雷思·摩根曾经用隐喻来回答什么是组织，他总结出，组织可以被视为如下八种里的一种或某种组合：机器、有机体、大脑、文化、政治体、精神监狱、变形体、控制工具。当组织中的人们采用了某种或某种组合来定义自己时，他们会以特定的方式响应变化。尽管这些观点非常精彩，但对组织的认识仍然以单个组织为主，忽略了单个组织之间的关系。本书既看到了单个组织，运用了隐喻的手法来回答组织是什么，同时更强调了盖亚组织的两个维度：高活力组织与组织生态。

对于组织发展实践界来说，本书来得正是时候。组织发展领域在国内生机勃勃，甚至显得时尚，但在西方正变得边缘化。其中重要的原因，是组织发展顾问缺乏对组织的系统性视角，常常过于关心个体和群体，忽视了文化和复杂的系统变革，从而无法真正为组织带来价值。本书的内容恰好弥补了这一缺憾，避免了过度的心理化和工具化，和组织实践紧密结合，有丰富而深刻的洞见。也许本书的出现，能帮助中国的组织发展实践者少走一些弯路。

我和况阳先生通过他撰写的《绩效使能：超越OKR》一书结识，并成为志同道合的朋友。我本想他在征服OKR这座高峰后，会休整一段时间，介绍和推广OKR的经验，没想到他马不停蹄，在近三年中，又挑战了组织发展领域的高峰。我特别欣赏他追问事物本源的眼光以及迎难而上的勇气，能有机会为他的这本书写推荐序，我深感荣幸。希望广大的读者朋友和我一样，从阅读本书中获益。

张勉

清华大学经济管理学院领导力与组织管理系副教授

2022年1月

序言　看见盖亚　▶ PREFACE

当我离开华为去阿里巴巴从事组织发展工作时,我习惯性地把华为的方法论带到了阿里巴巴。但我很快发现,在阿里巴巴,方法论远不像在华为那样受欢迎。阿里巴巴注重用短平快的方式解决实际问题,至于采用什么招式,则一点也不关心。你可以用西式套路,也可以用中式方法,不管黑猫白猫,抓到老鼠的就是好猫。

这和华为大不一样。华为很注重能力沉淀,凡事做完一次之后,都力求将其形成一套打法,以便其他团队可以原样照做,从而避免了再次探索试错,使组织得以不断地快速进化。一个个的组织方法和机制构成了华为的组织能力。换言之,华为强调将能力建在组织上。任何人,都首先是组织中的人,组织是第一位的,组织能力不因人员变动而波动。

阿里巴巴也会在每件事做完之后去复盘,但更多的是在软性的心法层面总结得与失,以及在这个过程中大家得到的成长,基本不强调生成方法论,即使生成了也不会有人去拷贝。阿里巴巴有创新的基因,没有复制他人的习惯。阿里巴巴的组织能力,依托于组织里的个人能力。是人,而非组织方法和机制在发挥核心作用。文化的不同造成了"南橘北枳"现象,南边的华为方法论无法移植到北边的阿里巴巴。

慢慢地，我意识到，不同企业，其组织发展实践大相径庭。当我们在方法论层面讨论问题时，实际上是在讲"怎么做"，即在 how 的层面讨论问题。此时，我们并没有深入问题的本质去问为什么，即没有深入 why 的层面去探究问题。为什么一个方法论适用于 A 公司，却不适用于 B 公司？A 公司和 B 公司有什么共性，又有什么差异？更进一步，组织的本质是什么？任正非一直强调，对于一个企业，"方向要大致正确，组织要充满活力"。组织活力指的是什么？如何才能让组织充满活力？这些问题始终萦绕在我心间，挥之不去。

此后，我在负责阿里巴巴一个事业群的组织发展工作期间，面试了国内大大小小各类企业百余名组织发展从业者，应聘者众，匹配者少。有的应聘者自恃聪明，操着六个盒子夸夸其谈，仿佛找到了神器一般。我通常会回应他们说，阿里巴巴其实自身都不怎么用六个盒子做组织诊断，是外界神化了这一工具。有的应聘者自夸说他帮助公司搭建了人才培养机制或者领导力机制抑或晋升机制，但当我问他们为何会在公司应用这样的机制时，得到的最多的答复是这是对标了某某公司的做法。那我的问题是，你为什么要对标这家公司，而不是别家公司呢？他们大多无言以对。

这背后反映的是什么？反映的是，事实上组织发展的从业者采取的是"天下文章一大抄"的做法，从 A 公司拷贝了 B 实践到 C 公司，又从 C 公司拷贝了 D 实践回 A 公司，而缺乏对这些实践底层逻辑的探究，所以终究是在表层的现象层面看问题和找解法，没能深入下去，因而，可以预见的是，他们所构建起来的机制、方法论，都是空中楼阁，缺乏根基！外部环境稍有风吹草动，这些机制、方法论必将被吹个人仰马翻，上不了战场，经不起检验。

我在《绩效使能：超越 OKR》一书中探究了绩效管理的第一性原理，帮助很多企业管理者看清了 OKR 的本质。OKR 的本质是培育员工的内在动机，只有认识到这个层次，才能分辨：哪些是 OKR 的实践精髓，要誓死捍卫；哪些是 OKR 的金玉外表，须谨慎。当我深度涉猎组织发展领域时，接触到了很多组织发展的工具，有生成战略的业务领先模型（business lead model，BLM），有引导共创会议的 U 型理论，在组织设计领域有合弄制、青色组织等，应有尽有，数不胜数。在术的层面，组织发展呈现一片繁荣的景象。但在我看来，这些工具与方法，都没能首先探究清楚：组织究竟是什么？组织的本质是什么？什么是组织活力？如何才能让组织充满活力？哪些是最关键、最本质、需要我们恪守的，哪些是我们可以因地制宜的？只有先弄清楚了这些，才有可能构建起有生命力的组织管理方法。任何试图跳过这些的做法，都是在避重就轻，非但无用，甚至有害。

组织是什么？如何才能让组织充满活力，活得长长久久？为了回答组织发展的这几个问题，我们不妨先跳脱出组织这个话题，来个最彻底的寻根究底，或许从宇宙起源、演进的过程中，我们可以获得一些启发。

这个世界原本就是虚空，什么也没有，直到大爆炸的那一刻，从一个无限致密的奇点，迅速膨胀，逐步演化成今天的宇宙。牛顿定律几近完美地解释了宇宙的运行规律。但牛顿定律统辖的是无生命的宇观世界，是无关时间的，针对的是封闭、平衡的大质量系统。

后来，克劳修斯提出了热力学第二定律，指出任意孤立系统或者封闭系统，终将达到热平衡状态，即死寂状态。而要避免系统走向死寂状态，就需要让系统像普利高津所说的那样，打开系统边界，保持开放，与外界进行物质和能量的交换。唯此一途！这就是普利高津的耗散结构理论！这个发现为生命世界打开了一扇窗，耗散结构让系统可以持续保持活力而不衰亡。

任正非认识到了热力学第二定律的力量，把热力学第二定律（即熵增定律）和耗散结构理论引入了华为的管理哲学中，认为华为过去三十年之所以能高速发展，正是得益于华为的开放性——"一杯咖啡吸收宇宙能量"，借助人力资源手段让组织持续跳脱出舒适区，从而实现了华为的"熵减"。华为为此还专门出版了一本书《熵减：华为活力之源》，详细阐述了华为是如何应用熵减理论提升组织活力的。耗散结构理论很成功,解答了开放系统何以生机盎然而非走向死寂。

那么,我们应该止步于此吗?深入思考我们就会发现,热力学第二定律预言的是系统终将走向死寂,耗散结构理论预言的是系统可以维持现状甚至向更高级的状态进化,直至演化出生命的最初形态。这就变得异常有意思了:宇宙产生于虚空,有机的生命产生于无机的物理世界。这世界还真的像中国古代神话所说的那样,一块石头修炼数千年,竟然真的可以成"精"。普利高津不愧是伟大的科学家,他的耗散结构连接着无生命世界和有生命世界,洞悉到了生命最本质的发展规律。任何生命,倘若不遵循普利高津的耗散结构理论,就不可避免地落入热力学第二定律的宿命,走向死亡。然而,耗散结构可以进化出生命,但耗散结构并不必然进化出生命。比如旋涡、龙卷风是耗散结构,却不是生命形态。从耗散结构进化到生命形态,需要诸多因素共同作用。

生命的产生来之不易,在茫茫宇宙中,科学家至今也没找到第二个存在生命的星球。生命一旦产生,从原核细胞到真核细胞,到简单多细胞,到原始低等生物,到高等复杂生物,直至人类,这是另外一条漫长的进化之路——生命的进化之路。宇宙的进化为生命的进化创造了外部客观环境,生命的进化为人类的出现创造了客观有利条件。人既是耗散结构,更是生命。生命中蕴含着耗散结构的底层逻辑。人要在这个世界上生存,有其生物性的一面,人要吃饭、要睡觉、要取暖、要繁衍后代;人更有其心理性的一面,人在生活中有爱和被爱的心理需求,在工作中有自主、胜任、关系三个基本心理需求;人还是社会性动物,注重和他人的互动与联结,当个体离开家人和朋友时会感到忧伤与不适。生物性、心理性、社会性三者兼而有之,人才是一个完整的人。当多人为了一个共同目标而长时间地聚集在一起时,他们事实上就形成了一个组织。

所以,组织既有生物性,也有心理性,还有社会性,这是组织的三重属性,我称它们为组织的三性,这是由组织里的人的属性所决定的。这就是组织的本质，也是组织活力之源。

如果你以为到这里，故事就完了，那你大错特错了。我们习惯于从组织的内部去认识和理解组织，却不擅长从里面跳出来，用旁观者的视角去看组织。组织要能很好地发展下去，还必须处理好与其他组织的关系，必须处理好与环境的关系。独木不成林，一花难成春。一棵树既是耗散结构，也是一个生命体，但树必须长在土壤里，必须依靠阳光、空气和水，必须和其他花草树木去竞争有限的资源，也必须与其他微生物和虫鸟相依。而地球、地球上所有的有生命物体、地球大气共同构成了一个超级生命体，这个生命体被科学家称为盖亚。盖亚源于希腊神话，寓意地球之母。自地球上有生命诞生以来，地球盖亚就基本维持着稳定，即便遭遇像小行星撞击这样的灭顶之灾，地球盖亚也能很快从中恢复生机。没有哪一个单一生命体能做到这一点。

企业不都渴望着永续经营吗？为何不向地球盖亚学习呢？让组织具备三性，是赋予组织第一次生命，但这远远不够。正如一个人孤独地活着，并不代表他活得有价值，只有融入社会、联结他人，才能更好地为社会创造价值，活出更好的自我。同样，要让组织更好地活着，还需要赋予组织第二次生命，这个第二次生命，就是要让组织成为盖亚组织。

组织要进化，首先组织观要进化，基于进化后的组织观，重新认识组织和组织活力，由内而外、由外而内地构建全新的生命型组织，即盖亚组织，这是本书试图探讨的终极命题。我亲身经历过华为、阿里巴巴、腾讯等不同形态的企业。这是目前中国比较成功的几家企业，也是全球成功企业的典型代表。它们形态各异，却都在各自领域经历着各自的成功，取得了了不起的成就。在本书中，我将以这些企业作为主要案例去剖析盖亚组织的本质，让读者不仅能理解高活力组织、洞见高活力组织的本性，还能理解组织生态，从而构建起充满活力、可以永续经营的盖亚组织。既有why层面的本质探究，也有how层面的方法论探寻。

本书分为四大部分，整体结构如图0-1所示。

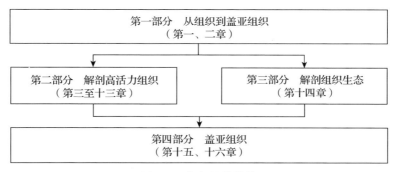

图 0-1 本书整体结构

第一部分概要地介绍了组织以及盖亚组织，指出了盖亚组织的两个维度：高活力组织以及组织生态。第二部分和第三部分则对这两个维度分别展开论述。第二部分用了很大的篇幅阐明：高活力组织的底层逻辑是组织的组织观（又称组织三观，即生命观、人本观和社会观）。基于组织观，我们需要认识组织三性（生物性、心理性和社会性），而组织三性则包括六要素、十子要素。针对这些组织要素，我重点梳理了二十四个典型企业实践案例，这些章节环环相扣，共同揭开了高活力组织的面纱。第三部分则重点分析了组织生态，健康的组织生态须满足四要素。最后，在第四部分，分析了盖亚综合指数以及盖亚象限，并凝练出了盖亚组织的十三条原则。二维、三观、三性、六要素、十子要素、二十四个典型企业实践、四个组织生态要素、十三条盖亚组织原则，共同构成了本书的核心逻辑主线。建议读者沿着这样的脉络去依序阅读。

希望本书能帮助企业家和组织发展从业者深刻理解组织和组织活力，并在此基础上去经营组织生态，知其然，也知其所以然，建立起中国企业组织发展的理念自信和道路自信。中国企业已经走出了一条有别于西方的发展之路，中国企业的组织管理也应当走出一条有别于西方企业的管理之路。生产力的发展呼吁与之适应的生产关系的诞生，这个生产关系必然就是盖亚组织。这是时代的呼唤。

致谢 ▶ ACKNOWLEDGEMENTS

作为趴在田间地头实际劳作的企业管理从业者,要写就一本书,实非易事。我需要先识别管理痛点和管理难点,然后解决这些痛点和难点,形成管理实践,再把一个个真实存在的管理实践凝练成头脑中的思想和方法,最后用文字让头脑中的管理思想和方法跃然纸上。每一步都不容易,而最后一步尤其艰难。管理实践很多时候犹如一个个散落各处的珍珠,有大的,也有小的,有黑白的,也有彩色的。把它们用一根线串接起来,形成一条美丽的项链,使大的出现在该大的位置,小的出现在该小的地方,各得其所,相得益彰,让大家都能欣赏到它们的美,愿意把它们"戴在"自己身上,成就更美好的组织,这是一项非常艰巨的工程。

我从事人力资源工作已经十余年,研究组织也近十年,但直到三年前,头脑中散落各处的、有关组织管理的大小珍珠,才逐渐汇聚到了一起。我决定下一番功夫,把它们串接起来,给读者一条尽可能美丽的项链。写作的过程极其艰辛。由于我仍在企业中就职,我只能极力地去挤时间,早晨、深夜、周末、五一假期、十一假期、春节假期……一切能利用上的时间都被我利用上了,冬去春来几春秋;家中、高铁上、飞机上……一切能利用上的地点也被我利用上了,南来北往百千回。即便如此,本书从动笔到落笔，前后也耗费了三年多的时光。在这三年多的时间里，我一边在串联过去的珍珠，同时也在发现新的珍珠，还不时地删减掉一些珍珠。那些被我删减掉的珍珠，并非不珍贵，只是我觉得它们应该在其他地方闪耀它们的光彩。我希望呈现给读者的每一颗珍珠，都能找到它在盖亚组织这条项链中的位置，多一颗则多，少一颗则少，不多不少，恰到好处。我始终在努力地做到这一点，哪怕忍痛割爱。

一本书的思想，绝非作者一人之功，本书也不例外。书中凝结了诸多前人的智慧，有把熵概念引入华为管理的任正非及中国人民大学的各位教授，有在中国企业管理界独树一帜的阿里巴巴创始人马云和现任CEO张勇，有亚马逊创始人贝佐斯，有美捷步创始人谢家华，有从哲学角度完整审视自组织的埃里克·詹奇（Erich Jantsch），有提出地球盖亚假说的詹姆斯·拉伍洛克（James Lovelock），有提出生命之网的卡普拉（Fritjof Capra），有提出耗散结构的普利高津（Ilya Romanovich Prigogine），有提出超循环理论的艾根（Manfred Eigen），有提出组织隐喻的加雷斯·摩根（Gareth Morgan），有提出内在动机的爱德华·德西（Edward L. Deci），有企业文化的鼻祖级人物埃德加·沙因（Edgar H. Schein）……感谢他们在前路的辛勤探索。

除了汲取企业家和管理大师们的思想精华，我还从身边的朋友那里借鉴了很多有益的观点和看法。尤其要感谢我在阿里巴巴时的主管张菲菲和严国新，从他们身上，我亲历了老阿里人的拼搏与真诚，切身体会到了HR不仅要专业，更要不断提升业务视角和业务能力方面的修为，成为业务导向的专业HR。他们是阿里HR的代表，也是我一直特别珍视的朋友。

感谢阿里巴巴前首席客户体验官吴敏芝，我在负责阿里巴巴客户体验事业群组织发展及企业文化工作期间，见证了她对阿里巴巴"客户第一"文化的坚守，见证了她"视人为人"的管理风格。作为阿里巴巴合伙人，她代表了阿里巴巴文化最纯正的一面。

还要感谢本书的编辑张竞余。因工作繁忙，我时常落下写作，正是有他不断地鞭策和催促，本书才得以虽姗姗来迟但终和读者见面。

最后，要特别感谢我的妻子，在这三年多的时光里，我因忙于工作而很少在家。即使在家，也多忙于工作或写作，少有陪伴，是她一力挑起了照顾小孩的重担，没有她在背后无怨无悔地默默支持，我不可能落笔成书。

要感谢的人和感谢的话还有很多，不一而足。

中国的企业发展已经走到了一个新阶段，中国的企业管理也应当更上一层楼。我深信盖亚组织是中国组织发展的未来。唯愿将来与更多志同道合的企业管理从业者、企业管理研究者和咨询界朋友们一起，携手揭开中国企业组织发展的新篇章。

况阳

2022 年 1 月于深圳

CONTENTS ◄ 目录

推荐序　组织发展的未来
序　言　看见盖亚
致　谢

第一部分 ▶ 从组织到盖亚组织　　　　1

第一章　组织是什么　　　　2
两种组织的迷思　　　　2
组织隐喻　　　　4
熵的引入　　　　14
上一个台阶看问题　　　　16
组织观的进化　　　　18

第二章　初识盖亚组织　　　　25
关于盖亚　　　　26
盖亚组织　　　　30

第二部分 ▶ 解剖高活力组织

第三章　组织的三性　38
部门墙效应　38
煤气灯效应　44
斯坦福监狱实验　46
组织的三重属性　48

第四章　组织的生物性：自组织框架　52
人的生物性　52
组织也有生物性　56
蚂蚁的故事　59
蜜蜂的故事　63
涌现　64
自组织　65

第五章　组织的生物性：网状组织　78
组织设计：客户导向的全功能型组织　87
人才设计：高流动的成熟人　91

第六章　组织的生物性：远离舒适区的开放组织　95
红王后的故事　95
组织一定要远离舒适区　96
组织一定要开放　103
组织要能自我催化　112
华为和阿里巴巴是耗散结构吗　127

第七章　组织的生物性：动态组织　132
规模要小　133
结构要扁平　137
管理层要流动　142
宽带人才结构　146

第八章　组织的生物性：自组织实践　　150

不太成功的自组织实践：美捷步公司　　150
比较成功的自组织实践：维尔福公司　　157

第九章　组织的心理性：组织心智　　164

典型组织心智　　169

第十章　组织的心理性：工作动机　　176

动机图谱　　177
华为的动机图谱　　187
三个基本心理需求　　187
基本心理需求与绩效使能　　201
华为动机状态剖析　　203

第十一章　组织的社会性：群体动力　　206

一则寓言故事的启示　　207
搭便车效应与傻瓜效应　　210
社会惰化与内在动机　　211
群体绩效分布探析　　213
群体动力　　216
组织协同　　218
团队建设的重要性　　219

第十二章　组织的社会性：组织文化　　224

文化的三层结构　　225
理念层　　226
制度层　　261
器物层　　267
文化的评估　　270

第十三章　组织活力综述　　279

第三部分 ▶ 解剖组织生态   285

第十四章　组织生态   286
要素 1：组织必须找到独特的生态位   288
要素 2：组织的业务必须适度多元化   290
要素 3：组织必须构建起清晰的价值大循环   295
要素 4：组织必须不断扩大生存空间   297

第四部分 ▶ 盖亚组织   303

第十五章　盖亚组织综合指数   304

第十六章　盖亚组织原则   309
原则 1：流程最小化，关系最大化   309
原则 2：打开组织边界，让组织成为开放组织   310
原则 3：把组织驱离安全港湾，让组织始终处于
不进则退的爬坡状态   311
原则 4：一支"会玩"的 HR 队伍对提升组织活
力至关重要   311
原则 5：破除固定周期，让组织随需而动   313
原则 6：坚持培育员工的内在动机   313
原则 7：组织要有灵魂   314
原则 8：组织机制的设计必须围绕组织理念进行   315
原则 9：给信仰一个停靠的港湾   315
原则 10：组织要找到自己独特的生态位   316
原则 11：从一棵大树到一片森林   316
原则 12：大家好才是真的好   316
原则 13：放眼全球   317

结语   319

参考文献   321

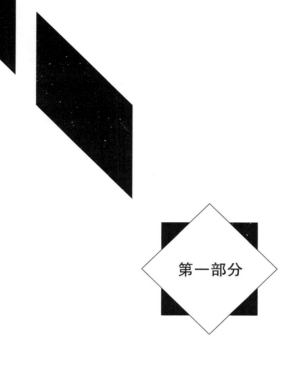

第一部分

从组织到盖亚组织

第一章

组织是什么

两种组织的迷思

我于 2005 年加入华为,在华为一做就是 13 年。这 13 年中,我主动变化过 3 次部门。最初入职时,我被分配在华为业务与软件产品线,主要从事电信通信软件的开发。然后在 2 年后的 2007 年,我主动申请调入做网络操作系统的网络产品线。在这个部门做了 5 年后,2012 年我又主动申请从网络产品线转岗到 2012 实验室做 HR,并再次在 5 年后的 2017 年,从研究所 HR 申请转入华为深圳全球总部做 HR COE(center of expert)。回想起这整个过程,我觉得我是一个特别喜欢折腾自己的人。我完全可以不这么做!如果我不主动申请调换部门,我也可以像我最初入职华为的一些同事那样，数十年如一日地在一个部门一直做着。华为的组织结构整体来说是非常稳定的，除了在大部制骨架层面会每年做一些大的变动外，大部分员工事实上感知不到自己所从属的组织发生了什么变化。细想一下我自己待得最长的两段。第一段是在网络产品线，我在那里做了 5 年研发，在这 5 年中，我所在的四级部门只经历了两次调整：一次部门合并，一次主管变化，而我当时属于五级部门下的小组，我所在的小组并没有发生太大的变化。后来转做 HR 后，我在华为南京研究所做了 5 年 HR，前两年以做绩效管理工作和组织发展工作为主，从属于华为学习发展部，第 3 年调入员工关系部，第 4~5 年调回学习发展部负责学习发展工作。在华为的 13 年工作经历中，我一共经历了 10 任主管。从这一点也可以看出，华为的组织变化周期通常是以年为单位。员工作为最小的组织单位，犹如一颗螺丝钉，在同一岗位深耕细作，较少变动，华为也不鼓励员工流动。

2018 年，我加入了阿里巴巴。1 年过去后，虽然我仍在同一个团队，但我一共经历了 3 任主管，工作职务从最初的专家变为之后负责 3 个团队的负责人，变化之快，超乎想象。

过去有一种说法，叫"铁打的营盘流水的兵"，指高层管理者通常不怎么变动，变动的是中基层主管和员工。然而，在阿里巴巴，即便是高层管理者，同样也经历着高频的组织变动。阿里巴巴现任 HRVP（人力资源副总裁）童文红 2020 年曾分享过自己自加入阿里巴巴后的工作经历，她在阿里巴巴 20 年间一共经历了 7 次大的岗位变动：行政岗→销售支持岗→行政团队管理岗→客服团队管理岗→行政置业管理岗→菜鸟团队管理岗→ HR 团队管理岗。从这也可以看出，阿里巴巴的高层管理者也在经历着快速的组织变动。

如果上述经历还仅是一些个例的话，那么，从范围更大的组织去看时又是怎么样的呢？2019 年，我曾系统分析过阿里巴巴一个事业群 200 多位新入职员工的情况，他们中大概 80% 的新人在一年内至少会经历 2 任及以上主管变化，10% 左右的员工在一年内甚至会经历 4~5 任主管的变化，基本上一个季度变化一次。所以在阿里巴巴，大家常开玩笑说："我出去参加了一个培训，回来后主管就变了。"还有人说："我只休了一周的假，回来后等待我的，就已经是我的新老板了。"这不是玩笑，这在互联网界是真实发生的事。互联网界的变化周期是以月为单位。

组织隐喻

华为和阿里巴巴，两个企业文化、组织形态截然不同的组织，在各自的赛道上都取得了自己的成功。这不禁引出一个问题：组织究竟靠什么成功？更进一步地，组织究竟是什么？是一台精密咬合的机器吗？是一个有机协同的生命体吗？是一个依靠文化凝聚的宗教团体吗？还是其他别的什么？

为了弄清这个问题，我决定研究一下中国国内知名企业，包括互联网界的字节跳动和阿里巴巴，以及传统高科技企业华为和海尔，这4家企业是中国目前最成功的企业代表。

华为认为组织是什么

当我于2005年加入华为时，华为采取的是统招统分模式。我在学校学的是计算机科学与技术专业，当时对C++编程非常痴迷，认为这才能体现一个编程高手的气质，所以在学校花了很多时间学习相关的编程技能，自认为有点编程大拿的感觉了。进入华为时，我信心满满，特别想大显身手一番。然而，当秘书把我们领到部门去的时候，随我一同报到的还有另外一位中国科学技术大学的毕业生，部门主管信手一指，让那位中国科学技术大学的同学去了一个以C++为主要开发语言的团队，我则去了一个以Java为主要开发语言的团队。说实话，我那时特别气馁，我在学校虽然也学过Java，但非常不喜欢Java，觉得它运行很慢，一点也不酷，但命运总是喜欢和我们开玩笑，你不喜欢啥，偏撞着啥。就这样，我即便心里有一万个不乐意，也只得硬着头皮去做。于是我重新给自己买了一本《Java 编程思想》，用了两周的时间把它啃读完毕，重新加强了自己在 Java 方面的编程能力。

华为要求每一个加入公司的研发员工都要进行为期一周的脱产在职培训，内部称为大队培训。大队培训采用的是准军事化培训模式。所有参加培训的员工统一着装，统一住宿，每天早上会有退役军官带队进行晨练，练习走正步和长跑拉练，集体唱像《团结就是力量》这样的军歌。大队培训期间还要进行若干文化课培训，其中一门叫"服从组织规则"。所有这些培训，一方面是为了增强员工的体质，另一方面也是为了培养员工的服从精神。华为强调铁一般的执行力。

2005～2008 年那段时间，华为主要采用的是瀑布式开发模式，即先进行市场调研，然后进行需求分析、概要方案设计、详细方案设计、软件编程、集成测试、市场运维这一连串流程，每一步都由具体的部门负责。所以，本质上，我作为软件开发人员，处在整个研发链条的非常中间的一环，我很难清楚地知道客户为什么会有这个需求，我也很难感知到客户最终对我开发的这个需求的感受是什么。我就像螺丝钉一样，不断地深度钻研，做好自己的岗位职责，不把问题遗留给下游环节。听起来，这有点像高级版的流水线作业模式。

华为出版过一本书，书名叫《以客户为中心》，著者认为此书理论体系形成的原点即为任正非在 2003 年 8 月发表的《在理性与平实中存活》。任正非在这篇讲话里强调：

（我们）就是在摆脱企业对个人的依赖，使要做的事，从输入到输出，直接端到端，简洁并控制有效地连通，尽可能地减少层级，使成本最低，效率最高。就这么简单一句话。要把可以规范化的管理都变成扳铁路道岔，使岗位操作标准化、制度化。

我就讲管理就像长江一样，我们修好堤坝，让水在里面自由地流，管它晚上流、白天流。晚上我睡觉，但水还自动流。水流到海里面，蒸发成水汽，雪落在喜马拉雅山上，又化成水，流到长江，长江又流入海，海水又蒸发。

外界认为我们公司出去的干部个体并不怎么有特色，其实他们在公司的作用是依赖了我们这个大平台。他以前在大公司搞得那么好，如果在小公司干不好，就是因为他已经离开了这个大平台，没有了这个条件。

华为是高度流程化的组织，把包括人力资源在内的工作清晰地分成L1～L5级流程。

L1流程（链）：定义业务价值链，是流程的主干部分。例如，"管理人力资源"是1级流程。华为在2012年共定义了15个1级流程。

L2流程（段）：定义运作模式，相当于子流程，会因业务场景不同而差异化。例如，在1级模块"管理人力资源"下包含"组织管理、人才供应管理、领导力与人才管理、薪酬与福利管理、员工关系管理、HR服务交付管理、HR运营管理"等7个2级流程。

L3流程（块）：在2级流程下定义详细的业务能力或活动（与IT系统的选用无关）。例如，在"领导力与人才管理"模块下共定义了8个3级流程，包括"管理人才策略、管理人才标准、管理人才识别、管理任免、管理上岗、管理个人绩效、管理人才发展以及人才监管"。

L4流程（线）：在3级流程下定义详细的工作流，用于描述业务过程（可以结合特定IT系统）。例如，在"管理个人绩效"这个3级流程下，包括"绩效目标设定、绩效辅导、绩效评价与结果沟通、PIP管理、不合格管理者调整、非管理不合格调整"等6个4级流程。

L5流程（点）：在4级流程下定义详细的操作步骤及操作规范。这是颗粒度最细的流程，可以指导具体工作行为。

华为内部某一时期人力资源L1～L4级流程结构如图1-1所示。

在这张流程图中，"管理人力资源"是一级流程（L1），"领导力与人才管理"是二级流程（L2），"管理个人绩效"属于三级流程（L3），而"绩效目标设定"则属于四级流程（L4）。通过将人力资源管理活动划分为价值链→流程段→流程块→流程活动→具体操作规范，华为实现了对人力资源的精细化管理。

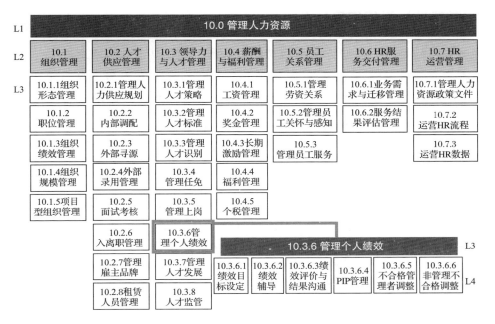

图 1-1　华为人力资源流程结构

在华为，所有的人都被固定地放入组织架构图的方块之中，而所有的业务同样也被定义到了流程结构图的方格之中。从这些可以看出，华为是一家重机制、重制度建设而轻个体的公司，华为希望通过先进的方法论和强大的管理流程来实现公司的长远发展。沿着这条路，华为大量引入西方的管理体系，通过西方先进的管理体系来武装华为从销售、市场、财经、研发到人力资源的每一个部门。可以说，在华为，如果你不能构建机制，如果你不能输出方法论，你将很难有更好的发展。在华为，无论你的职位有多高，你永远不应该认为你是不可替代的。公司在每个重要岗位上都有后备计划。如果你今天调岗或离职，公司明天就能从后备梯队里选择一个人快速地顶替你，这个人可能干得比你还好，干得比你更有激情，这就是华为体系的强大所在。

综合起来看华为，华为认为组织是什么呢？华为强调效率，强调清晰的组织边界，强调标准化和制度化，所以在华为，组织也更像是一部机器，每一个部件都被清晰定义，它们共同组成了华为这部巨型机器。

字节跳动认为组织是什么

2015年11月7日,字节跳动创始人张一鸣在其个人微博上敲下一句话:"Develop a company as a product。"张一鸣希望像开发产品一样去发展字节跳动。产品最大的特点是它可以结合客户的需求持续不断地迭代升级,从丑陋的1.0版本,到还凑合的2.0版本,到比较完善的3.0版本,到功能强大的4.0版本……不断延续产品的生命周期。这句话后来成为字节跳动的核心管理理念之一。

2017年,张一鸣在源码资本2017年码会上做过一次演讲,分享了他作为CEO的治理理念。他认为,字节跳动在管理上奉行的是"Context, not Control",并对Context和Control做了解读。

Context是指决策所需要的信息集合,包括原理是什么,市场环境如何,整个行业格局如何,优先级是什么,需要做到什么程度,以及业务数据和财务数据等。

Control则包括了委员会、指令、分解和汇总、流程、审批等。

为什么我们倾向于"Context, not Control"呢?

在我们看来,Control往往会带来一些危险。人类在判断自己的理性控制能力时会有一种幻觉,聪明理性的人更是如此,常抱有理性的自负。CEO们往往有过成功的经验,尤其在公司早期成功过,且CEO没有上级,很少被人挑战,容易觉得自己英明神武。但是大家忽视了一点,行业是不断发展的,你所具有的知识虽然丰富,但在行业不断变化中依旧是有限的。

有时候,CEO们会误以为,自己提出的方法论特别好,模型特别优雅,希望把它执行,或者在全公司大范围内推行,但忽略了抽象知识和具体形式之间的差距。理性往往只适合做知识抽象,对具体问题的解决,不一定真的有帮助。当然我们并不是要否定理性的作用,只是要避免过度放大理性会带来的危险。

在演讲的最后,张一鸣认为好的组织包括两个要素:首先是要有优秀的人，然后是"充分 Context，少量 Control"的管理模式。从这篇演讲可以看出，张一鸣在强调 Context 时，指的是尽可能为员工提供充足的背景信息输入、工具支持和容忍包容的宽松的环境，让公司的决策做"分布式计算"，而非单机运算。这里同样展示的是张一鸣的产品思维。本质上，"Context, not Control"是对"develop a company as a product"管理理念的一种补充阐释。也就是说，在字节跳动眼中，组织自身也是一种产品。

阿里巴巴认为组织是什么

要理解阿里巴巴眼中的组织，只需看看阿里巴巴对其旗下产品的命名。目前阿里巴巴有天猫、菜鸟、蚂蚁、飞猪、盒马、平头哥、考拉、迅犀等，每个产品都是以一个可爱的动物命名的，因此阿里巴巴戏称自己为"动物园"。

2017 年 9 月 8 日，马云在庆祝阿里巴巴成立 18 周年年会上进行了专题演讲，宣布阿里巴巴不再是一个传统意义上的公司，而是一个经济体。

今天的阿里巴巴已经不是一个普通的公司，**我们已经是一个经济体，一个新型的经济体**。以前的经济体都是以地理位置来定义的——长三角经济体、珠三角经济体、加州经济体，但是今天在互联网上，正在诞生新的经济体。我们希望通过这个新的经济体里面我们筹备的设施，能够让全世界的年轻人，让全世界的中小企业实现"全球买、全球卖、全球付、全球运和全球邮"。我们希望让更多的发展中国家、中小企业和年轻人能够分享全球化的快乐、自由贸易的快乐以及创业创新，能够体会到整个技术给自己带来的好处而不是坏处。

所以，阿里巴巴今天已经是一个经济体，从规模上讲，它已经是全世界第 21 大经济体。但是我们未来的梦想——再过 19 年，我们希望把自己打造成为全世界第 5 大经济体，不是因为规模，而是责任，更是担当！我们希望为全世界提供 1 亿个就业机会，我们希望能够服务 20 亿个消费者，我们更希望能够为 1000 万家中小企业创造盈利的平台！这个经济体创造的价值就是让世界经济更加普惠、共享，让世界经济能够更加持续发展，让世界经济能够更加健康和快乐地成长！所以经济体和普通公司的差别：公司以考虑自己利益为主，而经济体是要担当社会责任的，它们不是规模上的差别，不是利润上的差别，而是担当和责任上的差别。这是把大家叫来的主要原因。

············

最后，我想谈一下我们的几个关系。我们永远客户第一，没有客户的支持和信任，不会有阿里巴巴。这个世界上最珍贵的就是客户的信任，信任是最昂贵又最脆弱的产品，只有真对得起这些信任，阿里才会走得更远、更好。关心中小企业、关心年轻人、关心妇女才是真正关心未来和我们自己的未来！我们也要高度关注合作伙伴，互联网的3W，真正的思想就是3个Win：Win Win Win。第一个W必须给客户，第二个W必须给我们的合作伙伴，第三个W必须给我们自己的员工。所以，我希望我们真正把客户和合作伙伴服务好。阿里巴巴作为一个经济体、一个生态系统，只有客户好了、合作伙伴好了，这个生态才是完善的，这个生态才能持久，这个生态才能演变成为一个健康、可持久、共享的经济体。

2019年9月10日，马云卸任阿里巴巴集团董事长一职，交棒给了现任CEO张勇（花名逍遥子）。那么新董事长的治理理念又是什么呢？2019年12月24日，张勇同阿里巴巴新人做了一次面对面交流，分享了他在阿里巴巴的业务战略、组织战略和文化战略。在提到组织时，张勇说：

尽管我们强调团队要协作、协同，但阿里就是一个大的生态系统。要能够去俯视这个生态系统，看到一个完整的大图以后，大家才不会在这个大的森林里迷失。我就用"森林"来比喻，在座的每个同学、每个阿里人都处在这个大生态系统之中，在某一片树林里的某一棵树上或者某一棵树脚下。

可以看出，无论是马云还是张勇，都非常清晰地阐明了阿里巴巴眼中的组织是什么。阿里巴巴眼中的组织，是一个经济体，是一个生态系统，它是若干"动物"和它的客户、合作伙伴共同组成的生态系统。

海尔认为组织是什么

2019年9月21日,海尔集团董事局主席、CEO张瑞敏在第三届人单合一模式国际论坛上做了一场题为"链群共赢,进化生态"的主题演讲。

张瑞敏认为,海尔是在构建一个生态圈,它是自组织、自驱动、自增值、自进化的。

自组织。横轴和纵轴各有一个半圆,横轴是"创单链群",如传统企业的研发、制造等,纵轴是"体验链群",把用户意见传递给"创单链群",它们共同创造用户需求。"体验链群"是社群与触点,直接和用户交互,这在传统企业中是不存在的。传统企业的产品生产出来,就交给分销渠道和电商渠道销售,产品卖出去就结束了。我们的产品卖出去,才是交互的开始。两个半圆向中间集中,形成一个生态圈,很像中国传统文化中的阴阳图。阴阳两个面相互斗争,某种意义上是相互对立的。传统企业的两个部分有时水火不容,产品卖不出去,研发说是销售的问题,销售说是研发的问题,总归互相推诿。

自驱动。"创单链群"和"体验链群"集中在一起,两边都是小微,没有领导怎么办?需要的是自驱动,自驱动靠的是用户的应用场景生态。我认为物联网或5G,最后的落脚点就是场景。换句话说,如果没有场景,根本就不存在5G和物联网。为什么物联网长期叫好不叫座?因为没有场景,万物互联不是传感器互联,本质是"人联网"。

自增值。用户需求不断变化,什么动力不断围着用户需求转?用户今天提一个要求,明天提一个要求,用户需求总归无法完全满足。这就需要自增值,创单价值和体验价值合到一起,产生了多少增值,自组织就分享多少增值。传统企业做不到这一点,首先它不知道创造的价值是多少,创造的价值也不是自己传递的,是大连锁或电商渠道传递的。把自组织和用户连到一起,如果亏损了,大家不要互相埋怨,所有人都有责任。如果增值了,大家按比例来分。

自进化。增值分享让自组织共赢进化。做好了,分享了增值,就有动力创造更多的增值,创造的增值更多,分享的增值就更多。但总有天花板,没有能力再满足用户需求。这时自组织没有别的办法,只能开放,把社会上的一流资源引进来,不断优化,不断满足用户需求。

上面这段文字读起来可能有些晦涩难解,其实张瑞敏就想表达一个意思:在海尔,一切皆生态。也就是说,在海尔眼中,组织就是一个生态圈,内部包括若干个小生态,被称为链群,如果小微节点能够为这个链群创造价值,那么它就可以申请接入链群,并被链群接纳,反之则可能被链群拒绝。

总结起来,在中国最成功的4家公司眼中,组织分别代表不同的东西,如表1-1所示。

表 1-1 国内典型组织假说分类

公司	组织是什么
华为	机器
字节跳动	产品
阿里巴巴	生态圈
海尔	

这样,组织就分成了机器说、产品说和生态圈说三个大的类别。

(1)**机器说**:组织是一台紧密协同的机器,每个部分都有清晰界定的职责和分工。组织各部门各司其职,共同实现组织效率的最大化。奉行机器说的组织,大多以泰勒的科学管理思想为指导,分工明确,每一个岗位都有清晰的岗位说明书,极致地追求效率,对浪费的容忍度较低。在激励上,则普遍采取胡萝卜加大棒的方式。传统的工业化组织多属于这种类别,它们多采用流水线作业模式。

(2)**产品说**:组织自身犹如一款软件产品,需要持续不断地迭代优化。组织各部门好比产品的不同模块,它们通过模块接口进行通信,共同完成一个整体功能。软件产品相较于机器硬件而言,最大的优点就是它的可塑性。机器硬件一旦制造出来,就很难再做改动。而软件产品则可以通过不断发行新版本，升级老版本，实现快速的更新换代。奉行产品说的组织，大多注重算法和智能驱动，善于通过各种内部管理工具去提升组织协同效率。就像字节跳动一样，张一鸣在字节跳动规模还不是很大时，就在内部建立了有近 100 人的工具开发团队，做各种工具尝试。自 2012 年成立至今，字节跳动在公司层面进行过四次全员工具迭代。最早用微软的 Skype 软件，紧接着用腾讯的微信企业号，然后又使用了 Slack 公司的 Slack 协同工具，再后来又切换到了阿里巴巴的钉钉平台。在使用了市面上这些顶级产品后，字节跳动最后决定自研协同工具，即飞书，以更好满足自身的需要。很少有公司愿意如此大规模地在全公司范围内更换内部通信工具。从这点也充分说明了字节跳动在公司治理上一贯秉持的产品思维。

（3）**生态圈说**：这是把企业当作更广义的生命群落在看待，是把生命体连同其所处的环境放在一起去审视，不仅追求生命体自身的成功，还追求生命体与其所处环境的共同成功和协同进化。组织同其所处环境间是一种共生关系，这使得生态圈说具备更大的视野。企业生态圈既包括企业内部，也包括其合作伙伴，以及其最终用户。企业在做决策时，不是要考虑自身利益的最大化，而是要考虑自身、合作伙伴以及客户三方的利益的最大化。阿里巴巴有一条价值观对此做了很好的形容：客户第一、员工第二、股东第三。如果用生态圈语言去表述的话，更准确的表述应当是客户第一、伙伴第二、员工第三、股东第四。奉行生态圈说的组织，内部不光没有岗位说明书，而且有相当程度的人员自由流动，比如阿里巴巴内部员工工作满 2 年即可自由转岗，再如腾讯的活水计划。在激励方式上，奉行生态圈说的组织强调每一个员工都是一个创业者，是因为真正喜欢工作而工作，是内在驱动而非外在驱动，比如阿里巴巴价值观中有一条叫"快乐工作，认真生活"。平台型组织多属于这一类别。从这个维度去看，你就能理解为什么马云在 2019 年 9 月 10 日的阿里巴巴 20 周年年会上说："我们不追求大，不追求强，我们追求成为一家活 102 年的好公司。"只有机器才会追求"大"和"强"，生态圈追求的是"好"，是和谐和可持续发展。

熵的引入

2017年，华为大学在内部出版了一本书，书名叫《华为之熵 光明之矢》，首次系统阐释了任正非关于"熵减"的管理理论，认为它是帮助华为导向光明未来的胜利法宝。任正非还专门为该书作了序。

熵减的过程是痛苦的，前途是光明的。

水从青藏高原流到大海，是能量释放的过程，一路欢歌笑语，泉水叮咚，泉水叮咚，泛起阵阵欢乐的浪花。遇山绕过去，遇洼地填成湖，绝不争斗。若流到大海再不回来，人类社会就终结了。

当我们用水泵把水抽到高处的时候，是用外力恢复它的能量，这个熵减过程多么痛苦呀！水泵叶片飞速地旋转，狠狠打击水，把水打向高处，你听到过水在管子里的呻吟吗？

我听见过！"妈妈，我不学钢琴呀！""我想多睡一会。""妈妈痛，好痛呀！我不要让叶片舅舅打我呀！"

人的熵减同样。从幼儿园认字、弹琴；小学学数学；中学学历史、物理；大学学工程；又读硕士、博士，考试前的不眠灯光……好不容易毕业了，考核又要受"打A、B、C，末位淘汰……"的挤压。

熵减的过程十分痛苦，十分痛苦呀！但结果都是光明的。从小就不学习，不努力，熵增的结果是痛苦呀！

我想重来一次，但没有来生。

人和自然界，因为都有能量转换，才能增加势能，才使人类社会这么美好。

什么是"熵"呢？熵是一个热力学概念，最早由鲁道夫·克劳修斯定义。克劳修斯指出，热量的传递总是自动从高温向低温转移，在一个封闭系统里热量的传递最终会达到热平衡，这个过程就叫"熵增"。当达到热平衡状态后，系统的能量不再发生任何变化，称为"熵死"，也称热寂，因而热力学第二定律也被称为熵增定律。后来的物理学家用"熵"作为度量事物混乱程度的一个参量。在封闭系统中，一切事物最终都会走向无序和混乱，直至最终的熵死状态。

熵增定律在自然界拥有至高无上的地位。著名的天文学家亚瑟·斯坦利·爱丁顿（1882—1944）曾说过一段很有名的话："假如你的理论被发现与观测结果相矛盾，那么有可能是实验者错了。但如果你的理论被发现与熵增定律对立，那么你就一点希望都没有，只能是你的理论错了，其结局必然是彻底崩溃，别无出路。"

任正非把"熵"的概念引入华为管理，实际上仍然是把华为比作一个没有生命的物理系统，只是，任正非不希望华为变成一个封闭的物理系统，而是希望它变得更开放，并借助各种人力资源手段持续向这个物理系统施加压力，让它远离平衡态，实现"熵减"，从而不致滑向"熵死"的悲惨境地。这可以从任正非签发的华为思想研究院的同名文章《华为之熵　光明之矢》里提出的"熵减"的破解之道看出端的。在那篇文章中，华为思想研究院提出了一个"活力引擎"模型，如图1-2所示。

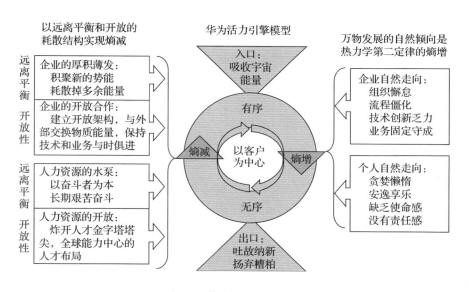

图1-2　华为活力引擎模型

图1-2的核心观点是：万物发展终将走向熵增，即混乱无序，而要减

少熵增的法宝就是通过人力资源水泵的作用,把"能量从低处抽到高处",让企业重新走向有序。任正非的目标是构建一个开放系统,持续同外界进行物质和能量交流,并依托人力资源这个"水泵"的持续作用,让"水泵叶片飞速地旋转,狠狠打击水,把水打向高处",让公司持续保持有序。有进步的是,华为在这里把自己比作一个耗散结构,意识到了远离平衡和开放的耗散结构是对抗熵增的法宝。生命是一个耗散结构,然而耗散结构不一定是生命,旋涡、龙卷风都是耗散结构,但它们不是生命。换言之,华为依然把组织比作一个无生命系统,人力资源也仅仅是这个无生命系统中的另外一个工具(即水泵)。

上一个台阶看问题

从基于牛顿式思维的管理,到把热力学第二定律引入管理领域,是华为在管理理念上的一次巨大变化。牛顿式思维的一大特点,是认为世界是稳定和永恒的,在什么也不做的情况下,一个系统倾向于保持原有惯性。而热力学第二定律却认为,这个世界不可避免地走向混乱和无序,在什么也不做的情况下,一个系统必然走向衰亡。这是两种截然不同的管理观念。

至此,你发现有的组织把自己比作机器,有的组织把自己比作耗散结构,还有的组织把自己比作生命体,更有组织把自己比作生态圈。那么,组织究竟应该是什么?我们究竟应该用什么样的视角来看待组织?

爱因斯坦曾说:"在面对重大问题时,我们不可能用制造问题时的思维来解决问题。(The significant problems we face cannot be solved at the same level of thinking we were at when we created them.)"我们得换一种思维方式。

让我们来做一个小实验,下面有一幅图(见图1-3),当你离它非常近时,请问你能看出它是什么吗?

如果站在离它稍远些的位置时再看它(见图1-4),你能看出它是什么吗?

图 1-3　微观层次看事物

图 1-4　中观层次看事物

如果我们继续站在更远的位置去看它，这个时候呢？

图 1-5　宏观层次看事物

这个时候你能一目了然地认出它是汉字"盖亚"。但当我们近在咫尺，从第一个层次甚至是第二层次去看事物的时候，事物往往是模糊不清的。只有站在更高的高度去看事物时，事物才是清晰可辨的，很多模糊性也因此而消失。

在深圳湾人才公园附近，有一栋标志性建筑——华润大厦，因形似春笋又被称为春笋大厦。每当夜幕降临的时候，在这栋摩天建筑巨大的背景幕墙上会由下而上地滚动播放一些宣传标语。如同上面所阐述的那样，当你在靠近大楼的位置去看大楼上的滚动字幕时，你很难看出它播放的具体是什么内容；当你走远一些，比如走到人才公园潮汐广场上再去看它时，大楼上的字幕虽然仍有些模糊，但大致可以辨识出来它的内容；如果你再走远一些，走到后海大桥上再去看时，大楼上的文字就越发清晰了。这就是一个鲜活的辨识事物模样的例子。越走近，越容易深陷其中难以辨识；越抽离，越能从整体把握和看清它。

当你从分子颗粒度去看物质时，一个小火柴盒里包含着 10^{18} 个分子，数量多且其运动杂乱无章，毫无规律可言。然而傅里叶跳出其分子构造，从宏观角度去看这一整个火柴盒里空气的热流与温度。从宏观层次去看时，其结果惊人的简单和精巧：热流与温度梯度成正比。这个简单的定律适用于各种物质，无论是固态的、液态的还是气态的，无论物体的化学成分是什么，是金还是铁，这个定律都同样有效，只有热流与温度梯度的比例系数随着物质不同而不同。傅里叶对热传播的数学描述的简单性与从分子论观点看到的物质的复杂性，形成了鲜明的对比。固体、液体和气体是由大量分子组成的宏观系统，然而导热性却由一个简单定律描述。[1]这就是上一个台阶看问题的妙处。

也许，我们在看组织时，也应该上一个台阶看问题，从更宏观的角度，才更可能看清组织的本质。

组织观的进化

把组织比作机器，还是比作耗散结构，抑或比作生物，这背后暗藏的是组织观。何为组织观？它指的是你如何从根本上看待这个组织，正如世界观指的是你如何从根本上看待这个世界一样。把组织比作机器时，你所秉持的是机械物理思维，牛顿是鼻祖；认为一切事物终将走向衰落时，你所秉持的是热力学第二定律思维，克劳修斯和玻尔兹曼是鼻祖；认为组织可以通过与外部世界进行物质和能量交换从而实现"熵减"时，你所秉持的是耗散结构思维，普利高津是鼻祖。从机械物理思维，到热力学第二定律思维，再到近来的耗散结构思维，折射的是组织观的不断进化，这是组织观发展的三个层次（见图1-6）。

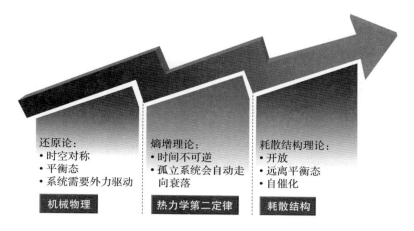

图 1-6　组织观发展的三个层次

在过去很长时间里，华为基本秉持的是机械物理思维，但任正非后来认识到，组织会遵循热力学第二定律，走向惰怠，难逃灭亡厄运，而耗散结构正是破解热力学第二定律以免组织走向熵死的法宝，这是华为在组织观上一个非常大的进步。字节跳动在公司治理上秉持的是产品思维，其本质也仍是机械物理思维。

美国著名物理学家、社会学家埃里克·詹奇曾写过一本非常有影响力的书，叫《自组织的宇宙观》（*The Self-Organizing Universe*）。我认为这是迄今为止对自组织描述得最深刻、最全面的一本书。这本书得到了诺贝尔奖得主、超循环论创立者艾根的认同，协同论创建者哈肯（H. Haken）也对该书大加称赞。詹奇与诺贝尔奖得主、耗散结构奠基人普利高津有着非常深厚的友谊，他们进行过非常多的交流与探讨。普利高津在他后来出版的《从混沌到有序：人与自然的新对话》一书中，还专门增辟献辞页，将他的这一名著献给英年早逝的詹奇，足见他对詹奇的推崇。如果你想对自组织有深入理解，我推荐你耐心读完詹奇的那本书。在书中，詹奇回顾了自宇宙诞生以来的整个进化历程。当我们把视野拉大到宇宙这个尺度去看时，对自组织会有一种豁然开朗的理解和认识。

宇宙的进化包含三个大的阶段。

第一阶段：宇宙自身的进化

宇宙起始于大爆炸，诞生于虚无。随着宇宙大爆炸，产生了质子、轻子、重子、轻核子、轻原子、重原子、分子，然后慢慢地形成了星系、恒星、行星。大物质的恒星、行星的宏观进化与原子颗粒度、分子颗粒度的微观进化同时发生和相互促进着，为后续生命的产生提供了可以依托的舞台。这是宇宙发展的第一阶段（见图1-7）。

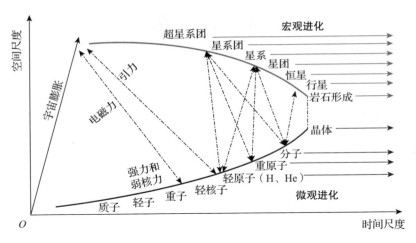

图1-7　宇宙进化历程

第二阶段：生命的进化

随着恒星、行星的形成，当像地球这样的行星在条件具备时，会逐渐从无生命物质中衍生出耗散结构这一生命的原初形态。耗散结构进一步进化产生原核细胞，然后进化到真核细胞，再从单细胞生物进化到多细胞生物，从简单生物进化到复杂动物，这是生命舞台上发生的微观进化。生命的微观进化反向改变着地球系统（又称盖亚系统），逐步形成异养生态系统以及劳动分工社会、群体和家庭这样的单元。同样，微观进化与宏观进化相辅相成，彼此促进着。这是宇宙进化的第二阶段（见图1-8）。

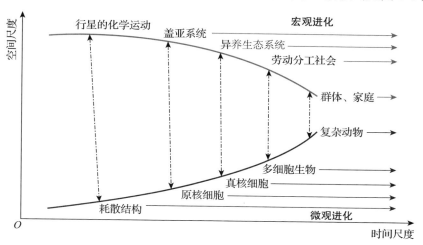

图1-8　生命进化历程

第三阶段：文化的进化

社会生物的进化，彻底改变着地球这样的行星。经过漫长的生物进化，产生了人类这种极其复杂、精巧的生命体。很多科学家称，人类可能是生命复杂度的极限。换言之，不可能再有超越人类这样的复杂生命组织出现。单纯从生命体本身而言，人类不可能再进化。那么，这是否就意味着人类社会将停滞不前了呢？恰恰相反，如今人类正大踏步地在前进。那么，是什么在驱使着人类社会的进步呢？不是人类这个生命体本身，而是人类社会文化。人类未来的进化，依靠的是文化的进化，这是人类进化的新动力（见图1-9）。

当我们从这个视角去理解组织时，组织观还有如下三个更高层次。

第四层：把组织当成真正的活的生命体，这是在耗散结构基础之上的更进一步。耗散结构是生命的前奏，因而耗散结构观又被称作Ⅰ阶生命观。这样生命观事实上就分成了两个阶段：生命观Ⅰ（耗散结构）和生命观Ⅱ（生命体）。

第五层：把组织当成有思想的人的集合，真正地视人为人，尊重人的心理需要。

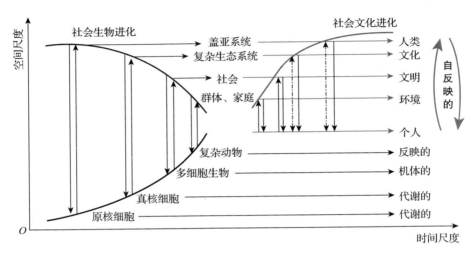

图 1-9　文化进化历程

第六层：把组织当成一个社会群体，尊重人的社会属性。

这样看来，演进至今，组织观应该有六个层次（见图 1-10）。

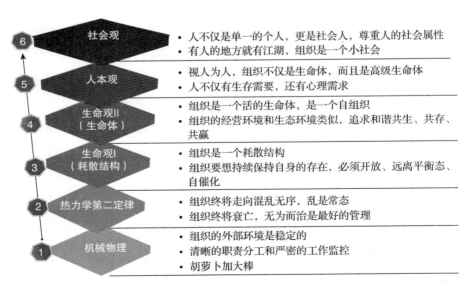

图 1-10　组织观的六个层次

工业时代企业的组织观停留在第一层——机械物理层，典型的是富士康这样的流水线制造企业，字节跳动的组织观也仍然停留在这一层。各种开源社区、江湖隐士信奉松散组合和无为而治，反对传统管理，其组织观停留在第二层——热力学第二定律层。信息类企业开始部分转向第三层即耗散结构层，如华为。耗散结构是生命的前奏，秉持耗散结构理念治理企业时，企业实质上已经开始有生命观倾向，只是这种生命观还处于初级阶段。领先互联网企业则意识到了企业是活的，企业之间也不是单纯的你死我活和非此即彼，而是既有竞争又有合作，它们的组织观进化到了第四层——生命观Ⅱ层，如阿里巴巴、海尔。自哈佛大学开展霍桑实验以来，部分企业不再把企业员工当成仅仅只会考虑生存需要的动物，他们是活生生的"人"，有着丰富的心理需求，如谷歌。很少有企业能充分认识到组织就是一个小社会，组织里的人还具备社会属性，组织应充分尊重人的社会性，用文化的柔性去治理企业，阿里巴巴和谷歌的组织观部分进化到了第六层即社会观层。

综观组织观的六个层次，你会发现，用越高层次的组织观看组织时，组织会是一个更动态、更有活力的系统。机械物理的世界是死的，热力学第二定律的世界是绝望的，耗散结构的世界是动态的，自组织的生命世界是多姿多彩的和有机的，人本观的世界是有人性的世界，也是首次不再把组织里的人当成别的其他什么物体或动物，真正视人为人。但仅仅以人本观看组织也是不够的，组织不等于人的加总，组织里的人是社会人，会彼此影响，会发生或美妙或堕落的"化学反应"，我们还应该用社会观的视角去看组织。如果从组织观的视角去看字节跳动、华为和阿里巴巴，最应升级组织观的是字节跳动，它仍然停留在最初级的机械物理层次，认为公司是无生命的产品，这同把公司视为机器本质上并没什么两样，只是产品是软件，机器是硬件。华为的组织观已经进化到生命观Ⅰ层，即耗散结构层，华为可以继续向上升级。阿里巴巴的组织观则进化到了人本观甚至社会观层。

组织观的六个层次之间的关系，是一个自包含关系：高层组织观包含了低层组织观。也就是说，当你用社会观看组织时，组织不仅生存在机械物理世界中（第一层），还遵循热力学第二定律（第二层）；组织不仅是一个耗散结构（第三层），更是一个活生生的（第四层）、有心理需要（第五层）的人组成的小社会（第六层）。

第二章

初识盖亚组织

———

正如第一章所指出的那样,由于受牛顿机械物理思维的影响,大多数企业经营者仍习惯性地把组织当作机器在管理。华为在此基础上向前进了一两步,在组织管理中引入了热力学第二定律,并尝试用耗散结构理论去对抗企业里不可避免地要出现的熵增。

但这就够了吗?这还远远不够!组织依然是一个了无生趣的非生命体。若此,如何能实现任正非梦寐以求的理想组织状态:"方向大致正确,组织充满活力"?

无论是哪个企业家,也无论他们秉持什么样的组织观,有一点可以肯定的是,他一定希望组织是充满活力的,没有哪个企业家希望自己的组织是死气沉沉的。

那么,组织如何才能充满活力呢?组织如何才能活起来呢?

当在一个层次找不到问题的答案时,我们应当继续上一个台阶看问题,站得高才能看得远。要想充满活力,组织应该向生命"借"活力。如果我们以上面四层组织观,即以生命观(生命观Ⅰ和生命观Ⅱ)、人本观和社会观的宏观视角去看待和经营组织,会不会有别样的视野?

这个世界上充满活力的,必然是活的生命体,而这个世界上最大、最持久的生命体是什么?不是陆地上的大象,不是海洋中的鲸鱼,也不是人类,而是地球盖亚。大象、鲸鱼、人类都只是地球盖亚的组成要素。也许,我们不仅可以向单一生命体去"借"组织活力,还可以向地球盖亚这个超级生命体去"借"组织活力,从而成为最有活力的组织。

关于盖亚

盖亚是谁?

盖亚(Gaia),又译作盖娅。在希腊诸神谱系中,混沌之神卡俄斯(Chaos)是原初神灵,盖亚是卡俄斯诞生的第二代神灵,是大地之母。赫西俄德在其所著《神谱》中有如下一段描述:[2]

最初诞生的是卡俄斯,随即是"幅员辽阔"的大地女神盖亚,她是一切不朽者、所有居住在白雪皑皑的奥林匹斯山巅众神的坚实基础。

盖亚是世界的初始,所有天神都是她的后代,众神之王宙斯是她的孙子。盖亚被认为是人类的始祖。因为她掌握着生命与命运的秘密,所以她拥有无敌的预言和神示,而且比阿波罗的神谕更古老、更精确。在人们极端重视纪念祖先的历史时期,人们也十分重视祭祀大地之母盖亚。人们在发誓赌咒时,她的名字是最为神圣的。

在英文中,地理一词的英文拼写是 Geography,其词根前缀 Ge- 就源于盖亚,足见盖亚作为大地象征的影响力之深。

在神话世界中,大地不再被视为仅仅由岩石构成的无生命的存在,而是一个活生生的女神。那么,回到现实世界,我们应该怎么看待地球?它也是像大多数人所认为的那样,只是由岩石、土壤、海洋、山川、湖泊组成的星球吗?人类和其他动植物恰好居于其上吗?美国的詹姆斯·拉伍洛克(James Lovelock)在1972年提出这样一个假说:[3]

整个地球,包括陆地、海洋、生物圈、大气圈,共同构成了一个自我调节的整体,这就是我所说的盖亚。

拉伍洛克首次把地球整体视为一个生命体,这具有划时代的意义。地球作为一个生命体,本身具有调节自我的能力。这就是为什么数十万年以来,地球上即使不断地有动植物生老病死,地球生物不断地从大气层中吸收氧气、排放二氧化碳,地球大气中氧气和二氧化碳的比例也始终保持在一个相对恒定的比例。地球就像恒温动物一样,作为一个有机体,它的身体在不断地向环境释放能量的同时,又在不断地从环境中汲取能量,来维持自身体温的恒定。这一微妙的动态平衡,只有活的生物体才能完成。

拉伍洛克怎么会想到把地球看作一个生命体呢?

这还得从20世纪50年代说起。彼时,美国国家航空航天局(NASA)制订了火星生命探测计划,试图探寻火星上是否存在生命迹象。于是,很多科学家试图去建造一个航天仪器,以登陆火星去进行生命检测。但拉伍洛克对这种方法不以为然。他认为,要探测火星上是否存在生命,只需分析火星大气的构成即可。看看地球就知道,地球上的生物每年至少会向大气层排放约2亿吨甲烷,而甲烷和氧气在阳光的作用下,会反应生成二氧化碳和水。这意味着,如果没有其他力量的参与,地球大气层中的氧气将很快耗光,然而,大气层中的氧气却始终保持着恒定比例,不增不减,这意味着有其他力量在参与,这就是地球上的植物。植物吸收二氧化碳,并借助太阳光能的作用,生成氧气和水,氧气又释放到地球大气层,从而维持大气中氧气含量的恒定。拉伍洛克认为,根据热力学第二定律,任何封闭系统终将走向无序,即熵死。如果把火星当成一个封闭系统,在没有外界干预的情况下，火星大气最终会趋于由稳定气体组成，例如单纯由二氧化碳组成，或者由二氧化碳和氮气组成，它们之间彼此不再发生化学反应。而如果从火星大气中探测到一些会相互发生反应的不稳定气体，并且这些不稳定气体还能维持恒定的比例，那只能说明有生物参与了这一"熵减"过程，只有生命体才会逆向做功。19世纪，玻尔兹曼对熵重新做了完善的定义，这个定义告诉我们，在没有外力参与的情况下，系统倾向于向最大概率状态迁移。这意味着，无论我们在哪里发现了概率极低的分子集合，它都很可能源于生命体的努力。拉伍洛克分析火星大气构成后发现，火星上并不存在非稳定的气体组合，火星大气主要由二氧化碳等不会彼此反应的气体构成，由此断定火星上不存在生命迹象。后来的火星实地探测证实了拉伍洛克的这一结论。拉伍洛克运筹于帷幄之中，分文不花就得出了和耗资数亿美元的火星探测项目同样的结论，不得不令人惊叹于他的大智慧。后来，拉伍洛克同其他生物学家一起，不断发展他的这一发现，并把它命名为盖亚假说。盖亚假说的核心是：地球是一个超级生命体，具有调节自我的意识和能力。盖亚假说赋予了地球以生命。从此，地球作为活生生的生命体形象，被越来越多的科学家所接受。

地球盖亚作为一个盖亚系统，包括大气层、地表生物、海洋生物及地球本身。换言之，整个地球是一个不可分割的整体，共同维持着地球这个超级生命体。白天，植物吸收太阳能和大气中的二氧化碳，把光能转换为生物能储存在体内，同时释放氧气到大气层；动物呼吸氧气，吃植物或其他动物，从它们那里吸收生物能以供养自身能量需要，同时向大气层中返还二氧化碳，从而维持大气循环。晚上，大气层中的二氧化碳发挥保温作用，以确保地球昼夜温差不致太大，使地球生物有一个适宜的居住场所，让地球生物得以生生不息。地表、地表生物和大气相互作用，调节着地球的体温，就像恒温动物调节着身体的体温一样。

为了说明盖亚对地球体温的调节作用，拉伍洛克设计了一个简化的雏菊模型。设想在最初的地球上只有两种雏菊：白色雏菊和黑色雏菊，白色雏菊会反射来自太阳的热量，从而让地球接收到更少的光能而变得凉爽，黑色雏菊则会吸收更多来自太阳的热量，这会让地球变得更热。在地球诞生之初，太阳的亮度比如今要低 25% 左右，这意味着太阳散发到地球的热量比如今要少 25% 左右，那时的地球比现在要冷。因此，能吸收更多能量的黑色雏菊比吸收更少能量的白色雏菊有生长优势，黑色雏菊会大量繁殖，随着黑色雏菊的大量繁殖，地球的温度进一步上升。当地球温度上升到某一值时，地球变得也开始适合白色雏菊生长了，于是白色雏菊就开始大量繁殖，白色雏菊的出现，相当于增加了太阳能返回太空的概率。于是，地球就被降温了。白色雏菊和黑色雏菊在地球上的分布最终会达到一个平衡，从而将地球温度控制在一个适宜的范围。如果太阳进一步变亮，以至于地球温度继续升高，地球逐步变得完全不适合黑色雏菊生长，黑色雏菊将全部退出地球舞台，仅剩下白色雏菊。当太阳继续变亮到某一程度时，即使地球上满布白色雏菊之后，仍不足以使地球降温到适合范围，此时地球上的白色雏菊也将全部死亡。只有在这个时候，地球才会彻底变成一颗死亡星球。拉伍洛克绘制了雏菊调节地球温度的对照图，如图 2-1 所示。

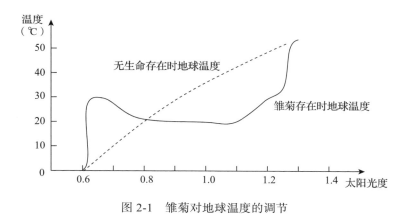

图 2-1 雏菊对地球温度的调节

从图 2-1 上可以清晰地看出，假使地球上没有生命的存在，地球温度会随着太阳亮度的增强而直线升高，但由于黑白雏菊的存在，地球温度在太阳亮度为现在的 80%～120% 时，可以维持恒定。这一简单模型充分展示了生命体对地球温度的显著影响。正是地球盖亚中的诸多生命体，在帮助调节着地球这个超级生命体的体温，使地球不至于太热，也不至于太冷，从而成为一颗生物宜居星球。

盖亚组织

盖亚是地球上最大的超级生命体，地球与地球上所有生物、大气层是一种共生关系，共同维持着盖亚的生命。刘易斯·托马斯在给《小宇宙》一书作序时指出："自然界本身完整而不可分割；生物圈本身是一个整体，一个巨大、完整的生命系统。"[4]这个生命系统正是盖亚。盖亚是以一种整体视角在看地球，而不是孤立地把地球看为仅由地核、地幔、地壳组成的无生命球体。盖亚是最大的生命组织，是最长寿、最有活力的生命组织。

当我们把一个组织看成一个生命体的时候，我们是把组织做了第一次升华，赋予了组织以生命，只是它是孤立的生命个体，比如阿米巴组织、海星组织等，都是具体的某类生物。更进一步，像阿里巴巴这样的企业，把组织视为一个生态圈，于是，组织从生命个体变成了一个生命集合体，生态圈中的生物之间是共生关系，这是对组织做的第二次升华。然而我认为，这依然是不够的，这依然是局部视角。我们应该以更宏观、更整体的视角去看组织，这个组织就是盖亚组织。每一个组织，只有以盖亚组织的视角去构建自己的组织时，才能最终理解自己组织和其他组织之间的关系，才能理解自己组织内部各个部分之间的关系，才能最终获得如盖亚一般恒久的生命力。阿里巴巴为什么明确把"活102年"作为自己的愿景？因为很少有企业能活这么长，活102年可以横跨三个世纪，已经是一家长寿企业了。这就好比人一样，很少有能活到100岁以上的，世界上最长寿者也只活了122岁零164天。从个体生命的视角来看组织时，组织的寿命总是有限的。只有从整体视角去看组织时，组织才能获得更持久的生命力。视野有多宽广，组织的生命力就有多旺盛。特斯拉CEO埃隆·马斯克已经将目光投向了火星，立志移民火星。谁敢肯定，未来人类的生活圈子，就不会脱离地球盖亚呢？未来的盖亚组织可能包括地球盖亚、火星盖亚、××地外盖亚……我们在打造组织时，也应该始终有盖亚的视角。

那么，你不禁要问：盖亚组织到底是什么呢？

盖亚组织＝高活力组织个体＋组织间共生关系，用图来表示的话就是下面这样的（见图2-2）。

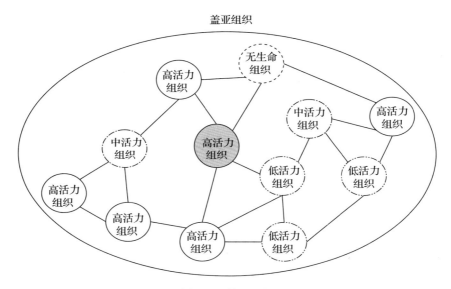

图 2-2　盖亚组织

每个组织本身是一个活生生的生命体，只有生命体才具有真正的活力。但生命体的活力也有高下之分。树懒和蜗牛是生命体，但显然它们的活力比不上搏击长空的雄鹰，比不上横行草原的虎、狮、豹、狼。不同活力形态的组织之间彼此连接，织成一张广阔的共生关系网。这张共生关系网，就是组织的生态。高活力组织及其组织生态，共同织成了盖亚组织。换言之，盖亚组织是以整体视角在俯瞰高活力组织及高活力组织的生存环境，组织及组织生态是盖亚组织两大密不可分的关键组成部分。**盖亚组织的核心是高活力组织**。围绕在高活力组织周围的，既有其他高活力组织，也有低活力组织抑或无生命组织，它们共同组成了组织的生态。所以，盖亚组织又等于高活力组织与组织生态的总和。在全球化的今天，试图"长寿"的企业，应以这种整体视角来看待和经营组织。

曾经，华为和很多其他公司一样，把自己定位成一家提供产品和服务的公司，同其他公司之间的关系是单纯的供应商关系。华为要生产的是电信设备和手机设备，当需要相应的芯片、内存、硬盘、显示屏等产品部件时，分别从英特尔、三星等公司采购即可。这好比你作为一个生活在大都市的市民，当你需要必备的生活品时，你只需简单步入一家生活超市，这里就可满足你的需求。

2018年年底，华为在深圳召开核心应用商大会，公布了所有核心供应商名单。根据名单，华为核心供应商共92家，其中美国厂商共33家，中国大陆厂商22家，中国台湾厂商10家，日本厂商11家，德国厂商4家，另外还有12家其他国家和地区的厂商。从这份名单我们可以看出，华为身处全球组织网络之中。其局部组织网络如图2-3所示。如果我们暂时认同华为是一家高活力组织（华为的组织活力状态我会在本书后面部分再详加探讨），那么华为就满足了盖亚组织的两大要素，华为就可以算作一家盖亚组织。

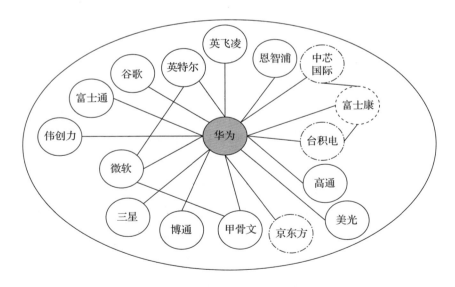

图 2-3　华为公司组织网络

2019年5月，美国把华为列入"实体清单"，对华为实施出口管制，任何美国企业都不得向华为出售产品或服务。这一事件迅速凸显了华为与其他公司之间的共生关系。华为发现，在没有美国企业供应的情况下，公司需要找到芯片设计软件、芯片制造厂商、操作系统、移动应用服务等方方面面的替代解决方案。这一难度有多大呢？只需想象一下这样的场景：你身处美国控制的一个岛上，岛上绝大部分餐馆、商店都是美国人经营的，如今这些餐馆、商店都不被允许卖东西给你。过去你要生存，你只需去餐馆付费点一份饭菜就行，而如今，你发现你不但需要自己去种粮食，还需要自己去生产油盐柴米，非但如此，你还需要自己去做锅碗瓢盆，更糟糕的是，现在连做锅的铁块也不卖给你了，这意味着你还得自己去挖铁矿！难度可想而知。只有在这样的处境下，你才能深切地感受到，你和这个世界的其他人之间的关系有多紧密，你的生存不是你一个人的事，你和这个世界上的很多人之间都存在着联系，大家彼此依存共同组成了共生关系网。如今的华为，对盖亚组织的体会比全球任何一家企业都要深刻。随着越来越多的中国企业被加入美国"实体清单"，未来更多的企业将不得不以盖亚组织视角去经营自己的营商环境，只有这样才能立于不败之地。当有一天，你所在的岛上的美国商店不再卖东西给你的时候，你还可以从你盖亚组织网络中的其他商店悉数购买到所需食品，依旧三餐无忧。

那么，什么样的组织才是真正的高活力组织呢？接下来在第二部分，我将用很大的篇幅去探究。在明白了组织活力的组成要素之后，我会在第三部分讨论如何把高活力组织置于更大的发展视野中，探究盖亚组织的第二个维度，即组织生态，最终在第四部分综合高活力组织和组织生态两个维度绘成盖亚组织全图。

2019年8月19日，181家美国顶级公司CEO在华盛顿召开了美国商业组织"商业圆桌会议"，会上CEO们联合签署了《公司宗旨宣言书》（以下简称《宣言》）。《宣言》破天荒地重新定义了公司的运营宗旨，宣称：股东利益不再是公司最重要的目标，公司的首要任务是**创造一个更美好的社会**。在这份宣言中，包括贝佐斯、库克等在内的美国商业领袖共同认为：一个美好的社会比股东利益更重要。

成立于 1972 年的"商业圆桌会议",对商业发展有着前瞻性引领作用。它曾聚集了美国最具影响力的企业领袖,包括时任亚马逊 CEO 的杰夫·贝佐斯、苹果公司 CEO 蒂姆·库克、时任波音公司 CEO 的丹尼斯·米伦伯格、通用汽车公司董事长兼 CEO 玛丽·博拉等。自 1978 年成立以来,该组织会定期发布有关企业治理原则的声明。从 1997 年起,该组织发布的每份声明文件都赞同"股东至上"原则,以凸显企业的首要任务是让股东受益,并实现利润的最大化。然而,在最新发布的这份《宣言》中,商界领袖们转而强调,作为一个具有社会责任意识的企业,企业领导团队应该致力于达成以下几个目标:

- ▶ 向客户传递企业价值。
- ▶ 通过雇用不同群体并提供公平的待遇来投资员工。
- ▶ 与供应商交易时遵守商业道德。
- ▶ 积极投身社会事业。
- ▶ 注重可持续发展,为股东创造长期价值。

《宣言》的重大意义在于,商界领袖们重新定义了企业的初心,对企业应当发挥的社会价值给出了新的指引,从而历史性地终结了组织过去一味追求股东利益最大化的做法。这具有划时代的意义。

同时,阿里巴巴在 2019 年成立 20 周年年会上,正式宣布了阿里巴巴的新愿景。过去,阿里巴巴的愿景是:

分享数据的第一平台

幸福指数最高的企业

活 102 年

升级后的阿里巴巴新愿景变为:

活 102 年:我们不追求大,不追求强,我们追求成为一家活 102 年的好公司

到 2036 年,服务 20 亿个消费者,创造 1 亿个就业机会,帮助 1000

万家中小企业盈利

对照两者，我们发现，阿里巴巴对"活102年"的追求依然没有变，但多了一个明确的表述："不追求大，不追求强"，追求"成为一家活102年的好公司"。这个"好公司"，与美国"商业圆桌会议"定义的企业的首要任务"创造一个更美好的社会"异曲同工，而这也正是盖亚组织的宗旨之一。我将在后续章节里对盖亚组织的两个构成进行详细阐述，帮助你理解高活力组织的构成要素，以及高活力组织与其他组织结成的组织生态。

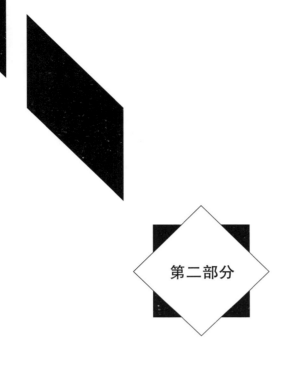

第二部分

解剖高活力组织

第三章

组织的三性

部门墙效应

华为马来西亚电信投诉事件

在我曾经工作的华为,每年在全公司范围内都会做一次组织氛围调查,以了解公司各部门的组织氛围状况。华为的组织氛围调查是基于盖洛普的 Q12 调研问卷衍生而来的。盖洛普 Q12 调研问卷一共 12 道题,如表 3-1 所示。

表 3-1 盖洛普 Q12 调研问卷

序号	题目	维度
Q1	我清楚主管对我的工作要求	基本需求
Q2	在工作中,我得到了必备的资源支持	

(续)

序号	题目	维度
Q3	在工作中,我能经常得到发挥才干的机会	价值实现
Q4	在过去的一个月,我的工作能得到认可和表扬	
Q5	我能充分感受到团队的信任和关心	
Q6	我觉得有人在帮助我进步	
Q7	我认为在工作中有人重视我的意见	团队归属
Q8	我觉得我的工作对团队很重要	
Q9	我所在的团队中,每一位成员都聚焦于高质量地工作	
Q10	在团队中,我有非常要好的朋友	
Q11	在过去的半年,有人和我谈及我的进步	共同成长
Q12	在过去的一年,部门为我提供了学习和成长的机会	

后来,华为在此基础上追加了 2 道调研题目,变成了 Q14,主要是与团队协同有关的调研,如表 3-2 所示。

表 3-2 华为追加的与团队协同有关的调研题目

Q13	我所在的部门与周边组织能有效分工协作	团队协同
Q14	在工作中,周边部门同事愿意投入额外的时间和精力帮助我开展工作	

而岁岁年年人不同,年年岁岁花相似,几乎每年的调研中,得分最低的都是团队协同。华为给团队协同老大难现象起了个名字,叫部门墙,想尽了办法来打破这厚重的部门墙,但收效甚微。

华为历史上曾出现过一起著名的"马来西亚电信投诉事件",被华为视为严重的组织协同事故,华为内部对此进行了深刻的反思。

事件的起因是,2010 年 8 月 5 日,马来西亚电信 CEO 给华为时任董事长孙亚芳发送了一封投诉邮件,邮件核心内容如下。

"主题:TM(马来西亚电信)对华为在马电国家宽带项目中一些问题的关注"
尊敬的孙亚芳女士、主席:

今天距我们上次会面已经六个月了,在上次的会谈中,我们针对国家宽带项目,特别是 IPTV(交互式网络电视)部署向华为请求做特殊保障。

非常感激您的亲力赞助与大力支持，我们才得以成功在 3 月 29 日正式启动我们的新品牌（Unify）和商用新业务（Triple-Play）。这次商用仪式由马来西亚首相亲自启动与见证，非常成功！

然而，我们业务的商用并不能代表网络的成功转型，同时也并不说明我们拥有了一个充分测试、安全稳定的网络平台。从四月份开始，我们开始与华为再度努力，力争开创马来西亚国家高速宽带的未来。但非常遗憾，在过去几个月中，华为的表现并没有达到我对于一个国际大公司的专业标准的期望……过去几个月里，多个问题引起我们管理团队的高度关注和忧虑。

（1）合同履约符合度（产品规格匹配）和交付问题：在一些合同发货中，设备与我们在合同定义、测试过程中的不一致……

（2）缺乏专业的项目管理运作（方式）：在我们的反复申诉中，我们刚刚看到华为在跨项目协同方面的一些努力与起色，但是在网络中，仍然存在大量缺乏风险评估的孤立变更……

（3）缺乏合同中要求的优秀的专家资源……

…………

我个人非常期望能与您探讨这些紧急关键的问题，如果您能在随后的两周内到吉隆坡和我及管理团队见面，将不胜感激。

…………

客户 CEO 的投诉邮件发出 5 天后，没有收到华为公司的任何回应。8 月 10 日，孙亚芳从国外回来。华为《管理优化报》将其了解事情原委的过程进行了回放。

8 月 10 日，孙亚芳从国外回来。其间，被告知马电有一封邮件，我们正在处理，云云。孙亚芳感觉还是有些不妥，就自己去找原件来看，一看大吃一惊。"根据我的了解，客户把邮件写到这个程度的话，实际上是到了他们的底线了！"

看完邮件后，孙亚芳立即给公司销售与服务总裁徐文伟打电话。

徐文伟："我们正在处理，看这个邮件怎么回，您等着吧。"

孙亚芳又拨通了亚太片区总裁王胜利的电话。

王胜利："孙总，我回国探亲了，探亲期间爷爷病重，我现在在老家。"

得知马电事件中一些问题有关软件，孙亚芳于是拨打电话给软件公司总裁邓飚。

邓飚："孙总，我们的问题今天已经全部解决了，不是我们的问题。"

究竟是谁的问题，问题出在哪里？孙亚芳继续打电话给全球技术服务部总裁姚福海："你有没有去现场？"

姚福海："孙总，我爸爸腿摔了，我回家看一看。我已经派了我的助手 Leroy 和地区部主管交付的万学军去了解情况。"

于是，孙亚芳转而向地区部总裁刘江峰了解情况。

刘江峰："马来交付问题我和马来代表处一起来抓一下，姚福海一周后要来马来支持……"

一两天后，董事长秘书短信询问马来西亚代表处代表戴景岳在什么地方，对方回复说他在外地陪客户，不在马来西亚。

至此，客户投诉信发出 5 天以来，没有一个能代表公司解决问题的人，推动解决问题。

而事实上，华为内部各部门都在研究怎么给客户回复邮件，华为《管理优化报》如是说。

8 月 5 日，马来西亚代表处代表戴景岳给孙亚芳发来了马电 CEO 写信求助的背景信息，并说回复函会尽快起草，邮件同时抄送给了徐文伟、王胜利、刘江峰、丁耘、姚福海、李刚。

8 月 6 日，公司销售与服务总裁徐文伟对客户投诉做出批示——

"戴景岳，请把该邮件转给软件公司总裁邓飚，并由软件公司及交付开会讨论拿出解决方案来。"

8 月 6 日，亚太片区总裁王胜利发出邮件——

"回复函起草后让刘江峰先审阅一下，然后让姚福海多加点资源，我们改进后看能不能请孙总来马来西亚一下。另外代表处准备一下，下周召集产品线、南太地区部 GTS（全球客户培训中心）召开一个会，对马电问题要尽快解决。"

8月6日，南太地区部总裁刘江峰发出邮件——

"没有问题，马来交付的问题我和代表处一起来抓一下。姚福海一周后也要到马来西亚现场支持。目前马来西亚的交付压力太大，包括多个项目，投诉不断。主要问题表面上看是项目管理和资源的问题，真正的核心还是能力问题……再加上产品设计缺陷、技术人员的培训严重不足、专家越来越少，更进一步加剧了问题的爆发。"

这些邮件在公司内部转来转去，但并没有提及如何快速响应客户并快速解决问题。

由于马来西亚电信项目涉及华为内部多条产品线之间的协同，真正导致 CEO 投诉的是各部门都在忙自己的那一块，而缺乏整体的协同。

项目组内交付人员都很努力，但都只想管自己的产品，不想管别的。

研发部门也都是各自做各自的产品，最终交给用户和代表处的是个很粗糙的方案。从产品开发的角度讲，任何产品上市都应该有严格的流程验证，全流程测试通过后才会交付给客户，然而马电交付产品涉及的各产品，却只验证了自己那一部分，内部各设备之间的对接测试严重不足，因此在现场工程实施过程中，问题层出不穷。

这样内部交流不畅的恶果，集中在客户的感受处体现了。某次华为内部设备对接出现问题后，客户很迷惑地问："为什么你们和其他厂商对接没问题，而你们自己的设备之间对接不通？"

从华为马电事件中，你一定感受到了跨部门协同在华为内部有多艰难，即便在华为这样强执行力的公司，组织协同也是一大难题。我当时在想，这或许是华为的组织考核机制所致的，也许在其他公司就不会存在这样的问题。

阿里巴巴的协同

2018 年，我到阿里巴巴某事业群，负责该事业群的组织发展和组织文化工作。在 2019 年 3 月，阿里巴巴针对该事业群近 3000 人做过一次全员组织温度调研，其中也涉及与组织协同相关的调研项，9 个维度的调研分数如图 3-1 所示。

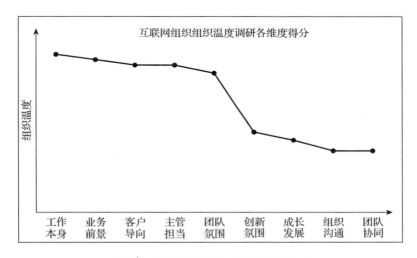

图 3-1　互联网组织组织温度调研得分

令我惊诧的是，团队协同依旧是得分最低的项，排在了最后。也就是说，组织协同问题在阿里巴巴这样扁平化、低权力距离的公司里，依旧是最突出的问题。"部门墙效应"在互联网组织里依旧普遍存在。

"人类是自私的。我们是相互掠夺资源的生物。我们以自我为中心，我们唯利是图，我们陶醉在自己的成功中，我们都想争第一。我们身上的每一根骨头，都只受自我利益的驱动。我们身上的基因都是自私自利的。"[5] 在任何一种语言里，都会有"我""你""我们""你们"之分，而这种区分，实际上就是在"我"和"你"、"我们"和"你们"之间画了一道界线、竖起了一道墙。也因此，我是与你不同的，我的不是你的，这同动物的领地意识是一样的。推而广之到组织层面，就是我所在的组织和你所在的组织是不同的，我为我所在的组织努力，你为你所在的组织效命，正所谓各为其主。当涉及资源冲突的时候,我肯定希望能优先满足我所在的组织,这样才能确保我所在的组织能更快拿到想要的结果。以至于,就连进化人类学家、牛津大学进化研究所副所长彼得·图尔钦(Peter Turchin)也略显无奈地说:"合作实际上难以实现,而且一旦实现,也非常难以维持。"[6]所以协同问题,本质上是人的动物本能的延展,只要存在人,就存在你我之分,只要存在组织,就一定会存在协同问题,只是大小程度不同而已。

煤气灯效应

　　1944年,美国的乔治·库克导演了一部电影《煤气灯下》(*Gaslight*)。影片里,善良、美丽的姑娘宝拉,在母亲早逝后,跟着富足的姑妈生活。然而,在宝拉年幼时,姑妈被一入室行窃的盗贼勒死,宝拉于是继承了姑妈的大笔遗产。宝拉长大后,爱上了潇洒、体贴的青年钢琴师格里高利·安东,两人很快结了婚。婚后,在丈夫的一再要求下,他们重新搬回了姑妈曾经的住所。丈夫还为家里专门雇用了两个仆人,一个是有些耳聋的老妇人,另一个是有些桀骜不驯的年轻姑娘。

　　在他们结婚满3个月的时候,宝拉决定带丈夫去逛逛伦敦塔。出门前,丈夫送给了宝拉一枚小巧的胸针。丈夫告诉宝拉,这是他祖母传给他母亲,他母亲传给他的,如今他把这枚胸针送给宝拉,寓意要与宝拉白头偕老。宝拉非常开心。丈夫当着宝拉的面,把胸针放进了她的手提袋中,并嘱咐宝拉不要把胸针给弄丢了。出门后,丈夫把手提袋交还给了宝拉。而事实上,此时丈夫已经把胸针从手提袋中拿走了,但宝拉并没有注意到这一点。在他们逛伦敦塔的过程中,宝拉无意中想起了丈夫送她的胸针,但当她的手摸向手提袋后,却怎么也找不到。善良的宝拉不想让丈夫发现她把胸针弄丢了并因此失望,所以并没有把胸针弄丢的事立即说出来。当他们逛完伦敦塔回到家后,丈夫问宝拉要胸针,说是拿去给她修理一下。在这个时候,宝拉知道瞒不过去了,才和丈夫交代了胸针已

"丢失"的事实。丈夫故意表现得很生气，并借此强调说宝拉老是健忘，有健忘症。

与此同时，丈夫隔绝了宝拉的所有外部社交活动，不让外面的客人来拜访宝拉，也不让宝拉参加任何社交活动。宝拉只能成天待在家里。两个仆人中一个耳聋，一个傲慢，宝拉都不喜欢和她们说话，丈夫成了她唯一可以说话的人。

此后，丈夫又故意设计了多个场景，以"证明"宝拉确实生病了。比如，故意把房间里一幅画取走放到楼梯的转角处，然后说是宝拉取下来的，但宝拉始终坚称自己没有取下来。当宝拉走到楼梯转角处时，果然发现画摆放在了转角处，丈夫就这样借此强化了宝拉容易健忘的毛病。还有，房间里的煤气灯，每晚都会在丈夫外出之后忽明忽暗。起初宝拉还以为是仆人在调煤气，但后来两个仆人都称没有调过。

就这样，慢慢地，宝拉开始怀疑自己是否真的如丈夫所说的那样，健忘和容易产生幻觉，她真的认为自己生病了。丈夫用这样的方式，深深地操纵着宝拉的心理世界，宝拉对自己"生病"这一事实开始深信不疑了。在见证了宝拉的多次"健忘"和"多疑"之后，两个仆人也深信宝拉是真的病了。

而丈夫真正的目的，是确认在他们所居住的房间里，是否有她姑妈遗留下的那四颗珍贵的珍珠。更为可怕的是，丈夫正是当年勒死姑妈的真凶。最后，在侦探伯林的帮助下，才揭穿了丈夫的这一嘴脸，宝拉也成功走出了丈夫的心理操控。

美国心理学家罗宾·斯特恩（Robin Stern）从这部电影得到启发，并根据其20多年临床经验，写了一本非常轰动的书，叫《煤气灯效应：如何认清并摆脱别人对你生活的隐性控制》(*The Gaslight Effect: How to Spot and Survive the Hidden Manipulation Others Use to Control Your Life*)，在该书中，罗宾·斯特恩描述了"煤气灯"阴险的本质："这是一种难以识别的情感虐待和操纵，甚至更难以摆脱。"此后，"煤气灯效应"被广泛用于指代心理操控。

《煤气灯下》这部电影里的丈夫格里高利·安东、妻子宝拉、年老仆人、年轻仆人4人实际上组成的不是一个家庭，而是一个组织。这个组织的实际领导者是丈夫格里高利，他有明确的目的，他的目的是寻找那四颗宝石。他让妻子和两个仆人都相信，宝拉真的生病发疯了。为此，他设计了诸多场景，最终让这变成了组织里的人的共同心智，也即形成了共同的组织心智，只不过这是病态的组织心智。可见，组织心智是可以被改变和受影响的，也就是我们所俗称的"洗脑"，它通常取决于这个组织的实际领导者。好的领导者会催生健康的组织心智，心术不正的领导者则会让组织心智被蒙蔽和歪曲。

如今，仍有不少企业家标榜自己的企业是一个大家庭，把自己比作这个"大家庭"的大家长。他们希望在这个"大家庭"里，家庭成员无条件地听命于家长的指挥，不计回报地努力拼搏。我们需要警惕这种现象。伪家长格里高利·安东组建家庭的目的是为自己谋取财富，那么，这些企业家"家长"呢？他们的真实目的是什么？

斯坦福监狱实验

美国心理学家菲利普·津巴多1971年在斯坦福大学进行了一个模拟监狱实验。他将斯坦福大学心理学系大楼地下室的实验室改成了牢房，每个牢房都有独一无二的牢房号码，牢房门被改装成了类似真实监狱一样的竖栏式结构。模拟监狱还设有"监狱院子"，作为囚犯吃饭和活动的地方。在地下室走廊的尽头是一间小黑屋，用来单独囚禁那些惹是生非、反抗或不尊重看守的囚犯。

津巴多招募了一批学生作为志愿者参加这个实验，实验者每天可以获得15美元作为报酬。一共有70名来自美国各地的学生申请参与这个为期两周的实验，他们绝大多数是在斯坦福大学和加州大学伯克利分校参加夏季课程的学生。这批学生在参加实验前，须先通过一次测试，以证明他们是"心理健康、没有疾病的正常人"。最终，24名学生通过了测试。

津巴多把这24名学生随机分成了囚犯组和看守组,每组各9人,余下6人则作为实验候补。为了使实验更真实地模拟现实,"囚犯"在接受测试后被通知可以回家,津巴多没有告诉他们接下来会发生什么,也没有告诉他们接下来需要做什么准备。之后,实验室工作人员突然开始了"囚犯"抓捕行动。有些学生是在家里被逮捕的,被铐上手铐,戴上牛皮纸头套。而执行逮捕行动的是同意与津巴多合作进行实验的加州警方。面对呼啸而去的警方,不明就里的邻里大为惊讶,而担任"看守"角色的学生则身着警服,戴上黑色墨镜以增加权威感。在囚犯进牢房时,还按照监狱的正式程序对犯人进行了裸体搜身,看守拥有一切真实狱警所拥有的权力。

实验开始时,无论是看守还是囚犯,都不知道自己该怎么做——他们都还没有进入角色。为了打发无聊时光,这群耳濡目染于当时美国反越战学潮的学生囚犯开始挑战权威:撕掉缝制于衣服上的编号,把自己锁在牢房内不理会看守的命令,并取笑看守。

看守一下子变得不知所措,作为监狱长和实验负责人的津巴多则告知看守们要自行解决问题。于是看守们采取措施对囚犯进行"镇压":脱光囚犯的衣服,对囚犯进行数小时的禁闭,没收枕头和被褥,取消囚犯的进餐,强迫囚犯用手清洗马桶,做俯卧撑或者一些没有任何意义的活动从而羞辱囚犯,剥夺囚犯的睡眠,半夜把囚犯拉出来清点人数和进行各种屈辱性的活动。他们还采用了心理上的分化策略:服从管理的好囚犯会被提供特权,以及更好的牢房和伙食。

在实验进行到36小时的时候,一名代号为8612的囚犯因受到极度精神压力出现哭泣、咒骂等各种各样的歇斯底里症状。实验仅仅进行了不到两天的时间,这位"正常的、心理健康的"囚犯已经被一群"正常的、心理健康的"好人折磨得濒临崩溃,申请提前退出实验。于是津巴多从后备名单中新挑选了一位学生填补8612的空缺。

随着实验的进行,看守与囚犯之间的敌对情绪日益升级。看守们想方设法折磨囚犯,而囚犯们则继续承受着折磨,行尸走肉般地顺从回应。这已经不是一场角色扮演了,不是一次愉快的暑假回忆,不是一次舒服的打工经验,而是一场噩梦。在实验开始的时候,看守和囚犯之间没有任何差异性,而在实验持续了一周以后,他们之间已经没有任何相似性了。

囚犯们以条件反射式的反应接受看守们的各种要求。也有些囚犯以"疯狂的表演"模仿8612,希望以此换取退出实验的机会。在实验的第三、第四和第五天,各有一名囚犯被同意退出了实验。第五名囚犯在退出请求被拒绝后,全身出现皮疹的症状,最终不得不退出实验。

实验持续到第六天,津巴多当时的女友,看到囚犯们在深夜如厕时遭到看守虐打、头蒙黑袋、脚铐脚镣,连忙让津巴多中止实验,以免有人受到严重伤害。到了这时候,津巴多才意识到,自己也陷入了监狱长的角色不能自拔。"我叫停实验,不是因为在监区看到的那些场面,"他在实验的技术报告里解释说,"而是因为我惊恐地意识到,我也可以轻而易举地变成最残忍的看守,或是最软弱的囚犯,对自己的无力充满恨意。"

斯坦福监狱实验告诉我们,从社会层面看人时,人之初,性既不本善,也不本恶,而是会受到社会环境的影响。社会环境会重塑人的认知,把人变成它想要的样子,好环境把人变成好人,坏环境把人变成坏人。近朱者赤,近墨者黑。也因此,我们看到,希特勒通过强大的国家宣传机器,把第二次世界大战时期的许多德国人变成了杀戮的机器,他们把犹太人集体关进毒气室毒死、活埋、集体枪决……无所不用其极。在纳粹营造出的强大的个人崇拜和民族仇恨之下,许多德国人心甘情愿地成了纳粹的刽子手。

组织的三重属性

部门墙效应体现的是组织的生物性,煤气灯效应说明了组织具备心理性,斯坦福监狱实验则表明,组织还有很强的社会性。组织由人组成,人由细胞组成,细胞由有机分子组成,从这一组成逻辑去透视组织也会发现,生物性、心理性和社会性是组织同时具备的三重属性(见图3-2)。

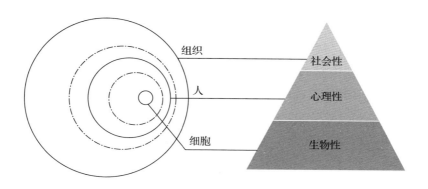

图 3-2　组织的三重属性

（1）**生物性**：细胞是人体生命的基本单元，从微观角度看，人就是无数个细胞构成的集合体。细胞从产生的那一刻起，就不断地追求如何生存和自我繁衍下去。生存是细胞的本能。人虽然是高级生物，但终归还是生物，有着固有的生物性。细胞的生物性是要活下来，组织的生物性也是要活下来。活下来就需要争夺外部空间和资源，生物生而有领地意识，这造就了组织中普遍存在的协同难问题，这是由组织的生物性所决定的。

（2）**心理性**：组织如果只有生物性，组织就和羊群、牛群没什么两样了。动物主要依靠生物性的驱使存活在这个世界上，"鸟为食亡"，但人区别于其他生物的一个显著点，就是人有非常丰富的心理活动，人有其心理性的一面。当人和动物同样都看到食物时，都会本能地想得到它，但人会在心里构想，这个食物是否安全？我获得它是否会遭到他人的嫉妒？我吃了这份食物会不会其他人就吃不到了？诸如此类的心理活动会阻止人想要获取它的冲动，从而放弃索要这份食物。然而，除非遭到威胁，大部分动物是不会放弃唾手可得的食物的。这就是人类的心理性战胜生物性的一个典型例子。再比如，与获取食物或繁衍无关的事情，例如建造纪念碑纪念有意义的人或事，动物不会做，也没有兴趣，然而人类却乐此不疲。埃及有金字塔，法国有巴黎圣母院，中国有人民英雄纪念碑，印度有泰姬陵……这些都是出于此目的，寄托人们心理活动的建筑。任何组织都应培育人们良好的心理性,包括工作动机,通过良好的心理性去弥补生物性中比较局限的一面。例如囚徒困境,就是在彼此之间缺乏信任的情况下,个体倾向于做出认为对自己有利而实际上有损于集体利益的判断,这是人的生物性的体现。如果彼此之间有良好的信任关系,就可以轻松克服囚徒困境这一生物性。

(3)**社会性**:人是社会性动物。群体动力学的开山鼻祖库尔特·勒温(Kurt Lewin)通过研究证明了对个体的行为必须根据其所属群体的性质进行理解。[7] 人们聚集在组织里,实际上就组成了一个小社会,所以组织又具有社会属性。一个和尚挑水喝,两个和尚抬水喝,三个和尚没水喝,讲的就是组织的社会惰化现象。当缺乏必要的组织机制支撑时,置身组织里的个人倾向于偷懒而非竭尽全力,盲从而非独立判断,服从权威而非坚持己见。

当生命还只处于萌芽状态的时候,DNA 起完全决定作用,生命不过是在执行 DNA 的指令序列。从呱呱坠地那一刻起,直至长大成人的整个过程,也是人的心理逐步成熟的过程。心理性可以压制生物性。此后,当人更多地融入组织,社会性便成为更上层的属性,可以压制生物性和心理性。人在群体中,最能影响他的,就是他人了。

组织也是这样的。当组织刚成立时,大家更多是本能驱动的,依靠直觉做事;此后组织逐渐长大,于是就形成了组织所固有的心理认知模式和做事方式;当组织成熟后,它就成了一个稳定的"社会",会影响加入其中的个体,每一个加入的人都变成了组织里的社会人。

生命是怎么来的呢?生命体首先是一个耗散结构,因而我们在看生命体时,首先应当把生命体看成耗散结构,这样你更能看到生命的底色,也更能看透组织的生物性。同时,组织不是一群无思想的生命体的集合,组织里的人有其心理需要,以人本观去看组织时你更能明白组织的心理性。有人的地方就有江湖,人是社会人,以社会观视角去看组织,你也更能理解组织的社会性。以上四层组织观是我们看待组织时应有的视角(见图3-3)。

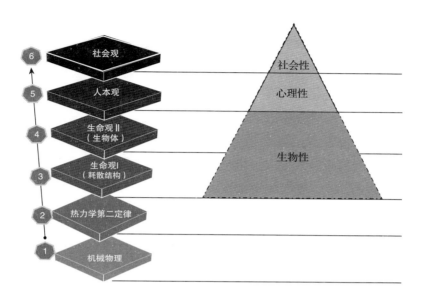

图 3-3 组织观与组织的三重属性

任何一个高活力组织,都要顺应它与生俱来的生物性,培育积极的心理性,构建良好的社会性。高活力组织必须同时具备这三重属性。

第四章

组织的生物性：自组织框架

人的生物性

人生而为人，首先是生物，人天然具有生物性。饥饿的时候，我们会本能地去寻找食物；面临危险的时候，我们会本能地选择逃跑；和亲人分离的时候，我们会本能地忧伤；去到一个陌生的环境时，我们会本能地表现出警惕……这些，都是人与生俱来的生物性的表现。

我们常说的人性，其实指的是人的生物性。中国古人很早就在思考人性问题。自宋代起，《三字经》就是中国儿童的启蒙读物，其开篇就言明了对人性的看法："人之初，性本善。"短短 6 个字，道出了中国数千年以来对人性的看法：人性本善。追本溯源的话，中国先贤哲人中，孟子最早旗帜鲜明地提出了人性本善的观点，他在《孟子·告子上》中指出："人性之善也，犹水之就下也。人无有不善，水无有不下。"他认为，在自然状态下，水往低处流，这是水的本性，在没有外力迫使它的情况下就天然会表现出这种行为。而人也如此，在没有外力迫使他的情况下，人性没有不向善的。孟子说："恻隐之心，人皆有之；羞恶之心，人皆有之；恭敬之心，人皆有之；是非之心，人皆有之。"他认为人生来就有恻隐、羞恶、恭敬、是非四个善端，它们根植于萌芽状态的人的心中。

孟子认为人性本善，这对中国有着深远的影响，但这一观点也并非没有异议。荀子就认为人性本恶，他在《荀子·荣辱》中说：

人之性恶，其善者伪也。

今人之性，生而有好利焉，顺是，故争夺生而辞让亡焉；生而有疾恶焉，顺是，故残贼生而忠信亡焉；生而有耳目之欲，有好声色焉，顺是，故淫乱生而礼义文理亡焉。然则从人之性，顺人之情，必出于争夺，合于犯分乱理，而归于暴。故必将有师法之化、礼义之道，然后出于辞让，合于文理，而归于治。用此观之，人之性恶明矣，其善者伪也。

翻译成大白话就是：

人的本性是邪恶的，善良是后天培养的。

人的天性，生而贪财，如果顺其自然，争夺就会产生而辞让就没有了；人一生下来就会憎恨，如果顺其自然，残害就会产生而忠信就没有了；人一生下来就有耳眼的贪欲，有喜欢音乐、美色的本能，如果顺其自然，故而淫荡混乱产生而礼仪法度就没有了。也就是说，放纵人的本性，顺从人的情欲，就一定会出现争夺，一定会和违背名分、扰乱法度的行为合流，而最终趋于暴乱。所以人一定要有师长和法度的教化、礼义的引导，然后人们才会辞让，才会遵守礼法，社会才会趋于安定。由此看来，人的本性是邪恶的，这点显而易见，那些所谓的善良都是后天培养出来的。

那么，人性究竟是本善还是本恶呢？当东方为此问题争执不休时，西方也大致经历了类似历程。古希腊先贤苏格拉底认为"德性即知识""无人自愿作恶"，认为人性本善。基督教的原罪说则主张人性本恶，后来的欧洲思想家如奥古斯丁、马基雅维利、叔本华等人，也都相信人性本恶。第二次工业革命时期，美国科学管理之父泰勒通过精细化的分工，在极大化地增加产能的同时，也把人彻底变成了实现企业家利益的工具。美国组织心理学家史克恩认为："人是由经济诱因来引发工作动机的；经济诱因在组织的控制下，人是被动地受组织的操纵、激发和控制而工作的；人的感情是非理性的，必须善于干涉他所追求的私利；组织必须设法控制个人的情感。"麦格雷戈在《企业的人性面》一书中引述了X理论，这一理论主要有以下观点：

（1）人们与生俱来不喜欢工作，如果有可能的话，他们会选择逃避它。

（2）因为人们有厌恶工作的天性，所以管理者必须对他们采取强迫、管控、指导以及惩罚性威胁的方式，让他们全心全意地为实现企业目标而努力。

（3）人们愿意被管理指挥，希望逃避责任，胸无大志，只图安稳。

X理论主张实行任务管理，管理者只需重视提高生产效率和完成任务指标即可，从根本上忽视了人的情感、人际交往等心理因素的作用；管理只是少数管理者的事，与广大工人无关，强调工人只需服从管理即可；在管理方法上主张用金钱来刺激工人的工作积极性。通俗地说，就是采取"胡萝卜加大棒"的政策。

无论是经济人假设还是X理论，事实上都在假设人性本恶。到了1924年，哈佛大学的梅奥等人在西屋电气的霍桑工厂做了一个很知名的实验，后来称为霍桑实验。这个实验的初衷是利用科学管理原理，通过调整工厂的灯光等环境因素，以提高工人的生产率。但后来的一系列实验发现，无论如何改变环境条件，工人的生产率并没有因此提高或降低，也就是说，工作的生产率和工作条件之间并无直接的相关关系。后来，梅奥等人组织了和工人的系列座谈，而正是这种座谈，让工人感受到了被关注，生产率反而出现了明显的提升。通过系统分析这一系列实验，梅奥等人发现：工人不是机械被动的动物，他们也绝不是只追求经济报酬，工人还有一系列社会的、心理的需求，如对尊重、对良好人际关系的需求，等等。因而，满足工人的社会性需求，往往更能激发工人的劳动积极性。他们还认为良好的人际关系是调动人的积极性的决定性因素。这一实验扭转了过去把人视为经济人的观点。麦格雷戈在批评了 X 理论的消极看法后，提出了自己对于人性的新观念——Y 理论。这一理论的要点如下：[8]

（1）和游戏或者休息一样，工作也会消耗体能和脑力。一般人并非天生讨厌工作，他们对工作的态度完全取决于所在的可控条件。工作对他们而言，既可以是满足的源泉（人会主动去工作），又可以是惩罚的源泉（人会尽可能去逃避）。

（2）要想带动员工实现组织目标，外界控制和惩罚威胁都不是唯一手段，人们为了兑现承诺目标会进行自我指挥和自我控制。

（3）人们承诺一个目标，是因为完成目标之后能够获得相应的奖赏。对人而言，目前最重要的奖赏方式包括自我需求以及自我实现需求的满足。这些奖赏可以成为人们最直接的动力，激励其为实现组织的目标而努力。

（4）在合适的条件下，人们不但愿意承担责任，还会主动争取责任。逃避责任、缺乏斗志和安于一隅的状况通常都只和个人经历有关，而和人类的天性没有关系。

（5）大多数人都有相当高的想象力和创造力来解决组织中存在的问题。

（6）在现代的企业条件下，只有一部分人的潜能得到了开发，大部分人的潜能还处在沉睡状态。

埃德加·沙因提出的"自我实现人"假设是在麦格雷戈的 Y 理论的

基础上的进一步系统化。他认为：[9]

（1）人类的动机可以分为几个层次，从最基础的层次开始，它们分别是：①基本的生理需要；②生存、安全的需要；③社交与归属的需要；④自我满足与自尊的需要；⑤自我实现的需要，这是个体最大限度利用自身所有的能力和资源的需要。当大多数最基本的需要（对食物、水、睡眠的需要）被满足了以后，人们就会寻求更高层次的需要的满足。即使是那些我们认为"没有天分"的人，当他们的其他需要或多或少地满足了以后，他们也会在工作中寻求一种意义和成就感。

（2）个人总是追求在工作中变得成熟起来，并且有能力成为这样的人，在某种意义上，就是锻炼一定的自主性、独立性，学会从长远的角度看问题，发展特别的能力和技能，培养以更大的灵活性去适应环境。

（3）人们基本上是自我激励、自我控制的，外部强加的激励和控制反而可能形成威胁，会把个体降低到一个不太成熟的状态。

（4）在自我实现和更有效的组织绩效之间并没有内在的冲突。如果给员工一个适当的机会，他们会自发地将他们的个人目标与组织目标整合在一起。

Y理论和"自我实现人"假设，都是人性本善说。发展至今，X理论和Y理论两种对人的假设仍在继续激荡着，都有不少的拥护者。但相对来说，人性本善说得到了更多的青睐。

组织也有生物性

组织是由人构成的。如果人有其生物性，由人构成的组织同样也具有生物性。那么，组织的生物性是什么呢？组织性本善还是性本恶？

这得回到组织的定义上来。组织是由三个及以上个体组成，为了一个共同目标，在较长时间里通力协作的一个群体。依此定义，组织须同时具备以下三个条件。

- **一定数量的人**：独木不成林。组织有别于个体，它是个体的集合。
- **共同的目标**：组织存在的价值，是为了共同去完成个体所无法完成的目标，因而，在这个过程中必然需要组织里的人协同。是共同的目标将组织成员彼此联结在了一起。
- **存在较长时间**：组织具有相对稳定的特性。如果一群人只是为了解决一个短暂的共同问题而临时聚集在一起，例如移开前进道路上的一个路障，他们也不被称为组织，他们只是偶然聚合的一个群体。组织必须存在足够长的时间，多则数年，少则数月。

所以综合起来，组织就是因人成事。阿里巴巴有句话形容得非常好："一群有情有义的人，在一起做一件有价值有意义的事。""有价值有意义的事"就是共同的目标，"有情有义"和"在一起做"就是通力协作，组织事实上就是一群有情有义的人，长时间在一起做有价值有意义的事（见图4-1）。在"在一起做"前面还需要加一个修饰语"长时间"，因为组织不是临时团体，它必须存在较长的时间。

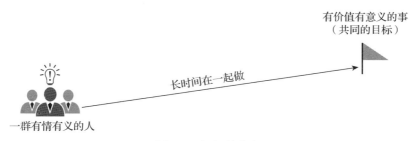

图 4-1　组织的定义

那么组织的这三个条件都是组织的天性吗？我们逐一来看。

组织会天然倾向于有情有义吗？显然不会。组织成立之初，一群人聚集在一起，一开始彼此缺乏足够的了解，也谈不上有很深的信任，通常相互之间是防备的，谁也不知道谁会对自己不利。商业组织生存于竞争环境之中，需要同外部竞争对手争夺外部资金支持以维持其日常运转。这样，组织对外就会表现出其争强好胜的一面，外部的压力传导到内部，就会是进度和业绩压力。在威权式组织中，居于金字塔顶端的统治者，会给居于金字塔底端的被统治者一种压迫感。《孟子·滕文公上》有言："劳心者治人，劳力者治于人；治于人者食人，治人者食于人。"其讲的就是被人统治的人供养别人，统治人的人被别人供养。在企业内部，管理者和员工之间也是一种管理和被管理的关系，虽然也会有发展出兄弟情谊的情况，但管理者代表的是资方，很多时候和员工间是存在利益冲突的，这也导致两者之间的微妙关系。华为轮值 CEO 徐直军在其《告研发员工书》中说过一句很有代表性的话，"为民请命的干部不成熟"，批评主管和员工一个鼻孔出气的现象。从这个角度来看，组织不会天然倾向于有情有义，有情有义不是组织的生物性。

组织天然倾向于存在较长时间吗？秦王嬴政统一六国后，为了显示自己的崇高地位，取"三皇五帝"的"皇"和"帝"组成"皇帝"一词，自称"皇帝"，寓意自己功高盖世，只有三皇五帝合起来才可以和自己一比高下。不仅如此，嬴政还希望自己一手创建的秦帝国万世长存，他知道自己不可能长生不死，于是把希望寄托于子孙后代，称自己为"始皇帝"，自己的儿子继位时则称为"二世皇帝"，儿子的儿子称"三世皇帝"……子子孙孙无穷尽。由此可知，秦始皇是多么希望这个组织能一直存在下去。不光秦始皇这么想，中国后世朝代的缔造者也都这么想，都希望自己能解开朝代更迭的魔咒，万世长存。以此观之，组织从成立的那一刻起，就倾向于一直存在下去。多年前，有人问华为创始人任正非华为的战略是什么，任正非回答说："我们没有战略，如果有，华为的战略就是活下去。"又说："华为公司的最低纲领是要活下去。最高纲领也是活下去。"阿里巴巴创始人马云在 2019 年 9 月 10 日阿里巴巴成立 20 周年年会上宣布了阿里巴巴的新愿景，其中一条是"**活 102 年**"。可见，活下去是组织的天性，是组织的生物性使然。诚如英国皇家科学院院士、牛津大学进化论生物学家理查德·道金斯所言："避免死亡是必须努力才能达到的目标。要是'随它去'的话——那也是死亡后的状态，身体就会朝向恢复与环境平衡的状态发展。"[10]

组织天然会做有价值有意义的事吗？"有价值有意义"是相对的，对企业有价值有意义的事，不一定对客户有价值有意义；对 A 客户有价值有意义的事，不一定对 B 客户有价值有意义。但就组织内部成员而言，他们加入这个组织，若非有人强迫，一定是认可这个组织的宗旨、使命和价值主张的。大多数的宗教组织，在其成员正式加入时，都会有一个入教仪式，作为宣誓皈依的一种象征。佛教是剃发为僧或削发为尼，基督徒入教时须经过"洗礼"。人们只有在心甘情愿经过这些仪式后，才会被接纳为正式成员。自 20 世纪 80 年代起，几乎每一个企业在成立的时候，都会制定自己的使命、愿景和价值观体系，这一体系明确了企业存在的价值和意义，企业在招聘人员入职时，也会有选择性地遴选那些认同这一价值体系的人加入。这些做法决定了，组织成员整体上会认为自己是在做有价值有意义的事，否则他们迟早会离开这个组织。从这点来看，做有价值有意义的事也是组织的生物性。

综上，组织的三个必要条件中，长时间地做有价值有意义的事是组织的生物性。用一种更通俗的话来说，就是要"有意义地一直活着"。对一个组织而言，一方面，如果没有稳定的营收，企业必将很快消亡，即企业首先要活下去。然而另一方面，除非让企业的员工意识到自己的工作有着更崇高的价值和意义，否则光靠钱并不能完完全全俘获他们的心。惠普创始人戴维·帕卡德（David Packard）曾说："许多人都错误地认为，公司的存在就是为了赚钱。虽然这是公司存在的一个重要结果，但我们还得更进一步，找到我们存在的更本质的真正原因。"当一个组织能在员工面前令人信服地代表某种普遍的价值时，员工的投入程度会更深刻也更持久。组织如果只是为了活着，就如同行尸走肉一般，剥夺了员工对工作意义的渴求。活得有意义是组织真正底层的生物本性，很多组织没有意识到这一点，所以恰如昙花一现很快就消失在了茫茫商海之中。

蚂蚁的故事

我坐在南京的秦淮河边，静静地凝望着河对岸。虽然已是秋天，但河边的垂柳依旧青翠欲滴，看不出一点秋的色彩。河对岸泊着两三艘铁船，那是水事用船。河面平整如镜，偶尔伴随着微风泛起些许涟漪。

凝望了好一阵，我将视线收回到眼前。几只小蚂蚁在脚下的空地上爬过，它们盲目地爬着，偶尔会两两碰触一下对方的触角，像是在交谈着什么。河对岸的美景，对于它们来说也许太过遥远，甚至好比太平洋之于人类那般浩瀚。它们无暇欣赏这秋日的美景，就那么匆匆地爬在脚下这片土地上。我很好事地拿起旁边的一根木棍，挡住了其中的一只小蚂蚁，它没有往木棍上爬，而是沿着木棍边缘爬着，我又把木棍顺着它爬的方向继续移动，始终挡在它的去路上。小蚂蚁继续爬着，然后又折回，反复几次之后，小蚂蚁放弃了前进，折回了，返回了巢穴，也许回去报告什么了。

巢穴里的世界，我不得而知。我只能看到洞口的一些细碎泥土，似乎在宣示着它们对这个洞穴的主权。注视了一阵洞穴，我不禁对里面的世界好奇起来，那是一个什么样的世界呢？就是一条通道，还是里面别有洞天？我拿起手机搜索起来，看到 2017 年的一则新闻，标题是《世界上最大的蚁穴，犹如一个地下王国》，报道内容大致如下：

据悉，科学家在巴西境内挖掘出了一个巨大的蚂蚁巢穴。巢穴包含一系列彼此连通的地下小室。地下小室里包含育儿室、食物贮藏室、交配室等，一应俱全。这些分室各有用处。分室之间是大量彼此连通的大道和小径，四通八达，错综复杂，可提供最短运输路径，还可实现最佳的通风效果。巢穴冬暖夏凉，就像一个空调制动的恒温室。在这里，食物不易坏掉。为了建造这个庞大的地下蚂蚁之城，一代又一代蚂蚁耗时 10 年，共计挖掘搬运了 40 吨泥土，才形成了如此迷宫般的地下巢穴。

如此叹为观止的工程，蚂蚁是怎么做到的呢？是蚂蚁很有智慧吗？事实上，单个蚂蚁只有 25 万个脑细胞容量。与之相对，人类拥有 100 亿个脑细胞，是蚂蚁的 4 万倍。和人比起来，单个蚂蚁是如此愚蠢，那么，是什么力量让蚁群建造出了如此智慧的结构？是依靠蚁后的高超指挥吗？遗憾的是，蚁后的主要职能是产卵和繁殖后代，它根本无暇顾及小蚂蚁们，它还要等着小蚂蚁们来喂养和保护它，更不用说给它们提供什么指导了。

秋日的些许凉意，让我不禁打了个寒战。我披上一件薄外套，继续注视着眼前的小蚂蚁，它们依旧忙碌地爬着、搜索着、交谈着……凉意显然没有阻止它们的活动。

常听俗语说"贱如蝼蚁""捏死你就像捏死一只蚂蚁一样"，我们总觉得这单薄的生命不值一提，但这微小的生命也许正如河岸的青翠柳树般，在恣意地舞动着生命的节奏。

斯科特·卡马津（Scott Camazine）在 *Self-Organization in Biological System*（《生命系统中的自组织》）一书中，系统研究了蚂蚁的觅食行为。

小蚂蚁从蚁穴中出来，四处去觅食。在觅食阶段，它们很少成群结队，而是各自为战，朝四面八方分散开去寻找食物（见图4-2）。没有哪个方向是优先方向，也没有哪只蚂蚁更胜一筹。

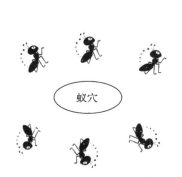

图 4-2　蚂蚁觅食图

当某只蚂蚁发现食物源后，它会尽可能地搬运一些食物返回蚁穴。在返回过程中，它会一路释放化学信号，相当于沿路打上路标。这样，其他蚂蚁就可以沿着这条路去搜寻食物。当其他蚂蚁也找到食物后，会同样搬运回蚁穴，并在返回途中释放化学信号。随着越来越多的蚂蚁加入，这条路上的化学信号也会越来越强,从而不断加宽了这条觅食之路(见图 4-3)。

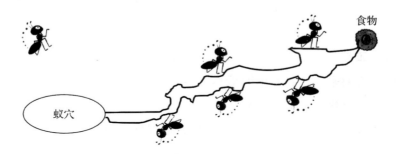

图 4-3　蚂蚁觅食轨迹图

从蚂蚁觅食的过程中,我们可以看到有两个阶段。

阶段 1:探索阶段

在探索阶段,蚂蚁有明确的目标,但没有明确的路径。它们的目标是找到食物源,但食物源在哪儿?通向食物源的路径是什么样的?没有哪只蚂蚁比其他蚂蚁更清楚,所以所有蚂蚁都在尝试,能否发现食物需要靠运气。从宏观上看,这个时候蚂蚁的行为更像是混沌和随机的。

阶段 2:搬运阶段

在搬运阶段,已经有蚂蚁成功地找到了食物源,所以这个时候就不需要所有蚂蚁再随机地去找食物了。它们只需要跟随其他蚂蚁的脚步,就能成功地找到食物并把它搬回巢穴。从宏观上看,这个时候蚂蚁的行为是有序的,它们沿着固定的轨道在食物源和蚁穴之间来来回回地搬运食物。

上面描述的是一个有固定巢穴的蚁群的觅食过程。那么,对没有固定巢穴的蚁群,它们的捕食行为又是怎么样的呢?

在亚马孙河流域有种蚂蚁叫行军蚁,它们的视力非常差,相当于盲人。它们主要通过不断释放化学信息素来感知彼此和采取行动。仔细观察其外形,可将它们分为四种类型。

(1)**蚁后**。蚁后是行军蚁中体型最大的个体。它们没有翅膀,腹腔很大,具有一个巨大外延的圆柱形腹部。蚁后能够与多只雄蚁交配,凭借其巨大的腹腔,它在一次休息期(两三周)内可产 25 万粒卵。

(2)**工蚁**。工蚁是行军蚁蚁群中数量最多的一种蚂蚁,它们由蚁后的受精卵发育而来,是没有生育能力的雌性蚂蚁。工蚁主要负责蚁群的日常工作,比如收集信息、搬运食物等。

(3)**兵蚁**。兵蚁与工蚁相同,均是由蚁后的受精卵发育而来的,其体型较大,下颚骨非常发达,具有强大的咬合力。兵蚁还能够通过产生毒液麻痹生物。

(4)**雄蚁**。雄蚁的体型比兵蚁大,它们生有翅膀,具有雄性生殖器。雄蚁为了避免近亲繁育,会尽快飞走,飞到别的蚁群,与其他蚁群的蚁后进行交配。

行军蚁蚁群规模非常大,一个蚁群通常由几十万只甚至上百万只行军蚁组成,它们没有固定的巢穴,常年四处迁移。它们在迁移的过程中捕食,在迁移的过程中繁衍生息。在行军蚁常年的迁移过程中,没有谁在领导它们的迁移行动,它们完全依靠个体之间的互动,形成宏观上的有序行动。工蚁簇拥着蚁后不断朝着食物源行进,兵蚁保护着蚁群不受侵犯,蚁后则不断繁殖,所有行军蚁各司其职,确保整个蚁群得以长期生存。一个非洲行军蚁蚁群可以维持长达 7 年的寿命。这么庞大的群体,在不断行进过程中维持着 7 年不散伙的群体迁移模式,确实是一个奇迹。

蜜蜂的故事

在经历了春季的百花盛开之后,蜂群会迎来蜂丁兴旺的盛况。此时,原有的蜂巢不再能容纳下如此庞大的蜜蜂数量。于是,在暮春或者初夏时节,蜜蜂通常会进行分群。

但是,选择什么样的地方作为新家呢?

研究蜜蜂的权威专家托马斯·D. 西利（Thomas D. Seeley）发现："当一个蜂群准备分家时，一小部分工蜂会站出来，作为巢址侦察蜂投入行动。这些勇敢的探险家是整个分群过程的原动力。它们决定蜂群何时离开母巢，做出事关蜂群生死的适宜巢穴的抉择，触发蜂群起飞并飞往其新家，并且在飞行中引导蜂群。"[11]

蜂群选址的过程也很有意思。通常会有不止一只侦察蜂出去寻址，当它们发现合适的地址后，会回来跳摆尾舞，摆尾舞会指明新的巢址的方位及距离，相当于给出了一个新的坐标。这个摆尾舞会吸引一些周围的蜜蜂附议，一些蜜蜂会按照这只侦察蜂指示的位置去复查巢址，如果它们也认为这个巢址很好，它们回来后就会力挺这只侦察蜂，帮它宣传，从而吸引更多的支持者。同样，其他的侦察蜂如果也找到了心仪的新巢址，也会吸引自己的支持者，最后，谁的支持者多，谁就会逐渐胜出。蜂群用这种办法，确保蜂巢的选址是经过充分的民主讨论的，每一个个体在这个过程中都亲自参与了决策，它们是通过共识来做出最终决定的。

一只蜜蜂的大脑只有几毫克重，其脑细胞数只有不到 100 万个，人类有 100 亿个，蜜蜂的脑细胞数只有人类的万分之一，这么少的脑细胞是如何帮它们做出这么复杂的选址决策的呢？

涌现

单个蚂蚁如此弱小不堪，单个蜜蜂的作用如此不值一提，然而，它们所组成的群体，在没有英明神武的领导者统一指挥的情况下，却不断创造出一个个令人类也叹为观止的奇迹。这种现象被遗传学算法之父、美国密歇根大学心理学教授和电子工程及计算机科学教授约翰·霍兰德（John Holland）称为"涌现"。涌现的本质是"由小生大，由简入繁"，[12] 简单个体形成的整体产生了"1+1"远大于"2"的效果，整体远大于局部之和。小而简单的事物可以发展成大而复杂的事物。这正是涌现现象充满魅力的地方。

涌现现象一定是大量个体之间通过相互作用形成的一种群体现象，单个个体不会发生涌现现象。而我们在前面提到的耗散结构，则既可以发生在个体层面，也可以发生在群体层面，只要它满足开放、远离平衡态和自催化条件，就可以形成一个耗散结构。耗散结构是包括人类在内的所有生命系统的基本结构。单个蚂蚁和蜜蜂也是耗散结构。而由数以万计的单个个体构成的蚁群和蜂群，通过在彼此之间遵循若干简单规则实现有序协同，最终产生了超越个体智力所能及的涌现现象。平凡的个体，涌现了非凡的群体智慧。

自组织

德国理论物理学家哈肯认为，从组织的进化形式来看，组织可以分为两类：他组织和自组织。如果一个系统靠外部指令而形成组织，就是他组织；如果不存在外部指令，系统按照相互默契的某种规则，各尽其责而又协调地、自动地形成有序结构，就是自组织。自组织现象无论在自然界还是在人类社会中都普遍存在。一个系统的自组织功能愈强，其保持和产生新功能的能力也就愈强。

生命型组织一定是自组织。我们说一个组织是自组织，它必须在模式、结构和过程三个方面同时满足如下条件。

模式：自组织必须是自创生网络，它必须能实现自我再生。

结构：自组织必须是耗散结构。它不断地与环境交换物质和能量，从环境中吸收负熵，以抵消系统自身所不可避免的熵增，从而维持系统自身的有序和进化。耗散结构耗散的是能量，维持的是结构。这两者相辅相成，没有能量输入，结构不可能得以维持。热力学第二定律告诉我们，一切封闭系统都必将走向死亡。

过程：自组织必须是动态的。自组织存在于其内部各单元的不断交互过程之中，也存在于与外部环境的不断交互过程之中。换言之，自组织是一个过程，不是一个结果。

自组织的模式：自创生网络

传统上，我们倾向于把组织看成金字塔模式。少量精英群体居于金字塔的塔尖，然后由负责上传下达的中层管理人员组成塔腰，最后由大量负责实际操作的生产类员工组成塔基。塔尖负责制定组织战略和发号施令，塔腰负责承上启下，把塔尖的命令传达到塔基，塔基则负责完成具体指令。

但自组织的模式不是金字塔模式，它一定是网络模式。网络最明显的性质就是它是非线性的，它向各个方向延展。网络中的一个扰动或者信息可以沿着环形路线传播，从而有可能形成一个反馈回路。而只有形成反馈回路后，组织才能形成自我调控，进行自组织。线性结构是无法进行自我调控的。

除了要具备网状特点以外，自组织还必须能够自创生，即组织要能自己生成自己，也只有当具备自创生这一特点之后，组织才是生生不息的。生命体都是自创生的，自地球上第一个细胞诞生之日起，生命就不断地在自我繁衍和自我进化。生命的扳机一旦扣动，就将永无止境地一路向前。

生物学家兼哲学家盖尔·弗莱舍克（Gail Fleischaker）指出，自创生网络必须满足三个性质：自建界、自我生成、自我延续。自建界是指系统的范围由边界来确定，此边界是网络自身的一部分；自我生成意味着所有组件，包括边界，均由网络内部的过程产生；自我延续是指生产过程随着时间的推移持续不断，因而所有部件都不断地由系统的转换过程所更换。

诚如美国的林恩·马古利斯（Lynn Margulis）和多里昂·萨根（Dorion Sagan）所言，"就像成人的性格特征形成于遭遗忘的幼儿时期一样，人类及其历史地位，只有在我们探究并理解细胞过去的事迹之后，才能了解。"[13] 要理解自创生网络，不妨先来看看植物细胞，如图4-4所示。

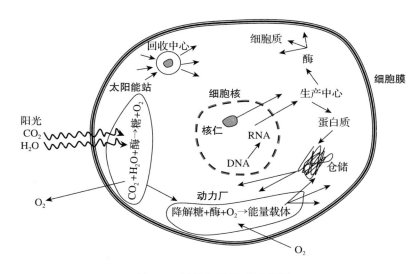

图 4-4　植物细胞构成示意图

一个完整的植物细胞通常包括细胞膜、细胞核以及介于细胞膜和细胞核之间的大量细胞质，还有作为太阳能站的叶绿体、作为动力厂的线粒体、作为回收中心的溶酶体、作为生产中心的核糖体等组件。细胞膜内的这诸多结构组成了一个自我维持的网络，只要有阳光、CO_2 和 H_2O，它就可以自我延续。而细胞核内的 DNA 则编码了细胞的构造指令，使得细胞可以自我分裂，一分为二不断地自我生成。细胞膜是细胞的边界，阳光、CO_2、H_2O 可以自由穿行细胞膜，但其他物质则不被允许通行。所以一个完整的细胞是一个自建界、自我生成、自我延续的自创生网络。

自组织的结构：耗散结构

耗散结构是什么呢？这是比利时科学家伊里亚·普利高津于 20 世纪 70 年代提出的一个概念，指的是当系统处于远离平衡态时，在一定外界条件下，由于系统内部非线性相互作用，可以经过突变而形成新的有序结构。普利高津因此获得了 1977 年的诺贝尔化学奖。

耗散结构指出，一个系统要成为耗散结构，必须满足如下三个条件。

- **开放**：系统不能自我封闭，而要持续不断地与外界进行物质和能量交换。封闭系统唯有熵死一途。
- **远离平衡态**：在热力学平衡态或者接近热力学平衡态的地方，系统由于惯性都倾向于回到热力学平衡态，只有当系统远离热力学平衡态时，系统才可能走向新的有序状态。
- **自催化**：我们都知道，在发生化学反应时，如果有催化剂的参与，化学反应会明显加快，但催化剂本身的质量和化学性质在化学反应过程前后都不会发生变化。例如，2份氯酸钾在二氧化锰做催化剂的条件下可以分解成2份氯化钾和3份氧气，反应前后二氧化锰的质量和化学性质都不会发生变化，二氧化锰在整个过程中只起到加速化学反应的作用。如果一个系统的输出反过来作为自身的催化剂，那么我们称这个过程为自催化。火药的燃烧就是自催化反应，火药燃烧过程中会产生二氧化氮，而二氧化氮反过来又加速了碳氢化合物与氧的化合反应，最终形成链式反应产生爆炸。自催化可以加速系统走出热力学平衡态，快速实现突变，跳上新台阶，从而走出无序和混沌状态。也就是说，自催化通过自我正反馈机制实现了指数级结果放大效应。

耗散结构通过开放地与外界交换物质和能量，并借助自催化机制迫使自己远离平衡态，从而进入新的有序状态。生命体是一个耗散结构，但耗散结构不一定就是生命体，像旋涡、龙卷风等非生命体也是耗散结构。下面我们来逐一理解这三要素。

耗散结构要素1：开放

元末明初，日本正处于封建诸侯割据时代，各诸侯之间互相征伐，战败者则逃至海上，成为倭寇，流窜至中国沿海进行走私和抢掠。对此，洪武年间，朱元璋为防沿海军阀余党与倭寇滋扰，下令实施自元朝开始的海禁政策。

- 洪武三年（1370年），明廷"罢太仓黄渡市舶司"。
- 洪武四年（1371年）十二月颁布"禁海令"，规定："……仍禁濒海民不得私出海。"
- 洪武七年（1374年），明朝撤销了自唐朝起就存在的负责海外贸易的福建泉州、浙江明州（今宁波）、广东广州三处市舶司。

在海禁时期，"片板不许入海"，甚至民船造得稍大一些就是违法。《大明律》规定："若奸豪势要及军民人等，擅造二桅以上违式大船、将带违禁货物下海、前往番国买卖、潜通海贼、同谋结聚及为向导劫掠良民者，正犯比照谋叛已行律处斩，仍枭首示众，全家发边卫充军。其打造前项海船，卖与夷人图利，比照私将应禁军器下海因而走泄事情律，为首者处斩，为从者发边卫充军。"

即便明成祖郑和下西洋时期，明朝也只放开了朝贡贸易，民间私人仍然不准出海。而后随着倭寇之患越加严重，明朝海禁政策也越加严格，这虽然起到了自我保护的作用，但也将中国隔绝于世界之外，实际上将中国变成了一个封闭系统。

后来的清朝延续了明朝的这一做法。清初，清政府主要出于防范台湾郑氏抗清力量的考虑，防范人民集聚海上；以后则着重防禁"民夷交错"，针对外国商人，以条规立法形式，严加限制对外贸易。顺治初年，清廷对来华贸易的外国商船，沿袭明朝成规，不许进入广州，只准于澳门交易。随后，由于东南海上郑成功抗清力量的存在，清廷愈严出海之禁。顺治十二年（1655年）六月，闽浙总督屯泰请于沿海省份立严禁，"无许片帆入海"，违者立置重典。"禁海令"和"迁海令"使沿海居民流离失所，谋生无路，并严重地影响了沿海地区经济的发展，以致沿海三十至五十里内，满目荒凉。清《兵津关津》规定，"凡官员兵民私自出海贸易及迁海岛居住耕种者，均以通贼论处斩""凡官吏士兵私自与海外诸岛交易或出洋者，亦以反叛通敌论罪"。清政府在一份诏书中宣布："凡久居海外者必处以死刑。"其规定之严和惩处之重，超出历代所为。

明清闭关锁国时期，正是西方文艺复兴和科技萌芽时期。科学巨人牛顿出生于1643年，此时正是明朝灭亡的前夜。而德国的数学家、自然科学家、哲学家莱布尼兹则于明亡后的1646年出生。中国自成一个封闭系统，不与外界交换物质和思想，从而错过了这一大发展时期，造成了明朝后期的落后和被动挨打局面。所以，封闭就要落后，落后就要挨打。

与明清时期的闭关锁国不同的是，唐宋实行非常开放的对外贸易政策。北宋首都开封，"八荒争辏，万国咸通""万国舟车会，中天象魏雄"。《中国古代经济简史》指出："当时（宋代）我国的船只已经航行于印度洋各地，包括锡兰（今斯里兰卡）、印度次大陆、波斯湾和阿拉伯半岛，甚至达到非洲的索马里。"法国著名汉学家谢和耐感慨："直至11世纪以前，中国人并未显示商业上的才干。但打那（宋代）以后，经商能力便成为中国人最卓越品质之一。"宋朝海外贸易发达，是中国封建社会对外贸易的黄金时期，也是最彰显海洋文明的朝代。泉州在南宋晚期一跃成为世界第一大港和海上丝绸之路的起点。开封、杭州成为世界上人口最多的城市之一。宋代造船业的规模和制作技术，都比前代有明显的进步，处于当时世界领先地位。中国古代四大发明中的两个——活字印刷术和指南针，都是在宋朝发明的。一直为后代赞叹不绝的清明上河图所勾勒的繁华盛况，也出现在宋朝。宋朝每年海外收入占到了朝廷整个收入的6%。开放给朝廷带来了丰厚的税收，也让老百姓变得更加富庶。

耗散结构要素2：远离平衡态

什么叫平衡态？我们来打一个比方，在图4-5中有两个位点，位点1和位点2，它们处于山谷最低点，所以当小球落入这两个山谷时，它们最终会静止在这两个位点，处于这两个位点的状态就叫平衡态。

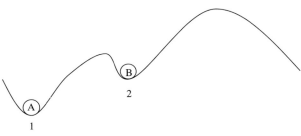

图 4-5　平衡态

现在假定处于位点 1 和位点 2 的两个小球分别受到了微小的外力作用，它们会离开原来的位点，比如爬升到位点 3 和位点 4，如图 4-6 所示。

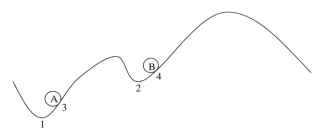

图 4-6　近平衡态

小球处于位点 3 和位点 4 时的状态就称为近平衡态，经过一段时间，它们仍会回到原有的平衡态，即位点 1 和位点 2。

如果继续加大外力作用，小球会继续爬升，当小球爬升到位点 5 和位点 6 时（见图 4-7），它们将不会再返回原来的位点 1 和位点 2，而是到达一个新的位点，A 会滑入新的位点 2，B 则会顺着位点 6 右侧滑下山崖。

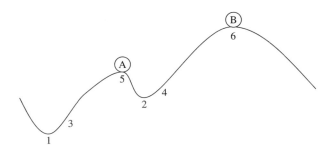

图 4-7　远离平衡态

小球处于位点 5 和位点 6 的状态就叫远离平衡态。

卡普拉在《生命之网》一书中写道：

"一个处于平衡态的生物，是个死亡了的生物。活的生物体持续在远离平衡态之处维持其状态，这是生命态。"

平衡态是一个热力学概念，指系统内部各处相等，在宏观上呈现出完全均匀状态。对一个系统来说，平衡态意味着停滞，意味着不再变化，意味着死亡。热力学第二定律早已指出，对任何封闭系统来说，平衡态是系统的唯一归宿。这也是为什么系统需要保持开放，只有开放才能引入环境的负熵，才能抵消系统本身不可避免的熵增，从而打破平衡态。

但仅仅打破平衡态是不够的，必须远离平衡态。如果从外部引入的能量不够，只是将系统轻轻一推，这时候的系统仅仅处于近平衡态，而处于近平衡态的系统，仍倾向于回到原来的平衡态。这就好比小球掉到一个大坑里了，如果你只是轻轻地用力推它，它只会来回滚动几下，然后仍然静止在原来的平衡点上一样。要想让小球滚出它所处的大坑，外力必须足够大，这样才足以让小球最终远离其所处的平衡点。

对一个组织来说，平衡态指的是组织处于一种很舒适的状态，这个时候组织即便不努力，利润和现金流也源源不断，即戏称的"躺赢"状态。当组织处于这种躺赢状态的时候，大家不用努力，组织也不再有新人进入，不再有老人离开，一切看似岁月静好，但实质上这是组织最危险的时候。孟子及其弟子在《生于忧患，死于安乐》中说："入则无法家拂士，出则无敌国外患者，国恒亡。"如果一个国家内部没有相应的人才，外部又没有来自其他国家的威胁，这样的国家早晚会灭亡。正如英国史学家阿诺德·汤因比（Arnold Toynbee）所说的，伟大的文明并非死于谋杀，而是自杀。

在商业世界里，亚马逊是一个神奇的存在。一方面，亚马逊连年亏损，但另一方面，亚马逊市值连年高位攀升，已过万亿美元。亚马逊何以得到资本市场的青睐？这源于其创始人的 Day 1 思维。2017 年，亚马逊创始人贝佐斯发布了一封致股东信，首次阐明了其 Day 1 思维。Day 1 思维就是首日危机思维，是让组织处于远离平衡态。与之相反，Day 2 就是平衡态。

贝佐斯深知让组织远离平衡态的重要性，他把所在的大楼命名为 Day 1 大楼，也是要警醒自己，只有让自己和整个亚马逊处于远离平衡态，组织才能得到持续发展。正是他的这一精神感染了投资者，使亚马逊不断得到投资者的青睐。

英特尔公司创始人之一安迪·格鲁夫（Andrew S. Grove）曾经写过一本书《只有偏执狂才能生存》（*Only the Paranoid Survive*），说的也是同样的道理。OKR 这一如今在中国广为使用的绩效管理工具，也正发端于格鲁夫的管理哲学。成为集成电路经典定律的摩尔定律，也是由英特尔公司创始人之一戈登·摩尔提出的。摩尔定律指出：芯片的性能平均每隔 18 个月会提高一倍，这是一种倍数增长。英特尔能在芯片市场上持续多年雄霸市场，正是因为英特尔创始人始终让公司处于远离平衡态，以一种近乎偏执的英特尔速度驱动着公司跑在摩尔定律的轨道上。

再来看特斯拉，特斯拉是电动车行业的领跑者，是传统汽车的颠覆者，其股价从 2019 年 2 月 5 日的 321.35 美元收盘价攀升至 2020 年 2 月 5 日的 734.7 美元收盘价，在一年的时间里实现了近 1.3 倍增长。在 2020 年 8 月底特斯拉股票进行 1 拆 5 后，股价在 2021 年 2 月 5 日收盘时达到 852.23 美元，相当于两年间涨了 12.3 倍。特斯拉何以如此深受资本市场宠爱？同样，其创始人马斯克也是一个偏执狂。一个参观过特斯拉工厂的人说特斯拉工人每天工作 12 小时，很多人曾质疑这种高压工作方式什么时候会让特斯拉绷紧的弦断掉。马斯克每周工作 100 小时以上，平均每天工作时间超过 14 小时。在出现危机时，他要求员工通宵工作甚至睡在办公室的地上，直到解决问题。这种近乎疯狂的状态让特斯拉创造了一个又一个神话，其在电动车领域的地位，多年来无人能及。

之前中国的通信行业一直很落后，在 20 世纪 80 年代，中国的通信技术一穷二白，市场基本被国外通信巨头独占。那个时候，没有人会想到日后中国会产生一个通信巨头。然而，仅仅时隔30年，当一个个曾经的通信巨头倒下的时候，华为站起来了。2019年，华为在全球通信设备市场份额达到创纪录的29%，真正实现了其创始人当初说的通信市场三分天下有其一的格局。即便面临美国"实体清单"的制裁，华为以一己之力，在2019年全年也依然实现了19.1%的营收增长。2020年全年在美国进一步收紧制裁措施的大背景下，华为同样实现了1367亿美元的营收，营收同比增长11.2%，利润99亿美元，利润同比增长10.4%。华为何以能一路高歌猛进？只需看看华为创始人任正非的铁人风格就可见一斑。任正非坚信组织必须远离平衡态，坚持对管理者实行10%的末位淘汰，坚持对员工实行5%的不胜任清理。在这一高压政策之下，公司管理者和员工不敢松懈，最终避免了任正非所不愿意看到的组织惰怠现象的发生。

耗散结构要素3：自催化

我还在华为任职的时候，华为轮值CEO胡厚崑就曾告诫过华为管理者："不要总在延长线上去思考问题。"当时很多人不明白什么叫"在延长线上思考问题"。在延长线上思考问题其实就是线性思维，是一种单向思维。如果火车时速100公里每节车厢的能耗折合为1000元/小时，那么时速200公里每节车厢的能耗为2000元/小时，时速300公里每节车厢的能耗为3000元/小时，时速400公里每节车厢的能耗为4000元/小时……这种思维模式就是线性思维。事实上，有专家称，当列车时速提升至320公里后，时速每提升10公里，列车能耗将翻倍。很显然，能耗与速度之间并不遵从线性定律。

线性思维有什么问题吗？一步一个脚印就这样走下去，它可以带来可预期的量变，却带不来不可预期的质变，带不来跳跃式变化，上不了新台阶。

怎么才能带来质变，带来跳跃式进步呢？

想象一下你使用麦克风的经历。当你对着麦克风说话时，如果麦克风离扩音器很近，你就会发现音量不断被加大，直到发出刺耳的尖叫声。从你嘴里发出的小小声音，是如何演变成这高分贝的尖叫声的呢？声音从你嘴里发出来，流入麦克风，被扩音器放大再发出来，又被你的麦克风捕捉到，然后这放大后的声音又被麦克风放大再次流出，之后又被麦克风捕捉到，再被扩音器放大流出……循环往复无穷尽，最终变成了刺耳的尖叫声。麦克风和扩音器这两者之间就组成了一个声音的"自催化"过程（见图 4-8）。

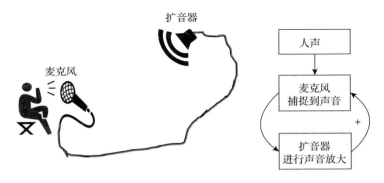

图 4-8　麦克风和扩音器的自催化过程

可以看到，在自催化模式下，只需要一个小小的启动，整个过程就不再需要外部的驱动即可实现突变。在这个过程中，你可能已经意识到了，自催化的关键是反馈回路的形成。当反馈回路自我增强时，整个过程就会不断得到强化；当反馈回路自我抑制时，整个过程就会不断被削弱直至消失。

自组织的过程：动态过程

自组织之所以能充满活力，就是因为它不是一种静止状态，而是一个动态过程。古希腊哲学家赫拉克利特说，"人不可能两次踏进同一条河流"，描述的就是河流的动态过程。自组织就像一条河流，奔流不息，它不是一潭死水，毫无生气。流水不腐，户枢不蠹。生命在于运动，组织活力也在于运动。

检验一个组织是不是动态的，只需在任意两个时间点对组织做切片，如果存在如下情况，那么组织很可能就不是动态的。

- **业务停滞**：虽然老业务仍然有不错的现金流，但增长乏力，同时也鲜有新业务推出。
- **组织架构僵化**：组织架构没有调整或只有少量调整，在较长时间里都维持着同一组织阵型。
- **组织新陈代谢慢**：组织里的人员进出很少，既没有外部引进，也没有内部流出；同时，组织现有人员能力也没有任何明显变化，组织能力停滞。
- **组织文化腐化**：组织文化没有迭代和升级，不是外部客户导向，而是越来越员工导向，倾向于追求安逸而非努力奋斗。

日本企业以精益求精而闻名。当日本企业认准一个确定的业务方向后，通常会把这个业务品质做到极致。日本车企在质量、成本和效率三维度取得了很好的平衡，大受欢迎，只用了短短的时间就车行天下，让欧美车企心生畏惧。但假如我们从上述维度去看如今的日本车企，它的业务已几近停滞甚至在退步；同时组织架构多年操持流水线作业模式而没有任何革新；日本企业多实行终身雇佣制，因此组织的新陈代谢非常缓慢；日本企业还奉行年功序列制，即员工年薪随着工龄增长而增长，而不是随能力增长而增长。在日企，只需按部就班做好本职工作即可。另外，日本车企的组织文化也多年保持不变，大多没有任何迭代升级。所以，日本车企没有处于一个动态过程，因而，它不是一个自组织。事实上，日本车企是一个严格的等级组织，它更多依赖的是自上而下的行政命令驱动，作业模式通常是流水线方式，员工就像螺丝钉一样在同一岗位上数十年如一日，他们的工作能力就像欧阳修《卖油翁》里的卖油翁所说的那样："我亦无他，惟手熟尔。" 2019 年 5 月，日本汽车业界团体最高领导者丰田章男表示："日本现在已经到了无法坚持终身雇佣制的时代了，持续雇佣的企业没有什么激励政策可以吸引员工，以现在的状态很难持续下去。此外，随着中途派遣的职员在增加,对派遣人员而言,找到有意义的工作的机会也逐步扩大。"日本企业已意识到了静态组织的问题。

欧洲的企业也存在类似现象。由于工会力量的强大,以及国家对企业解雇雇员的严格限制,企业内部人员不愿意流出,外部人员进不来,组织的新陈代谢很慢,组织是静态的。因而当客户的需求瞬息万变的时候,欧洲企业会缺乏足够的灵活性。

与之相反的是,美国的企业没有像欧洲企业那样沉重的社会包袱。企业主大多追求不断开拓新业务,这也是华尔街对企业主的主要诉求。围绕获得更好的盈利指标,企业不断调整组织阵型,不断从外部引进人才,不断从内部淘汰不胜任员工,新陈代谢通常极快,组织文化也通常是"一朝天子一朝臣",每一任新任 CEO 都会有自己的文化主张,也会把这一文化主张贯彻到企业的日常经营中。拿 GE 来说,杰克·韦尔奇任 CEO 期间,GE 推行的是铁血政策,残酷的 271 绩效考核机制也正源自 GE,但当杰克·韦尔奇离任后,继任 CEO 伊梅尔特则推行相对柔和的企业文化,事实上废除了强绩效文化导向的做法。所以,在美国,即便像 GE 这样的百年老店,也会每隔十数年升级一次它们的企业文化。从这些方面看,美国企业更有可能是动态组织。

静态组织在环境稳定时,是有其优势的。它会在效率和成本上取得优势。由于熟能生巧,员工多是熟练工,企业没有员工流失的压力,不需要额外的培训成本,能实现很高的产品品质。但由于组织是静态的,它没有活力。当外部环境快速变化时,组织的惯性思维仍致使其在过去的延长线上奔跑,难以跳出过去的桎梏去思考问题。任正非曾表达过对企业发展的一个美好愿望:方向可以大致正确,组织必须充满活力。事实上,要让组织充满活力,组织必须处于一个动态过程,要有足够的灵动性,不能有僵化的组织架构,必须有相对较快的新陈代谢实现自我更新,文化也要能持续因应环境的需求不断迭代……所有这些,都是组织充满活力所必需的。

第五章

组织的生物性：网状组织

肖纳·布朗和凯瑟琳·艾森哈特在《边缘竞争》一书中记述了关于山雀和红嘴知更鸟的一个事实。[14]

20世纪初的英国流行牛奶送货上门，那时的瓶装牛奶都不带瓶盖。英国的山雀和红嘴知更鸟慢慢学会了从瓶子上吸食浮在牛奶表面奶油的绝技。这迫使牛奶分销商不得不对瓶子进行加盖处理，他们给瓶子进行了铝盖密封。然而，大约20年之后，大量的山雀（大约100万只）学会了如何用嘴刺穿瓶盖以吸食奶油，而红嘴知更鸟却没能学会。虽然偶尔也会发现有一两只红嘴知更鸟刺穿瓶盖的时候，但这个能力没有在红嘴知更鸟中传播，形成一种群体可延续的能力。

为什么会存在这种情况呢？

山雀是一种喜好社交的鸟类，每年都会以8～10只为一群，进行长达两三个月的长途迁徙。鸟群之间会有频繁的相互交流，同时鸟群之间也在不断互换成员。而红嘴知更鸟则相对封闭，它们大多固守自己的领地，一只红嘴知更鸟会排除自己领地上的所有其他同类，较少与同类交流，仅有的少量交流也通常是对抗性的、充满敌意的。

山雀和红嘴知更鸟的故事告诉我们，种群内部如果能网状地相互交流和合作，那么它们之间的互适应效果就会比较有效，它们能够对外部环境做出快速的互适应反应。单独个体的进化速度则缓慢得多，它们在应付突如其来的变化时会显得对策单一，只能缓慢被动地适应外界变化，并很可能最终灭绝。

美军四星上将、联合特种作战司令部前司令斯坦利·麦克里斯特尔在其所著的《赋能：打造应对不确定性的敏捷团队》(*Team of Teams*) 一书中，描述了组织发展的三种结构：传统的命令式结构、网状式结构和混合式结构，如图5-1所示。

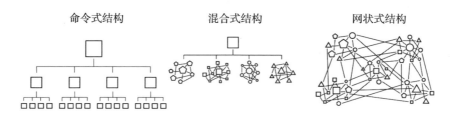

图5-1 三种组织结构

命令式结构不难理解，它也是军队、政府、事业单位、传统企业所广泛采用的组织结构，符合金字塔原理。在公司里，员工居于底端，员工之上由组长进行管理，组长之上是经理，经理之上是高级经理、总监、资深总监、副总裁、总裁……CEO居于公司组织治理结构的顶端，统领整个公司的行动。华为人力资源有个16字方针叫"以岗定级、以级定薪、人岗匹配、易岗易薪"，是对命令式结构最精炼的概括。这个方针认为，公司应当先定出岗位，并且对这个岗位进行"称重"，看看这个岗位值几斤几两，给它定一个职级出来，然后依据这个职级定出相应的薪酬，每个岗位都有详细的岗位说明书，说明岗位对人的能力的要求，人要从事这个岗位的工作，必须先具备这个岗位所要求的能力，匹配这个岗位的能力要求，而当人从一个岗位换到另一个岗位的时候，薪酬要做相应的调整。这是华为的人力资源管理理念。华为先有岗再有人的做法，是为了避免公司因人设岗、人浮于事的局面出现。但这样做也很容易导致把人螺丝钉化，把人局限在岗位职能所圈定的范围内，从而限制他的能力发挥。

网状式结构，则是大多数初创期企业的典型组织形态。在这样的企业里，没有严格的层级，大家都是平等的参与者，决策共同做出，相互之间广泛链接，你中有我，我中有你，整个组织成员之间的连接关系好比一张蜘蛛网一般，千丝万缕地织在一起。阿里巴巴 CEO 张勇笃定地坚信，组织的未来形态一定是网状组织形态，他在 2015 年谈到组织的未来形态时说了下面这么一段话，对网状组织做了深入的剖析。[15]

一切商业竞争，到最后都会变成组织的竞争。要建设一个适应新生产力的组织生产关系，我认为有几个关键点：(组织方式需要由树状向网状结构转变；组织架构应当形成"小前端 + 大中台"的架构)；在人才上，放手让更多年轻人掌舵。

1. 组织方式由树状向网状结构转变

基于这样的思考，阿里巴巴集团在不久前进行了一次组织升级。按照"大中台、小前台"理念，阿里巴巴设立了中台事业群，同时在淘宝、天猫尝试让每个业务单元更自主、灵活、敏捷，并让由一群年轻人组成的"班委"集体负责这些快速反应的前端业务。

工业时代延续下来的管理哲学是，企业内部通过树状架构实现职能分工，通过 KPI 考核执行，用流程实现控制，这种管理哲学天然就和"网状连接"相对立。以前我也提出过，一个人最多只能有 7 个人直接向他汇报。但今天因为互联网，组织里人与人的交流可以瞬时、高效而且扁平。

企业组织结构从树状结构转变为网状结构，把组织从控制型转变为赋能型管理，能够真正为创新创造更多空间。

在网状结构下，公司内不同团队之间，很快会形成基于共同认知在工作上相互交融，以"满足客户需求为中心"自我驱动地工作。在2014年初，我们把淘宝、手机淘宝和搜索三块业务放到统一的事业部框架下面，以"手淘跃进"作为清晰一致的目标，搜索、算法、无线产品和垂直行业几个团队网式互动，产生了强烈的化学反应，在一年之内手机淘宝的活跃用户数翻倍，取得移动端无可动摇的领先地位。同样，2015年我们在淘宝、天猫和手机淘宝三大业务设立"班委"制度，就是希望年轻人在集体负责制中互相碰撞，创造不同团队间的网络连接。

不仅在企业内部，未来企业间的关系也会相互结成网状。边界消失了，你中有我、我中有你，将成为未来企业间关系的主流，这些网络交织起来就是一个生态。我经常在内部讲，今天阿里和商家、物流伙伴的关系就是最典型的例子。我们之间没有行政关系，没有资本关系，但大家为了"服务好客户"这一共同目标，结成了共同体。我们经常会派小二到商家、物流伙伴那里一起工作，合作伙伴也会派员工到阿里与我们的员工一起工作。我相信，在未来全社会大协作中，企业与企业间的网状连接形成的生态，会成为构建起新经济的重要形态。

2. 小前端 + 大中台

"敏捷的前端 + 强大的中台"是阿里一直在思考，并已经开始实施的重要组织升级。这也是网状组织的外化体现。由一批在业务前线磨炼过的年轻人挑起重担，授予他们充分的人事、财务、决策权力，给予他们充分的技术和数据支持，让这些年轻人带着清晰的目标，独立领导一个个小团队去推进业务，并且针对市场变化做出快速反应。一个几十人甚至十几个人的小团队，目标清晰，反应迅速，有自由决策的空间，在数据和技术的"炮火支援"下，撬动的生产力往往可以抵上一个大型企业。

这一切的前提是，有一个强大的中台系统。这也是迈向赋能型组织的重要一步。中台在企业内部提供共享的技术、数据、产品和标准，维护和更新交易体系、营销体系、支付体系。针对必须长期投资的基础技术，比如搜索、算法、图像识别、语音、定位等，大中台又可以化身为企业内的创新研究院，结合业务场景进行深入研发。

中台事业群也会成为阿里最重要的资产——数据的管理者和开发者。用户数据、商品数据、商家数据等，只有在规模化利用和严格的流程下，才有望催生出各种应用和商业决策工具，驱动商业场景升级。只有依靠强大的中台这条"航空母舰"赋能前台，数据化决策才可能实现，前线业务才能得到足够的产品、数据和技术支持。

3. 让更多年轻人掌舵

"让更多年轻人承担更大的职责。"要让这句话不沦为口号，前提就是企业愿意给年轻人足够的空间，并为创新的试错埋单。互联网不断新陈代谢。2015年在淘宝上诞生的"网红经济"就是个很好的例子。这些"网红"不是大明星，"网红经济"源于年轻人在网上形成的亚文化族群被挖掘出来，产生了商业和经济机会，创造了新经济的新物种。这种新经济现象放在过去很难想象，它依靠年轻人在不断碰撞中诞生，然后依靠一批了解年轻人思维方式的同时代人去捕捉把握，将其转化成产品和商业的机会。

战略是打出来的，创新不是安排出来的。商业环境和客户需求不断在变化，阿里巴巴一直在变动中成长：从淘宝一拆三让天猫高速发展，到all in（全力投入）移动完成转型，阿里的每次调整都伴随着组织释放出巨大生产力。只有我们自己勇敢去变化，只有企业主动去拥抱未来的不确定，才能带给消费者和客户确定性的服务和体验。这才是今天所有企业面对未来的最有效的方式。

混合式结构，则是介于传统命令式结构和网状式结构之间的中间形态。组织的整体骨架是科层式组织结构，但在最基层组织单元里，团队成员之间彼此交互，形成了组织网络。在软件开发领域盛行的全功能团队，就是这种组织形态。在传统软件组织里，团队按功能被划分为市场、开发、测试、运维四个团队，各司其职，市场团队负责收集客户需求，然后由开发团队进行需求开发，之后将开发出的产品交由测试团队进行测试验证，最后，当产品交付给客户后，运维团队负责解决客户端出现的各种问题（见图 5-2）。

图 5-2　软件开发工作流

由于这一交付链条非常漫长，开发团队被隐藏在交付链的大后方，远离客户，对客户缺乏感知，最终变成了仅仅按图施工的"码农"。为了解决这种工作链条过长的问题，不少公司开始尝试拆除部门墙，让市场人员、开发人员、测试人员、运维人员组织成一个团队，大家紧密协同，共同为最终的客户需求而努力。所以从外部去看，这个团队的职能是完整的，是"全功能"的，因此被称作全功能团队（见图 5-3）。

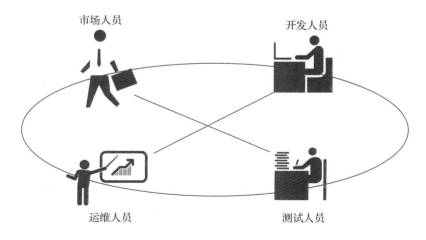

图 5-3　全功能团队工作关系

全功能团队中既分角色，又不分角色，分角色是指大家各有侧重、各有所长，不分角色是指大家随时根据需要进行补位；全功能团队是同一个责任体，拥有的共同目标是把产品做好。产品做好了大家共同受益，做不好全团队共同担责。全功能团队不仅负责产品的交付，还要负责产品的运营。产品好不好，客户说了算。大家都是客户经理，都是市场分析人员，共同解决产品问题，共同驱动产品优化。全功能团队人数一般不会太多，大多在 10 个人以内，2~3 个人聚在一起，可以快速就一个问题进行讨论并给出解决方案，把浪费在需求、设计、开发等瀑布式传递和沟通中的时间省下来，去做点别的有意义的事情。亚马逊 CEO 贝佐斯曾提出了团队管理的双披萨原则，他认为如果两个披萨不足以喂饱一个团队，那么这个团队就显得太大了。亚马逊将混合式组织结构的应用发挥到了极致，要求组织由"双披萨团队"来构成，"双披萨团队"最重要的不是规模，而是它的"适度职责"。团队在灵活性和功能完备性之间取得平衡。团队拥有相当的自治权，团队成员可以寻找创新战略，然后将战略作为内部优先事项去处理。几个开发工程师，搭配 1~2 个技术产品经理，配 1 个设计师，他们直接向"双披萨团队"的主管汇报。通过这种组织设置，拆除了原本横亘在多个团队之间的部门墙，实现了最大限度的协同。这种模式让亚马逊在增长的同时能够持续保持敏捷和创新。这种模式还可以方便企业留住人才。负责"双披萨团队"的管理者，相当于一个功能健全部门的总经理，他们就像团队的 CEO。

我曾在阿里巴巴某事业群做过一次员工调研，问员工一个问题：最近半年与你工作联系最密切的 3 个人是谁？根据员工反馈回来的数据，我绘制了某部门 33 个人间的工作关系图（见图 5-4）。

从图 5-4 中可以看出，团队里的每个人之间均发生有工作关联，这 33 个人之间构成的正是一个网状组织，这从某种程度上验证了阿里巴巴 CEO 张勇的主张，阿里巴巴确实是一个网状组织。

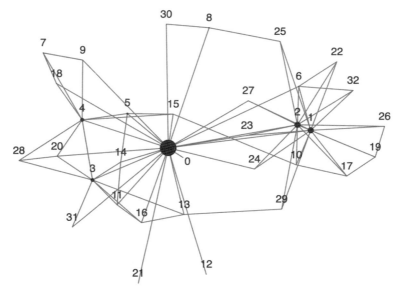

图 5-4　互联网组织下员工工作关系

先有事，再设岗，以岗定级，以级定薪，人岗匹配的做法，实则是传统的机械思维，遵循的是还原论。这种思想认为企业经营就是把用户机会拆解到可实现的原子颗粒度，交由不同部门、不同员工去实现，最后再组装而成。这在过去供方主导市场的时代，是行得通的，用户只得被动接受企业生产的产品，千篇一律。然而在今天，市场的供需关系已经倒置，企业作为产品提供方，必须理解不同用户群的不同需求，生产不同的产品，甚至即便是同一用户群，他们在这个月和下个月的需求也是完全不一样的。以前的商业模式，工业时代是 B2B（Business 2 Business，企业对企业），到互联网时代变成了 B2C（Business 2 Customer，企业对客户），如今，企业正在朝 C2M 转型（Customer 2 Manufacturer，客户对制造），随着用户可获取信息的手段日益丰富，用户对产品和服务有了更高的要求，企业只有真正懂用户，才能获得用户的青睐。这是用户主导一切的时代。曾经有一个企业管理人员，在分析过那些从鼎盛衰落下来的企业后发现，那些倒下的大企业，几乎都有一个共同的特征：内部拥有堆积如山的岗位说明书。当一个企业需要依靠岗位说明书去指导员工完成工作时，它实际上就沦为机械思维的产物，在当今这个快速变化的时代，等待它的也只剩下"灭亡"了。

奈飞公司曾在网上发布了一份文件，名为《自由与责任》，被全球下载了多达 2000 多万次[16]，被 Facebook 的 CFO 谢丽尔·桑德伯格称为"硅谷最重要的文件"。这份文件用极其简明扼要的语言说透了组织管理的真谛：组织管理绝不是要在内部施加大量的流程制约，而是要充分地以人为本，发挥人的价值。在奈飞看来，大多数企业，当它规模越来越大时，为了更"好"地管理，内部会增加越来越多的规章制度，从而日益降低了员工的职业自由度（见图 5-5）。"没有人喜欢流程，但是和混乱带来的痛苦相比，前者让人感觉好一点。"

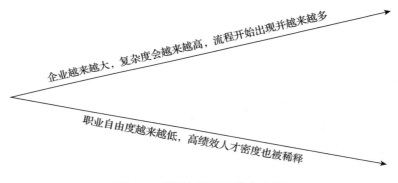

图 5-5　流程与员工工作自由度

而奈飞的解决之道耐人寻味。为了对抗组织复杂度和组织混乱，它不是采用叠加流程和规则的方式，而是通过不断提升高绩效人才的密度的方式，去对抗商业复杂度（见图 5-6）。一句话，它靠人，而非流程和机制，这样就能始终保持组织活力。什么叫组织活力，组织里的人在尽可能少的共同规则下野蛮生长时，就拥有最强的组织活力。组织原本就很有活力，是因为我们给它施加了太多的规则，以至于让它不堪重负，才最终丧失了组织活力。你很少会听到说创业公司员工没有活力，却经常看到那些充斥了大量岗位说明书的大公司里的人机械呆板。美国曾经最大的零售商西尔斯公司，在内部制定了多达 2.9 万页的政策和流程，导致其行动迟缓，员工按部就班，缺乏活力。有观察家说，西尔斯就像"背着 50 磅（约 23 千克）重的背包、穿着军靴参加马拉松比赛的运动员"。西尔斯的服务漏洞百出，顾客纷纷转投沃尔玛之类的竞争对手。一位购物者在逛了西尔斯之后吐槽说："感觉就像是在俄罗斯的商店里购物，没人提供帮助，商场缺货，而且收银处大摆长龙。"

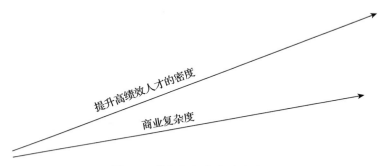

图 5-6　化解组织复杂度的方式

那么，如何才能构建企业的网状组织呢？我认为要从如下两个方面着手。

（1）组织设计：客户导向的全功能型组织。

（2）人才设计：高流动的成熟人。

组织设计：客户导向的全功能型组织

任何成功的组织，最终都会越来越像它的客户，恰如任何幸福的夫妻都会越来越有夫妻相一般。组织的眼睛一定要盯着外部，一定要盯着客户。2006年，阿里巴巴B2B业务上市前夕，马云首次公开提出"客户第一，员工第二，股东第三"。有投行分析师当即表示后悔买入阿里巴巴的股票。马云回应说：你现在后悔还来得及，我们要选择的是相信我们理念的钱。在阿里巴巴新版价值观"新六脉神剑"中，阿里巴巴把"客户第一，员工第二，股东第三"当作它最重要的价值观信条。很多企业都强调客户第一，但阿里巴巴把客户放在了员工和股东的前面。我认为这非常对，企业一定要外部导向，不能内部导向。只有客户满意了，客户才愿意为企业付费，企业也才有利润以及获得发展的能量，股东才有更好的收益。而企业要发展，离不开员工的努力，企业存在的价值，就是要为客户创造价值。外部导向符合耗散结构三属性中的"开放"属性。

在客户导向的前提下，组织内部要织成一张网，即形成扁平化的全功能团队。通过灵活的小团队，快速响应客户需求，交付客户满意的产品和服务（见图5-7）。

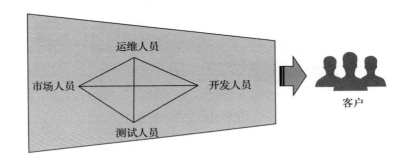

图 5-7　网状组织协同模式

网状组织意味着要精简内部流程。有一家非常成功的游戏公司叫Supercell，来自芬兰，出品过《部落冲突》《皇室战争》等高人气手游，2019年收入为15.6亿美元。对于仅有300名左右员工的Supercell而言，这意味着员工的人均收入贡献超过3600万元人民币。Supercell的CEO埃卡·潘纳宁（Ilkka Paananen）在公司成立10周年时分享了他对设置繁复组织流程的反对。

人类有控制局面的倾向。当我们感到可控时，大多数人会感到更安全。在公司里，为了让我们有这种感觉，我们喜欢建立规则或流程。这种情况尤其发生在我们犯了错误之后。"让我们确保不再犯同样的错误！因此，这里有一条新规则……"

我们发现这种方法存在很多问题。首先，过去有意义的规则今天通常不再有意义，因为自从最初创建规则以来，情况已经发生了变化。其次，有时候人们可能倾向于按照流程说的去做，但做的事情不一定有意义。

例如，很多年前，我们制定了一个规则，所有新游戏都必须用3个月的时间进入可玩阶段，因为我们希望新游戏能够更快地进入概念验证阶段。于是，开发人员偷偷地更早启动游戏开发，以确保游戏可以在3个月内进入可玩阶段。这造成了一个不健康的环境，开发人员试图绕过"规则"，而不是专注于制作最好的游戏。此外，所有游戏都用一个规则是没有意义的，因为一些游戏6周就能进入可玩阶段，而另一些则需要6个月时间。

我们花了一些时间删除这一规则，并恢复我们的基本信念：**相信每个团队都会尽最大努力，为自己的游戏和Supercell做出正确的决定**。

流程一旦建立，它就趋向于维持稳定和抵制变化，而抵制变化的组织心智一旦形成，组织就会丧失创新活力。因此，网状组织内部的流程一定要尽可能地少。若非必要，不设流程。那么，没有了流程，人们的行为是否就会失控呢？潘纳宁的观点是，基于信任去管理。

决策应该由最有能力的人来做。**我们相信，团队自己做出的决策越多，对我们越有利**。这里有两个原因：

（1）团队离他们的工作最近，因此，他们处于最佳位置来决定什么是最佳行动方案。

（2）如果团队能够自行决定，无须寻求他人的批准，会执行得更快，也会更快乐。

对我而言，在Supercell最美好的时刻，就是令人惊喜的事情发生，却与我无关，并且我是最后一个知道这件事的人。这正是我希望Supercell运作的方式：在一个理想的世界中，团队会做出所有决定，这意味着我什么也做不了。这就是我所说的"我的目标是成为世界上最没有权力的CEO"。人们认为我这么说是在开玩笑，其实并不是。

Supercell员工在谈到信任的价值和意义时是这么看的：

▶ "人们比大多数公司/文化所允许的更有能力。大多数公司都是建立在层级、流程和文化的基础上的，这些层级、流程和文化可能会教会人们一些事情，但不会让他们贡献出自己的最大能力……

> Supercell 已经证明，当你去掉审批、流程、层级和官僚体制，员工可以创造出难以置信的成就。从根本上讲，这就是为什么我们拥有 5 款热门游戏，超过 10 亿个玩家，并且创造出被长期铭记的游戏体验。"

▶ "对我来说，最令人惊讶的事情是公司内部人与人之间的信任程度。我的工作本质是反欺诈，识别欺骗者。我可以想象，在任何公司，不仅是在游戏公司，这都是一个敏感话题，但我已经得到了运营所需的所有信任。"

▶ "我去过好几家公司，它们声称聘用了优秀的人才并信任他们，但仍有非常严格的审批流程和指导小组。对我来说，Supercell 是第一家真正对个人和团队完全信任的公司。"

一些 Supercell 员工还指出，你不仅应该信任公司内部的人，还应该信任公司外部的人，这实际上意味着你放弃了一些"所有权"：

▶ "我觉得'所有权（ownership，下同）'的概念非常重要，因为团队和团队成员可以拥有他们的工作，并决定重大事项。而且我了解到，不仅在团队内部如此，为了获得最佳结果，你需要把一部分'所有权'分配给你信任的合作伙伴（尤其在美术外包领域）……如果他们觉得自己是事业的重要组成部分，他们就会尽心尽力！你还要学会更多地信任他人，而不是'不放弃所有权'。"

▶ "与供应商建立牢固的合作伙伴关系，让他们感觉自己是组织的一部分。外包的巨大价值来自对合作伙伴的信任，让他们尝试一些事情，并感到自己参与到产品的积极变化中。"

信任他人并不意味着你不能给出建设性的批评。相反，每个人都有责任积极主动地就自己的工作征求反馈意见，并就其他人的工作提出反馈意见。反馈使想法更好。我还相信，由团队来决定如何处理反馈，在某种程度上，使得接收关键反馈更加容易。

当事情进展顺利，或者每个人都同意应该做什么的时候，团队决定是很容易执行的。如果情况并非如此，则要困难得多。

我们已经有许多此类情况的例子。例如，《海岛奇兵》(*Boom Beach*)在经过5个月的开发和1次公司试玩后，许多Supercell的创始成员和游戏负责人仍然不看好这个游戏，想要毙掉它。实际上，在一次关键的领导会议中，有9/10的人认为应该毙掉它。我们困惑于应该怎么做，感觉自己就像处于一个十字路口。一方面，正确的商业决策似乎是毙掉游戏；另一方面，如果我们做了那样的决策，否决了团队想要做的事情，那将是我们独立团队文化的终结。

我们认为，**文化比短期的商业成果更重要，我们应该信任团队，并让他们按照自己的意愿去做**。这就是我们所做的。幸运的是，这个团队是正确的，其他所有人都是错误的。但是，在这里最重要的是要理解，即使团队错了，我们作为一家公司也做出了正确的决定。

信任可以简化流程，恰如阿里巴巴的价值观所说的："因为信任，所以简单。"

人才设计：高流动的成熟人

我过去在华为时，华为倡导板凳要坐十年冷。员工一旦进入一个部门，就生是部门的人，死是部门的鬼。部门主管宁愿你从部门离职，也不愿意你在内部转到其他部门。为什么呢？因为内部流动会对团队的其他人造成示范效应，让大家觉得在这个团队干得不开心就可以另换个团队，而员工在离职时则会有更多顾虑，比如考虑离职后外面是否有同等的回报等，出于薪酬方面的考虑会留下来。因而相比而言，离职对团队的影响比转岗要小很多。华为用这种方法，在某种程度上确保了人员的稳定性。

后来华为试图打破这种人才在部门内板结的现象，于是在公司实行了内部人才市场制度。如果一个员工想去其他部门，而部门主管又不同意他离开，那么他可以选择直接进入内部人才市场。一旦员工进入人才市场，公司会强制将其组织关系切换到内部人才市场，此时如果有部门愿意接收他，组织关系就可以正式切换到这个新部门，从而完成部门调动。华为通过这种方式，确保了员工在组织内的合理流动。

华为的这一做法，在互联网公司中是普遍存在的。阿里巴巴实行广泛的人才流动机制，员工在同一事业部做满 2 年后如果想去其他事业部，只要有部门愿意要他，他就可以无条件转岗到新事业部，原部门不能阻拦。腾讯也有类似的人才流动机制，腾讯把这形象地称为"活水"，并主动对基层管理干部实行轮岗，以增强岗位的流动性。

人才在组织内部流动，一方面会拓展人才的知识宽度，同时无形中也增加了组织与组织之间的连接。员工从 A 部门到 B 部门后，往往和 A 部门还存在着连接，从而在组织内部形成了一张无形的联系网络，这和正式的组织结构相互支撑，构成强大的组织网络，真正让组织活起来。

除了让人才在组织内部充分流动，组织还应当有适度的人才冗余。传统组织一个萝卜一个坑，先有岗再有人，"以岗定级"的做法，是追求效率却牺牲组织生命力的做法。在稻田里只保留稻子一个品种，固然可以增加稻子的产量，但也降低了稻子的适应能力。如果在稻田里再种上一些荸荠，养上一些小鱼小虾和蟹类，彼此形成共生关系，则不光可以大大提升稻谷的产量，也能提升农田的综合价值。甚至，适度地在稻田里增加一些与稻子争夺养分的害草稗子，还能提升稻子的适应性。如果单纯从提升稻子产量的角度去看，稗子是农田害草，但稗子其实对人类也有很多综合价值。稗子是牛马的最爱，可以用于饲养牛马；用稗草养的草鱼生长速度快，肉味鲜美；稗子的谷粒可作家畜和家禽的精饲料，亦可酿酒及食用，在湖南有稗子酒为最好之酒一说。稗子的根及幼苗可药用，能止血，主治创伤出血；茎叶纤维可做造纸原料。如果能认识到这些，它其实也没有那么有害。这让我想起了古代孟尝君养门客的故事。

齐闵王二十五年（公元前 299 年），齐国的孟尝君到了秦国，被秦昭王任命为秦国宰相。秦国的大臣游说秦昭王道："孟尝君的确贤能，可他是齐王的同宗，现在任秦国宰相，谋划事情必定是先替齐国打算，而后才考虑秦国，秦国可要危险了。"秦昭王听信了这一劝诫，罢免了孟尝君的宰相职务，并图谋杀掉孟尝君。孟尝君知道情况危急，当即派人去见昭王的宠妾以求解救。那个宠妾提出条件说："我希望得到孟尝君的白色狐皮裘。"孟尝君从齐国来时，带有一件白色狐皮裘，价值千金，天下无双，到秦国后献给了昭王，再也没有别的皮裘了。孟尝君正为这事发愁，众门客也无计可施。忽然有一位名不见经传的门客说他会披狗皮盗东西，于是当夜化装成狗钻入秦宫，取回献给昭王的那件狐白裘，献给了昭王的宠妾。宠妾得到后，替孟尝君向昭王说情，昭王便释放了孟尝君。孟尝君获释后，立即乘快车出走，更换了出境证件，改了姓名逃出城关，夜半时分到了函谷关。昭王此时后悔放出了孟尝君，准备再抓回来，发现孟尝君已经逃走了，昭王立即派人驾车去追捕。孟尝君一行到了函谷关，按照关法规定，鸡叫时分才能放来往客人进出关。孟尝君恐怕追兵赶到，万分着急，此时门客中另一位名不见经传的人称他会学鸡叫，他一学鸡叫，附近的鸡随即一齐叫了起来。听到鸡叫，守门士兵以为天亮了，便打开了城门，众人于是得以逃出函谷关。出关后约莫一顿饭的工夫，秦国追兵果然赶到函谷关，但此时孟尝君已然出关，追兵只好回去。当初孟尝君把这两个人安排在门客中的时候，其他门客无不感到羞耻，觉得脸上无光。等孟尝君在秦国遭到劫难时，最终竟是靠着这两个人解救了大家。自此以后，门客们无不佩服孟尝君广招宾客不分人等的做法。

孟尝君门客三千，虽然大多都是满腹经纶者，但也不乏上面这样的"鸡鸣狗盗"之辈。正是这样的不登大雅之堂的"鸡鸣狗盗"者，在危急关头救了众人。这则故事告诉我们，很多时候，企业要想常胜而不倒，就要容许内部有一定的人才冗余，除了为满足组织当下之需去养人，更要为未来的不确定性去养人。组织里容许一些当下并不需要的"闲散"人员，看似是在浪费组织资源，实则是为组织的未来储备新的可能性，这些人在未来某个时刻不定就会变成企业的救命稻草，帮助企业度过至暗时刻。广义进化论研究专家约翰·E.梅菲尔德曾说："随机变化能够提供最大的潜力。如果变化不是随机的，系统也能进化，但未来的潜力会受到限制。如果对未来应当是怎样的有预先的构想，则所有没有想到的可能性都被排除。只有变化包括随机因素，才为系统真正打开了机遇之门。随机变化将未来的潜力最大化。"[17]适量的"闲散"人员能为稳定的系统增加新的随机性，给系统带来新的变化。"错误对进化的不断进行很重要。如果某个物种发展出了能完美复制和修复 DNA 的机制，未来就无法再进化。最终，环境会改变，其他进化的生物会改变以适应新的环境，并在对食物等资源的竞争中胜出。之前完美的生物就会越来越处于劣势并走向灭绝。没有错误，就不会有变化。在生物界，不变的完美是通向灭绝的入场券。"[18]组织要容忍适度的不完美人才的存在。

除了适量养一些"闲人"，组织还应当给员工适度的"闲散时间"，为未来培养一些"闲散能力"。不要试图百分之百地把员工的工作时间用在满足组织当下的需要上。适度的"闲散时间"可以为组织孵化未来所需的能力，可以增强组织适应未来的弹性。像谷歌、3M 之类的公司，充分意识到了这一点。谷歌在内部实行"20% 自由时间"制度，这曾在谷歌 20 年的发展史中扮演了重要角色，孕育了 Gmail、Google Maps、AdSense 等广为人知的产品。以创新著称的 3M 公司，内部也给了员工 15% 的自由时间，员工可以在这 15% 的自由时间内，做任何他感兴趣的事。3M 正是通过这样的机制，在内部孵化了非常多的创新产品，3M 在中国每年有超过 1/3 的销售收入来自近 5 年内开发的新产品。自由时间的做法或许会降低组织效率，却很大程度地调动了员工的工作积极性，让员工能力更多元，也增强了组织的弹性，这会使企业在转型时内部始终有成功的种子，让组织能力迭代升级来得更容易。

第六章

组织的生物性：
远离舒适区的开放组织

红王后的故事

在刘易斯·卡罗尔的小说《爱丽丝镜中奇遇记》中，红王后是一位象棋棋子式人物，在某种仿佛"生命棋盘"的东西上移动，她周围的所有物体也都在跟着她不停地运动。爱丽丝遇到红王后之后，发生了一段奇特的经历。

（她们飞快地跑着）

红王后跑得那么快，爱丽丝使出浑身力气拼了命地跑才能勉强跟上。红王后还不时地喊着："快啊！再快点儿啊！"爱丽丝觉得自己实在没法再快了，她喘得上气不接下气，说不出话来。这时最最奇怪的是，尽管她们跑得这么快了，可她们周围的树和其他东西一点也没改变位置，她们好像什么也没有超过。

"是不是所有的东西都在同我们一起朝前跑呢？"爱丽丝很纳闷。

红王后好像猜中了爱丽丝的想法，便又对她喊起来："快点儿跑！别说话！"

爱丽丝可没有想说话的意思，她喘得那么厉害，甚至认为自己再也不能开口说话了。可是，红王后还不住地催促着："快点儿！再快点儿！"同时伸出一只手拉着她更快地朝前跑。

…………

她们跑得那么快，好像脚离地般地在空中滑翔。正当爱丽丝感到已经坚持不住的时候，忽然之间，她们一下子就停下来了。爱丽丝一屁股坐在地上，气喘吁吁，再也站不起来了。

红王后把她扶起来，让她靠着一棵树坐着。

"你现在可以休息一会儿了。"红王后温和地说。

爱丽丝很惊奇地环视周围，终于忍不住地说："真奇怪！我觉得咱们好像一直就待在这棵树下。周围的一切东西都同刚才一模一样。"

"当然啦！"红王后说，"你还想怎么着呢？"

爱丽丝继续喘着气说："可是，在我们那里，只要你快快地跑，总能跑到别的什么地方。"

"你们那儿可够慢的，"红王后说，"在我们这儿，你得拼命地跑，才能保持在原地。要是想到别的地方，你得跑得再快一倍才行。"

组织一定要远离舒适区

生命原本就是在逆水行舟，不进则退；生命有如骑车，要想保持平衡，唯有不断前行（爱因斯坦语）。你、我和地球上其他生物所参与的进化过程，恰如红王后的世界一般，我们只有不停地跑，才能勉强维持在原地，而要想去往更好的生境，得加倍奔跑才行。

当我们把组织视为生命体时，组织同样必须时时刻刻逆向做功、不停奔跑。任正非深谙此道，始终能居安思危，危中寻机。当华为遭受美国打压时，任正非把这视为华为组织能力升级的一次绝佳机会。任正非在2019年4月接受美国CNN采访时说：

我今天最兴奋的是美国对我们的打压。

因为华为公司经历了30年，我们这支队伍正在惰怠、衰落之中，很多中、高级干部有了钱，就不愿意努力奋斗了。一位名人说过，"堡垒最容易从内部攻破，堡垒从外部被加强"。我们这个堡垒的内部正在松散、惰怠之中，美国这样一打压，我们内部受到挤压之后，就更团结，密度更强，更万众一心，下决心一定要把产品做好。

华为一直致力于让高层有使命感，中层有危机感，基层有饥饿感。让组织始终处于一种压力之中，远离平衡态，跳出舒适区。

2021年4月10日，国家市场监管总局认定阿里巴巴滥用其市场支配地位，存在市场垄断行为，对其处以182.28亿元天价罚款。阿里巴巴CEO张勇对此向全员发送了一封内部信，信中写道：

阿里这个组织，在过去21年里，每次遇到挫折和挑战，都会反思并改变自己。正因为有这样的自我修复和进化能力，我们才能在快速变化的市场中求得生存并不断发展。今天我们所面临的各种挑战和变化、新生事物以及创新机遇，都是前所未有的。我们大家一起，相信未来，调整自己，携手再出发。回归初心，始终做一家客户第一、为社会不断创造长期价值的好公司。

从这段内部信中我们可以感受到，站在公司CEO的视角，这是警醒阿里巴巴人深刻反思过往不当行为，促进阿里巴巴进化到更好生境的一次绝佳机会。

林恩·马古利斯等曾在《小宇宙：细菌主演的地球生命史》一书中有过如下精彩论述：[19]

大灾变之后似乎都紧接着巨大的进化革新。

地球生命针对威胁、伤害及损失，所给予的回复是革新、成长及繁殖。例如从地球重力场大量遗失的氢气（早期生命所需），曾导致地球历史上最伟大的进化革新：生命发展出光合作用以利用水中的氢离子。但同时光合作用的副产物——氧气，也引发了重大的污染危机。虽然，对当时绝大部分的生命而言，氧气是有毒的气体，但这场10亿年前的大浩劫，却促进了呼吸氧气细菌的进化。事实上，细菌利用氧气产生能量远比以前来得有效率多了。这些呼吸氧气的细菌与其他细菌一起共生聚合形成真核细胞，然后变成多细胞，最后进化出真菌、植物及动物。

规模最大的生物集体灭绝事件发生在2.45亿年前的二叠纪－三叠纪交界之际，接着便很快产生了哺乳类动物。哺乳类动物具有敏锐的视力，以及接收外来信息的聪明头脑。随后在6600万年前，一场白垩纪末的大灾难，歼灭了包括恐龙在内的许多生物，但也同时为最早的灵长类动物清出了一条发展之道。

灵长类动物复杂的眼手定位功能，是日后发展技术的基础。第二次世界大战开启了雷达、核武器及电子的世纪。多年前的广岛和长崎大灾难，虽然摧毁了日本原有的工业，但也出乎意料地画出了一片天空，让日本为它的企业王国升起红太阳。

纵观地球生命史的每一次危机，生物圈似乎惯以"退一步进两步"的策略应对。事实上，向前所跨的两步就是跨越原有问题边界的进化解答。进化从不因遭遇困境就停止，反而会超越任何挑战，证实生物圈的极佳弹性，它潜藏着自悲剧复原疗伤的活力。

地球生物圈不会因灾难而停止进化，相反，大多时候，它因灾难而更精彩。一次次的大灾难，一次次地让地球生物远离平衡态，极大地推动了地球生物的大进化。任正非或许从生物的进化规律中，认识到了组织的活力：生于忧患，死于安乐。

奈飞前首席人力官帕蒂·麦考德在其所著的《奈飞文化手册》（*Building a Culture of Freedom and Responsibility*）一书中，有这么一段描述：[20]

当哈斯廷斯和我试图弄清我们需要建立何种文化来确保公司所需的变革速度时，我们意识到一件重要的事，就是让每个人都理解我们需要让团队持续"进化"。在讨论这个话题时，我们用了一个比喻，**公司是一个团队，而不是一个家庭**。正如那些伟大的团队总在观察新选手并对他们精挑细选一样，公司领导者也需要持续不断地搜寻人才，对团队进行重新配置。我们要求，招入谁和解聘谁的决定必须完全建立在团队绩效的基础上，目的是确保公司成功。如果对员工进行培训并培养他们担任新的角色是最好的选择，我们会完全支持，也会帮助管理者让员工学习这些技能。但我们也希望管理者仔细考虑，最佳选择是否也包括招入新的拥有理想技能的高绩效者，即便这意味着现有的团队成员不得不从公司离开。

这段话的核心是"公司是一个团队，而不是一个家庭"，员工不必在一家公司待一辈子。这是奈飞管理团队所深信不疑的一个底层假设，也因此，奈飞只招成熟人。在奈飞：[21]

- 持续做出 B 级的工作输出，不想着做到 A 级的效能，只能请他拿钱走人，客客气气地。
- 和许多公司不一样，我们实行仅仅做到称职的员工，也要拿钱走人。

华为任正非也在内部讲话中表达过类似观点：华为不是你的家。华为的核心价值观就三句话："以客户为中心，以奋斗者为本，长期坚持艰苦奋斗。"以客户为中心是外部导向，确保组织始终保持开放性，"以奋斗者为本"和"长期坚持艰苦奋斗"都强调公司需要持续远离舒适区，不能图安逸。2006 年 7 月 21 日，华为公司内部刊物《华为人》（第 178 期）头版头条上刊登了题为《天道酬勤》的专稿，回答了华为为什么要奋斗的问题。

世间管理比较复杂困难的是工业，而工业中最难管理的是电子工业。电子工业有别于传统产业的发展规律，它技术更替、产业变化迅速，同时，没有太多可以制约它的自然因素。例如，汽车产业的发展，受钢铁、石油资源以及道路建设的制约。而用于电子工业的生产原料是取之不尽的砂石、软件代码、数学逻辑。正是这一规律，使得信息产业的竞争要比传统产业更激烈，淘汰更无情，后退就意味着消亡。要在这个产业中生存，只有不断创新和艰苦奋斗。而创新也需要奋斗，是思想上的艰苦奋斗。华为由于幼稚，不幸地进入了信息产业，我们又不幸学习了电子工程，随着潮流的波逐，被逼上了不归路。创业者和继承者都在销蚀着自己，为企业生存与发展顽强奋斗，丝毫不敢懈怠！一天不进步，就可能出局；三天不学习，就赶不上业界巨头。这是严酷的事实。

华为在IT泡沫破灭后侥幸活下来，其实是我们当时的落后救了我们，落后让我们没能力盲目地追赶技术驱动的潮流。而现在西方公司已经调整过来，不再盲目地追求技术创新，而是转变为基于客户需求导向的创新，我们再落后就死无葬身之地。信息产业正逐步转变为低毛利率、规模化的传统产业。电信设备厂商已进行和将进行的兼并、整合正是为了应对这种挑战。华为相对还很弱小，面临更艰难的困境。要生存和发展，没有灵丹妙药，只能用在别人看来很"傻"的办法，就是艰苦奋斗。华为不战则亡，没有退路，只有奋斗才能改变自己的命运。

有一篇文章叫《不眠的硅谷》，讲述了美国高科技企业集中地硅谷的艰苦奋斗情形，无数硅谷人与时间赛跑，度过了许多不眠之夜，成就了硅谷的繁荣，也引领了整个电子产业的节奏。华为也是无数的优秀儿女贡献了青春和热血，才形成今天的基础。创业初期，我们的研发部从五六个开发人员开始，在没有资源、没有条件的情况下，秉承六十年代"两弹一星"艰苦奋斗的精神，以忘我工作、拼搏奉献的老一辈科技工作者为榜样。大家以勤补拙，刻苦攻关，夜以继日地钻研技术方案，开发、验证、测试产品设备……没有假日和周末，更没有白天和夜晚，累了就在垫子上睡一觉，醒来接着干，这就是华为"垫子文化"的起源。虽然今天垫子已只是用来午休，但创业初期形成的"垫子文化"记载的老一代华为人的奋斗和拼搏，是我们需要传承的宝贵的精神财富。

华为走到今天，在很多人眼里看来已经很大了、成功了。有人认为创业时期形成的"垫子文化"、奋斗文化已经不合适了，可以放松一些，可以按部就班，这是危险的。繁荣的背后，都充满危机，这个危机不是繁荣本身必然的特性，而是处在繁荣包围中的人的意识。艰苦奋斗必然带来繁荣，繁荣后不再艰苦奋斗，必然丢失繁荣。"千古兴亡多少事，不尽长江滚滚来。"历史是一面镜子，它给了我们多么深刻的启示。我们还必须长期坚持艰苦奋斗，否则就会走向消亡。当然，奋斗更重要的是思想上的艰苦奋斗，时刻保持危机感，面对成绩保持清醒头脑，不骄不躁。

艰苦奋斗是华为文化的魂，是华为文化的主旋律。我们任何时候都不能因为外界的误解或质疑动摇我们的奋斗文化。我们任何时候都不能因为华为的发展壮大而丢掉了我们的根本——艰苦奋斗。

在阿里巴巴最新版的价值观"新六脉神剑"中，有一条价值观叫"今天最好的表现是明天最低的要求"，也意在强调员工必须不断地对自己高要求。马云曾在同新员工的座谈中对新员工说："大家选择阿里巴巴，一定带着美好的期待，但阿里巴巴的使命很远大，阿里人永远在做别人没有做过的东西，因此，我们在这里工作的挑战和压力也非常巨大。新学员必须对此做好准备。因此，丑话当先，我们不承诺大家会发财，会当官，但是我们承诺你一定很倒霉、很冤枉、很沮丧，充满失败感。"从新员工加入阿里巴巴开始，阿里巴巴管理层就在不断地让员工远离舒适区。

亚马逊时任 CEO 贝佐斯也希望他的员工始终保持创业第一天的危机感，谓之"首日危机"。

奈飞、华为、阿里巴巴、亚马逊都是非常成功的企业，而它们都无一例外具有一个共同点：强调组织要远离舒适区。它们都不希望组织变成一个温情脉脉的家庭，大家其乐融融，却斗志全无。员工加入企业，是去打仗，是去攻坚的，而不是去享受的。如果你在一个组织中，感受到的只有舒适和安逸，那么这个组织通常离死就不远了。朝九晚五只会发生在官僚型组织之中，成功的组织一定是灯火通明、不眠不休的。我曾经在华为和阿里巴巴都工作过，对它们的奋斗文化深有体会。在华为，尤其是研发体系，周六保证不休息，周日不保证休息，这几乎已成为大家的一个共识。我在做研发工作期间，晚上 11 点回家是常态，在产品发布的那段时间，通常每周还需要通宵 1 天。节假日也是基本只放国家法定的节假日，比如国庆和春节 7 天假期中，只有 3 天是法定的，须支付 3 倍工资，其余 4 天是算作调休的，因此我们在国庆和春节期间，也只放 3 天假，其余 4 天需要加班赶项目进度。在华为从事研发期间，我曾经 6 年春节没有回过老家，都在加班做项目。当第 7 年我回老家的时候，我母亲站在大楼门口接我，竟然没能认出我来。后来我加入了阿里巴巴，发现阿里巴巴的工作强度一点不比华为小。这里周一到周五很多员工也都工作到十一二点才回家，中午经常开会到没时间吃饭。我当时带了两个 HR 团队，一个是组织发展团队，另一个是组织文化团队，团队成员里有不少会忙到晚上 12 点才回家。但阿里巴巴有一点做得比较好，大部分员工周六、周日不需要加班。所以对很多员工来说，周一到周五在公司拼命做事，周六、周日享受生活，这符合阿里巴巴所倡导的"快乐工作，认真生活"的价值观。

黄旭先生在《13+1 体系》一书中提出过一个问题：假如我们从内向外画 3 个圈，分别是舒适圈、挑战圈和恐慌圈，组织处在哪个位置是最好的？他给出的答案是：组织最好的状态是一只脚在挑战圈，另一只脚在恐慌圈。因为这是"一个人最紧张、最有危机感的时候，也是最能激发他的斗志和创造力的时候。最糟糕的是完全待在舒适圈里面，等着温水煮青蛙"[22]。对此，我深表认同。

美国《管理科学》（*Management Science*）杂志 2020 年 5 月刊登了一篇论文，研究人员分析了美国俄勒冈州 10 万个组织长达 25 年的发展历程后发现：那些提供了组织安全感的企业，通常生存下来的概率更小，而与之相反，那些没有提供组织安全感的企业，却更有生存优势。[23] 这篇论文从科学上证实了华为和奈飞的直觉：有生命力的组织不是一个家庭，它不应该成为员工的安全港湾。

透过现象看本质，企业强调奋斗的底层原理是什么呢？我们已经知道，耗散结构会让组织不断进化，走向更高阶段，而要形成耗散结构，就必须满足三要素：开放、远离平衡态和自催化。组织的平衡态就是舒适区，就是安逸和享乐，远离平衡态就是要远离舒适区。组织要想持续发展,就一定要远离舒适区,这是组织迈向耗散结构的重要一步。

组织一定要开放

广开言路:让员工发声

曾经,在华为内部,只有技术论坛和行政服务之窗,并没有内部社区让员工去表达自己的心声。这催生了外部社区的兴起,天涯论坛就是在这样的背景下成长起来的。员工在工作之余,会聚集在天涯社区,谈论公司发生的大事小事。华为向来低调,注重自上而下的执行力,强调员工要服从组织安排,全身心工作,不鼓励员工发声,一直在向员工强调不要上外部天涯社区。但数年以来,公司发现屡禁不止,很多内部琐事经常被发布到天涯社区。于是,华为自建了内部"天涯"社区,取名"心声"社区,员工可以在心声社区匿名表达自己的观点和反映公司的问题。公司的 HR 团队也会定期汇总心声社区上的热点关注给管理层,对所反映的问题会进行核实和解决。逐渐地,员工降低了上外部天涯社区的频率,转移到了内部心声社区,内部心声社区成了员工反映管理问题的集散地,也成了公司管理层了解公司内部舆情的一个重要平台。

阿里巴巴也有一个类似的内部社区,阿里巴巴把它叫作"阿里味"社区。但阿里巴巴的社区和华为的社区大为不同的是,它倡导"直言有讳"。阿里味社区是实名的。阿里巴巴尊重每个人表达自己声音的权利,但要求每个人都要对自己的言行负责,而不是匿名地不负责任地进行吐槽和发泄不满。我刚进阿里巴巴的时候,很难理解在一个实名社区平台上,大家还会如此踊跃发言。这在华为是不可想象的。在华为内部论坛上,凡是只能实名的地方,都是"积极正向"的,而凡是匿名的地方,都以消极负向的居多。而在阿里味平台上,每个人都敢于真实表达自己。阿里味设计了一套发言评分体系,叫芝麻分,如果评论者认为发言人说得好,该评分体系就会给发言人加芝麻分,如果评论者不赞同发言人说的,该评分体系就会减发言人的芝麻分。如果一个帖子综合起来的芝麻分是负的,那么这对发帖人而言是很强的信号,这表明内部员工整体是不赞同他的观点的,这也会促发他反思。阿里味平台是阿里巴巴员工表达自己、传播自己的重要通道,很多员工工作之余都会去逛这个社区。每到考核季,都会有不少员工在上面投诉自己绩效不公的问题,如果这成为内网热帖了,管理者必须进行回应,回应同样会被全员加减芝麻分。员工不会管你是不是公司的管理层,只管他认同还是不认同管理者的处理决定,这给管理者造成一定的压力,管理者内心是不希望自己的回应成为内网热帖的。然而一旦发生,管理者也会敢于去面对和解决。这是阿里巴巴非常好的一个文化。上到首席人力官(CPO),下到一线管理者,都敢于直面冲突,无惧冲突。

由此我们也可以看出,在应对内部员工发声上,华为走了很长的一段路之后才被迫开放和倾听,而阿里巴巴则自创立之初,创始人马云就积极倡导员工积极发声和表达自己,生而开放。虽然殊途,但也同归。

在国外,谷歌有一个非常著名的内部会议,叫 TGIF 会议。TGIF 是英文 Thanks God It's Friday 的首字母缩写。谷歌每周五都会例行召开这一会议。创始人会在这个会上回答员工关切的热点问题,包括战略方向、内部管理、员工福利等。谷歌从创立之初,一直坚持每周开 TGIF 会议,足见谷歌对员工心声的重视程度。遗憾的是,由于经常有员工把 TGIF 会上讨论的内容泄露到企业外部,对谷歌造成持续负面影响,谷歌于 2019 年 11 月宣布将 TGIF 会议从每周召开改成了每月召开,并且在会上只讨论"产品和业务战略"。这是谷歌走向封闭的信号。

一杯咖啡吸收宇宙能量:广泛吸收和借鉴外部思想

2017 年 10 月 4 日至 6 日,任正非访问了加拿大多伦多大学,在同高校校长和员工的座谈会上,任正非表达了如下观点。

基础研究是把钱变成知识。我们和高校的合作,就是通过资助获得、知晓知识。因为学院的科学家他们是为理想而奋斗的,他们会领先我们公司自己的科学家和技术专家。因为,企业的社会功能定位和本性是商业组织,更看重利益所使,会更贴近现实。学院的科学家与技术专家们更贴近理想，常超越在我们之前产生知识。他们的先知落到我们公司近万名基础研究人员的漏斗中，形成推动我们产品领先时代的有利能力。我们的研究平台担负向生产转移技术的责任，因此有现实性的局限，目光会短浅一点，我们的视角可能只是五到十年左右的未来。但我们也不是完全只靠自己这近万名科学家和技术专家，去对未来技术进行研究的，**世界一切优秀的企业、世界各个大学和各个研究机构**，都是我们的合作伙伴。学院科学家和教授们研究的是未来，很遥远，处在引领时代前列，点亮着我们前进的航灯。我们判断他们方向与我们大致相同，就开始支持他们，这个支持不光包括投资和经济上的支持，也可以开放我们公司的研究平台进行交流，我们也可以派一些员工帮教授做实验。

教授的基础研究对整个人类社会是公平的，他们发表的论文、申请的专利，像灯塔一样可以照亮别人，也可以照亮我们。我们有基础研究的科学家和产品研发平台，解析这些教授的思想，把它们转化为人类的应用，要比任何人都快，以此增强了我们的竞争力，**我们有信心坚持这种开放长期不动摇**。同时，我们不仅仅只有一束光在照亮我们，还有千万道光也在照耀我们，近万名基础研究人员加 7 万多名产品开发人员，8 万多人，加上未来每年将近 200 亿美元的研发经费，我们的消化能力又比任何人都强，实际上我们自己就变成了金身，只要我们能谦虚地消化，我们就能领导这个世界！

还有一种情况，我们出了很多钱，教授没有成功。但在科学的道路上没有失败这个名词。你只要把失败的这个路径告诉我们，把失败的人给我们，这些失败的人甚至比成功的人还要宝贵。他们可以补充到我们生力军中去，把失败的经验带到我们其他的项目中，避免失败。合作中没有失败这个名词，不要说这个没有做好，那你能不能请我们喝一杯咖啡，告诉我们哪里走弯了，将失败的教训告诉我们，这就是成功，钱花了就花了。我们以这个思想，从中国到日本，再到俄罗斯、东欧、英国、整个欧洲、加拿大、美国、以色列，建立了各个强大的能力中心，合作非常成功。越来越广泛的朋友圈，使我们的实力大幅提升。

人工智能的发展，我首先认为无论人们接受不接受，社会都会客观前进。除非建立一个中世纪政教合一的组织，坚决不允许做，才会做不起来。但中世纪那么黑暗，还出了一个哥白尼。那今天我们如果不做人工智能，别人做，我们就死掉了。所以，我是积极支持人工智能这个产业在有益的方面积极发展的。我们的着力点是，一开始紧紧抓牢使能我们管理体系简单化和产品竞争力提升这两个目标，集聚起数千人才，这些人才也作为智能产品的战略后备军。使能工程部任重道远呀！

如果将来的机器人，一个人的能量相当于10个人的能量，可能不止10个人，还要更多一点，那么德国就成了相当于有8亿人口的工业国家。所以机器人做工，我们来控制它，让我们来多产生一些价值贡献，生活得更好一点。在这个社会上有大量的重复劳动，这些重复劳动让机器完成，会比让人完成的水平更高。社会还有很多模糊的问题、判断不清的问题，由机器来处理。这就是脑力劳动自动化。为什么会有特别好的医生、特别好的工程师？因为他们掌握了很多问题产生之前的数据。人脑子容量有限，记不住这么多模型，所以有经验的医生，数量毕竟还是少的。而机器人能记住更多的模型和数据，根据这些模型判断现在的状况，这对人类进步的贡献是很大的。出现伦理道德问题，到时候只能求助法律，技术上没法解决。

我在达沃斯有一个全球直播的讲话，记者提问，我说首先我不懂技术，我不懂管理，也不懂财务，我手里提着一桶糨糊。《华尔街日报》记者说我卖萌。其实这桶糨糊，在西方就是胶水，这黏结人与组织的胶水本质就是哲学。前面30年我提着这桶胶水，浇在大家脑袋上，把18万员工团结起来了。现在我又提着这胶水到加拿大来了，也要浇到加拿大你们这些伟大人物身上，把全世界的科学家紧密连接成一个群体。这个哲学的核心就是价值创造、价值分享，共有共享，保护每一个贡献者的合理利益，形成一个集群，这个战斗力是很强的，这个就是分享的哲学！这个哲学要黏结全世界优秀的人。

在蒙特利尔理工大学，任正非也表达了类似的开放精神。

蒙特利尔理工大学是我们的雷达，因为我们不可能知道未来世界的方向是什么。科学家怀抱的是理想，能实现的和不能实现的都是科学家的伟大抱负和理想。作为商人我们有思维的局限性，比如这项技术能不能产生粮食啊，这就是思维局限性。如果头上不装个雷达，说不定就走错路了。我们这么大体量的公司一旦走错路，就很难回得来。世界上的很多大公司就是因为战略方向错了几年，然后就回不来了。所以我认为我们和蒙特利尔理工大学的合作很重要。当然我们头上的雷达不光是蒙特利尔理工大学，我们还有俄罗斯、日本、英国、法国、德国、美国、加拿大等各国的合作伙伴，所以我们头上装了好多个雷达，有多普勒的、激光的、红外的。

在支持教授往前走的时候，并没有渴望一定获得成功，不成功也没关系，这一条小路你走过了，如果再走的时候我就要注意有没有蛇。所以在与教授合作的过程中，不把成功作为合作的基础。在科学的道路上没有失败这个词，探索不可知的东西本身就是一种探索，几千年和几万年前人类社会是没有路的，也许是猴子从树上下来，走一走，走多了就有一小段路。世界没有任何一个人，能走完所有的路，都是不同人走不同段，才形成了阡陌纵横。这个世界没有广谱科学家，任何一个科学家都不可能完成全部的假设，知道一条路走不通，就减少了我们决策判断的难度。只走了一段路也不叫失败。他延长了人类社会的认知。这样我们与蒙特利尔理工大学的合作，双方都很自由！

我们是从一个落后的公司赶上来的，如果我们故步自封，如果对战略的投入不够，很快就会被历史边缘化。蒙特利尔理工大学的很多学科在世界上是占有领导地位的，所以合作还会继续扩大。加拿大政府是一个非常开明的政府，因为它的开明和开放，使我们对加拿大的投资充满了信心。希望和蒙特利尔理工大学是一种长期的合作关系。谷歌不是说再过20年我们就可以长生不老了吗？我们和蒙特利尔理工大学的合作很重要，与蒙特利尔理工大学的合作就要1000年，1000年以后我希望我们能邀请校董事长共进晚餐。

曾经，华为所有的能力都是自己构建的，员工也主要来自高校应届毕业生。华为也极少对外部媒体发声，对外部媒体报道的事件，无论是正面事件，还是负责事件，华为都极少回应。换言之，彼时的华为是封闭的。自 2012 年开始逐步超越爱立信、思科成为通信设备行业的领头羊后，华为意识到企业想要往前走得更远，必须有新的思想指引。这个新思想不应该只局限在华为内部，还应该广泛吸引全人类的思想精华。也因此，华为开始大量地在国外建立研究机构，招募全球顶尖科学家和领域英才。截至目前，华为在全球共成立了 14 个研究院 / 所和 36 个联合创新中心，[24] 华为通过同外部科研院所的紧密合作，不断吸纳前沿研究成果，利用其资金优势把思想转化为产品，再把产品转化为利润，持续支撑华为的发展和壮大。华为 5G 的关键技术"极化码"，源自同土耳其教授埃尔多尔·艾利坎（Erdal Arikan）的合作，通过将埃尔多尔的极化理念转化为工程实例，华为赢得了在 5G 领域的关键话语权。华为受益于这一全球合作模式，因而在美国、加拿大、英国、法国、德国、瑞典、俄罗斯、日本等国都建有研究机构，以加强同这些国家的科研机构的合作和成果转化。

业务要创新

阿里巴巴擅长做业务创新，CEO 张勇认为任何业务都可以被重新定义，企业能更好地生存的前提是不断地做业务的创新，他把阿里巴巴的业务创新打法归结为如下两个方面。

- ▶ **鸡孵出鸭**：收购外部业务后，一方面这个业务可以继续很好地发展，另一方面则结合阿里巴巴的业务场景衍生出更多新物种。例如阿里巴巴的 UC Web，UC 浏览器继续发展着，同时阿里巴巴利用 UC 浏览器的优势深度发展搜索 + 信息流，对电商业务形成新的助力。

- ▶ **鸡变成鸭**：收购外部业务以孵化新业务，用张勇的话说就是"买的是 1，结果 1 没做好，搞出个 2 来""买回来一只鸡，结果炖出来一只鸭"。例如阿里巴巴收购雅虎中国的 P4P 业务后，把它整合进淘宝，形成了淘宝的 P4P 广告业务的利器。

阿里巴巴在业务开展上有一个观点：[25]

"在阿里巴巴，首先我们是一个造梦者，我们需要梦想，需要对明天充满愿景。同时我们要做一个造风者。我们不仅不做跟风者，还要思考如何创造未来，不是追逐上一班列车，而是去思考如何创造下一班列车。这是我在阿里巴巴的商业经历中体会到的乐趣。"

阿里巴巴要做的是造梦者和造风者，而不是追梦人和跟风者，这就是不断进行业务创新的思路。哪怕是做了十几年的阿里巴巴"双十一"，你会发现，它今年的玩法和去年的玩法也大不一样。CEO张勇曾说，如果5年后再来看阿里巴巴的业务，看到的还是今天熟悉的这些业务，那么阿里巴巴就很危险了。在阿里巴巴看来，只有不断进行业务创新，阿里巴巴才有更好的未来。"一味靠模仿，一味靠抄袭，是不可能有核心竞争力的。"[26]

商业模式要创新

2020年4月20日，华为对外公开了其创始人任正非于2019年11月5日接受《华尔街日报》采访的纪要。采访中，记者问了任正非一个问题：您觉得华为在历史上有哪些事情是应该做而没有做的呢？任正非回答道：[27]

我认为，主要还是美国对我们缺乏了解。美国公司也是从小变大的，在我们后面成立的公司有亚马逊、谷歌、Facebook……它们现在的发展比我们还厉害。我们还跟在它们的后面。我们比较保守一点，成长时间比它们长。

总而言之，美国公司走的道路是商业模式创新与技术创新兼容的高水平道路，在产品还没有完全成长起来时，已经构建了一个世界级、全球化的商业计划。而我们公司因为眼界低，是从山沟沟里出来的，没有见过世面，都是从技术创新开始做，研发人员都自认为自己是天之骄子，等产品出来才想到做商业模式，发展速度相比美国公司就慢一些。至今为止，我们公司还是没有商业领袖，还只是在技术创新，经常是产品做出来一两年了，还不知道怎么卖。现在我们学习得还不够，都是先想着怎么做产品，做出来才会想怎么卖。

我对任正非的这段话感触非常深。过去，华为一直十分注重技术创新，忽视了在商业模式层面的考虑。华为内部一直有一个观点，认为资本运作都是圈钱，不务正业。也因此，华为从不参与炒房炒股，也不鼓励员工这么做。华为始终坚持不上市，拒绝资本诱惑。华为这么做，是希望员工全身心地投入工作，不滋生浮躁情绪。任正非曾说："如果大量资本进入华为，就会多元化，就会摧毁华为20多年来还没有全理顺的管理。"华为发明了一种内部股权激励计划，每年会配给优秀员工一定的内部虚拟股票，员工需要花钱购买这些虚拟股票的所有权，而华为会在每年年终结算时，根据公司营收情况，让员工享受其所购股票的分红。通过这种方式，华为一方面筹措到了发展所需要的一部分资金，同时也把企业和员工命运捆绑到了一起。然而，2019年美国把华为列入"实体清单"，让华为的全球供应链承受了巨大的压力。虽然华为对此早有准备，但其备胎计划大多是自研储备，而没有去注重整个生态链的重建，这让华为极易遭受外部环境的制约。因为华为的产品非常复杂，需要整合上下游很多供应链方可实现。华为过去过于倚重西方公司，而忽视了对国内生态链的整合和孵化，在这方面凸显的是整个企业经营理念的巨大差异。

人才代谢要适度

新陈代谢是指机体与环境之间的物质和能量交换以及生物体内物质和能量的自我更新过程。人才的新陈代谢指组织内人才的流入和流出情况，这是组织同外部进行人才交换的过程。

优秀企业通常都非常关注内部人才的流失，也因此，很多企业都把员工离职率作为考核组织工作是否有效的核心指标进行管理。然而，人才流失率并非越低越好，如果人才的流失率低于一定数值，内部就会形成人才板结现象，造成企业的自我封闭。新人进不去，老人不流出，这将是组织走向衰亡的征兆。业界研究表明，团队成员的认识通常会随着时间的流逝趋于同质化。如果一个团队的成员在3年内没有任何更新，那么这个团队将很难再产生新思想和新创意。

这种现象在华为曾经真实地发生过。华为曾经在同互联网企业的人才争夺中处于下风，原因是互联网企业采用的是差异化的高起薪、低年终奖的做法，而华为采用的却是统一的低起薪、高年终奖的做法，从候选人的角度看，华为的起薪偏低，因而在人才市场缺乏吸引力。并且华为内部员工，也倾向于在工作3~5年后跳槽到互联网企业，因为相比而言，互联网企业代表的是新兴技术趋势，也更有趣和好玩，更有吸引力。为降低人才流失，华为把员工离职率作为审视管理者和HR工作成效的KPI之一进行管理，主管和HR会想尽一切办法留住员工。自2013年起，华为大幅调整了薪酬框架，采用了更偏互联网企业的做法，对低层级员工实行高起薪、低年终奖的做法，加大了对人才的吸引，而对于老员工，由于回报已经非常丰厚，因而他们离职率并不高。据统计，华为在2015~2017年，公司整体离职率小于10%，其国内研究所离职率甚至低于5%，人才板结现象非常明显，员工安于一隅，不愿流动。华为后来意识到了这一点，任正非在华为南京研究所曾告诫干部和员工："秦淮河边的温柔之乡成长不起世界的领袖来……华为公司不能像部分西方公司一样，在温柔乡中葬送了我们28年的奋斗。我们要看到这个世界的复杂性，要看到我们未来的艰难性，从这个出发我们要构建未来胜利的基础。循环不能终止，训战也不能终止，超稳定状态一定是毁灭华为的重要问题，不是别人打垮了我们，是我们自己打垮了自己。"[28]"世界大战都开始了，我们还能坐在秦淮河边，享受六朝古都的温柔吗……大量优秀种子应该在美国，以及美国的周边国家。南京鸡鸣寺小吃好吃，（但）你们吃的东西不是世界的东西，将来怎么能领导世界？"[29]正是意识到了这些问题，华为设计了战略预备队、内部人才市场等方式，以期更好地促进人才的合理流动。

互联网企业的员工则不然，普遍流动性高。国内主流互联网企业的年均离职率维持在15%~30%，同时，互联网企业内部大多允许员工在一个岗位一定年限后自由流动，比如阿里巴巴的满2年可转岗、腾讯的活水计划，都是为了促成人才的内部合理流动。这让互联网企业获得了较快的人才代谢。人才的流入，本质上是新思想和新想法的流入，这相当于为组织注入了新的活力。

组织要能自我催化

生命的催化剂：酶

生物体能够不断地自我更新，在于其存在着大量的催化剂，即酶。酶是一种自身不会直接发生化学变化，却能加速化学反应的催化剂。酶是活细胞产生的具有催化作用的有机物。人体内含有许多种酶，它们支配着人体的新陈代谢、营养和能量转换等许多催化过程，与生命过程关系密切的反应大多是酶催化反应。

事实上，酶存在的最主要的作用就是催化，它能够使细胞内错综复杂的物质代谢过程有条不紊地进行，使物质代谢与正常的生理机能互相适应。如果因遗传缺陷或其他原因造成某种酶缺损或活性减弱，可能导致该酶的催化反应发生异常，使物质代谢紊乱，甚至产生疾病。人体内存在大量酶，其结构复杂，种类繁多。例如，人们在口腔内咀嚼米饭、馒头时，咀嚼的时间越长，口感就越甜。这是由于米饭中的淀粉在口腔分泌的唾液淀粉酶的作用下水解成麦芽糖。因此，吃饭时多咀嚼可以使食物与唾液充分混合，有利于消化。此外，人体从食物中摄取的蛋白质，必须在胃蛋白酶等多种蛋白水解酶作用下水解成氨基酸，然后再通过其他酶的作用选择特定氨基酸，按照一定的顺序重新结合成人体所需的蛋白质，这其中发生了许多复杂的化学反应。

酶的作用非常大。酶能诱发、强化白细胞的抗菌能力，并能清除入侵的病菌与化脓物，促进细胞复活，净化血液，同时排出体内毒素。即便在构成生命最基础的单一细胞中，也存在约 7.5 万个过氧化氢酶，[30] 它们充斥在细胞液中，每秒发生数千次催化反应。如果没有酶，生物体内的各种化学反应都不能顺利进行，新陈代谢也会全部中断，生命活动也就停止了，所以，酶又被称作生命的催化剂。

组织的催化剂：HR

如果把组织当作一个生命体，那么它应该有自身的催化剂，也应该有自身的酶存在。那么，组织的酶是什么呢？我们已经说过，要成为催化剂，必须满足两个条件，一是它要能参与化学反应过程并加速化学反应，二是其自身不直接发生化学反应，在化学反应前后其性质维持不变。

业务部门是直接参与生产的部门，它们是生产者，把外部输入的能量转换为新的产品或服务，以维持组织自身的能量。所以，它们是反应剂，而不是催化剂。

除业务部门外，组织里通常还存在财务、法务、公关、HR等职能部门，它们中的谁可能充当催化剂的角色呢？

法务部门负责确保组织的经营活动符合国家法律法规的要求，进行合法合规的经营。这样，法务部门更像是给组织设定了一个约束框架：只能招用年满18周岁以上的人，生产的产品必须符合环保要求，在与外部公司签订合同时必须遵循某某合同文本等。法务部门通常不会参与生产过程，它只会在生产过程开启之前给生产过程设置约束，或者在生产过程结束之后进行约束检查。所以，它不可能是组织的催化剂。

财务部门负责组织的资金进出管理，通常也不直接参与生产过程，而只涉及资金的支出和资金的回流。财务部门也不可能是组织的催化剂。

公关部门负责处理组织与外部媒体、政府、社区之间的关系，它对组织品牌的重塑有着很大的影响。它是组织对外的宣传接口，不直接对内，所以，它也不可能是组织的催化剂。

那么，HR部门是组织的催化剂吗？HR部门承担着人才的选、用、育、留、激励等项工作，直接与人发生关联，而人是组织最重要的生产要素，是直接参与生产的反应剂。HR在这一过程中，通过设计良好的激励机制，营造良好的文化氛围，从而可以加速组织的生产过程，但HR自身还是HR，它不会直接产出，这种作用好比生命体的催化酶：加速反应但自身又不发生反应。所以 HR 部门是组织的催化剂生产部门，HR 人员是组织的催化剂。

阿里巴巴的催化剂：深度支撑业务的 HR

柏拉图在《会饮篇》中讲了一个古希腊神话故事：[31]

最初的人是球形的，一半是男一半是女，男女背靠背黏合在一起。球形人体力和智慧超凡，因此常有非分之想，经常想要上达天庭攻击众神。于是，宙斯想出了一个办法，他令诸神把球形人劈成了两半。于是少了一半女人滋润的男人，虽然巍峨如山，铁骨铮铮中却缺了一种似水柔情；而少了一半男人支撑的女人，虽然温柔袅娜，情思婉转中却少了一种侠气英姿。

所以，柏拉图说：人本来是雌雄同体的，终其一生，人们都在寻找缺失的那一半。这缺失的那一半，不只是另一个异性个体，还有另一半异性特质。

阿里巴巴希望 HR 能做到"雌雄同体"。阿里巴巴前任首席人力官彭蕾在一次总结中曾说，HR 首先要把自己化为业务主管角色中雌的一部分，然后再把它摘出来，成为企业的一套组织能力的体系，做到"雌雄同体"。不光 HR 要做到"雌雄同体"，业务管理者也要做到"雌雄同体"，既要会打仗，还要能懂人。

HR 要能成为催化剂，就必须"雌雄同体"，在懂人心、知冷暖的基础上，渗透到组织的每一个生产过程，在生产的现场去催化。然而，很多组织把 HR 仅仅当成了一个工具，它们只希望 HR 帮助它们招人和裁人，而不让 HR 参与业务活动。这实际上剥夺了 HR 发挥催化作用的权利。

阿里巴巴则不然，它的 HR 几乎会出现在所有重要的生产现场。在阿里巴巴一年一度的"双十一"大促活动中，HR 是一支重要力量，承担着氛围营造的重要职责。在"双十一"项目中，既有来自业务领域的项目经理，也有来自文化领域的项目经理，业务领域项目经理负责业务的交付，而文化领域项目经理则负责使业务内容契合当年的文化主题，在项目交付过程中落地文化元素。文化领域项目经理需要配合业务领域项目经理组织"双十一"开工会、战役通晒会,生成文化关键词,组织项目庆功会,真正把"双十一"做成既是一场交付,更是一场团建。阿里巴巴的"双十一",既紧张也充满乐趣,这和 HR 在过程中的参与不无关系。如果没有 HR 的参与,阿里巴巴的"双十一"将是一场了无生趣的、常规的项目交付。HR 是阿里巴巴"双十一"项目的催化剂。

阿里巴巴的 HR 不只参与到重大项目中,还参与到日常的管理活动中。在大多数公司,HR 都会被派驻到业务团队,以更好地支撑业务主管做好人力资源工作,落地公司人力资源政策。被派驻到业务团队的 HR 的英文全称为 HR business partner,简称 HRBP,但在阿里巴巴,被派驻到业务团队的 HR 人员不叫 HRBP,而叫 HR generalist,简称 HRG,意即 HR 多面手。阿里巴巴希望 HRG 是一个多面手,既懂业务,又能推文化、促人才、提效能,这是 HRG 的四大职责。

懂业务:能坚持坚守对客户价值的理解和信心,有业务判断力,能识别业务关键问题且能推动变革活动的展开,与业务搭档有业务对话的能力。

推文化:有使命感,发心纯正,愿意为正确的事竭尽全力;眼中有人、心中有爱、手中有尺,有影响力;对团队核心文化有判断力,并能勇敢地推动文化建设和解决问题。

促人才:能识别和判断人才,促进关键人才成长,搭建人才梯队。

提效能:能推进和优化业务架构,减少内耗,促进生成清晰的工作目标,建立配套激励机制,提升跨团队协同和网状沟通效率。

在阿里巴巴,凡是管理者参与的重要业务活动,必有 HRG 的身影,策略生成会、策略沟通会、组织架构调整方案讨论会、人员激励等,每一个会议中 HR 都扮演了重要的角色。

阿里巴巴设置了组织发展(organization development)这一 HR 角色,简称 OD,OD 负责参与组织机制的设置和组织效能的提升,搭建各种业务沟通场帮助最大化沟通效果。凡是参加过阿里巴巴的会议的人对此都有切身感受,阿里巴巴的各种沟通场都是经过精心设计的,它注重调动每一个参会人员的参与积极性，以最大化会议效果。在很多公司，HR 没有掌握这种会议设计能力，认为开会就是简单地把大家组织在一起。其实不是这样的，经过精心设计的会议，会注重很多细节。例如现场布置、会议环节设置、会议氛围调动、会议传播等，都需要匹配会议目的去设计。每一个会议都会和上一个会议有所不同。OD 就是组织各种会议的引导者，起着组织各种会议的催化剂的作用。组织的策略共创会、策略沟通会、组织架构调整等工作，通常也是由 HRG 和 OD 合力去推进的。OD 还需要设计组织诊断机制，定期帮助组织的管理者了解组织现状，让他们给自己的管理"照镜子"，以驱动组织的管理改进。在这一过程中，OD 是组织改进的催化剂。

阿里巴巴还设置了组织文化（organization culture）这一 HR 角色，简称 OC，OC 负责组织价值观的传承在业务部门的落地。文化不是挂在墙上的口号，需要渗透到员工的日常工作。阿里巴巴的 OC 会采集员工工作中符合价值观的故事并在组织内传播，以告诉员工什么是组织倡导的，让更多的人向故事中的员工学习。而传播的形式也多种多样，通常会采用视频、图文的形式，让员工喜闻乐见。下面就是一名花名为知馨的客服小二服务客户的故事。

雷女士有一个 12 岁的儿子，二宝也即将出生，她的丈夫是一名装修工人，专门负责吊顶安装，他们的小日子过得圆满幸福。不幸的是，雷女士的丈夫在施工过程中发现射钉器卡顿，在近距离检查时，钉子意外弹出，从鼻梁射入脑部。救护车赶到时，雷女士的丈夫由于失血过多，抢救无效，离开了人世。射钉器是雷女士的丈夫去年在平台购买的，悲痛中的雷女士找到商家，但无法提供任何相关凭证，商家也没有办法进一步配合处理，于是平台成为雷女士最后一线希望。

来电时雷女士的无助让我无比心疼，于是我立即联合行业与品控的同学对商家和商品进行核实。商家的资质凭证齐全，逆向数据也很正常，射钉器本身各方面都没有问题。随后，我致电商家，得知雷女士的丈夫为了节约成本，使用了不配套的钉子，导致意外发生。对方曾经咨询过卡壳问题，商家明确提示过这样使用非常危险。确认不是商品质量问题导致的，我无法让商家进行赔偿。商家答应会帮忙和厂家进行沟通，尽量争取一些慰问性的补偿。

为了更好地与客户沟通，我一直在学习心理学方面的知识，基于雷女士当下的心理状态应该采用"疗效对话"的方式进行沟通，也就是尽可能将心比心、设身处地地交谈，让对方感到舒适、情绪获得缓解，进而自然地达到"治疗的效果"。很慎重地准备好沟通的思路和方案后，我拨通了雷女士的电话。她向我讲述着最近发生的一切，我认真地倾听，适时地给予回复和解释，她也意识到事故不是商品质量引起的。电话中，她数次哽咽。同样身为母亲，我很清楚，除了物质上的支持，她更需要精神上的陪伴和鼓励，于是我主动和她加了旺旺好友，一边同步与商家沟通的进展，一边陪着她说说话，不断地开导她，我对雷女士说：当上帝给你关上一扇门后，一定会给你打开另一扇窗。

我反复想着能为她做些什么，尝试联系了应急处理团队和法务的同学，大家都非常关注雷女士的情况，联合向财务申请了4000元的平台体验基金，表达平台对雷女士和孩子们的慰问。我也在团队发起募捐，小伙伴们都为雷女士揪着心，献上了自己的一份爱心。商家和厂家也表示，只要雷女士需要，愿意号召员工进行捐款。

我把这些告诉雷女士，她很感谢阿里雪中送炭和商家的善意，表示以后会自食其力，养育好两个孩子，让丈夫放心，也为孩子们树立一个坚强的榜样。这让我肃然起敬，无比敬佩。此时，一句话在我脑中浮现：授人以鱼不如授人以渔！

在一段时间的频繁互动中，我了解到雷女士是位癫痫患者，而且右手手指还有残疾，家里即将有两个孩子，很难出去工作。我想到了云客服和淘宝客的工作，或许可以帮助雷女士自食其力。我联系了相关同学，大家很热心地介绍了相关情况和工作模式，还给了很多提升工作效能的建议。我认真整理好后，仔细讲述给雷女士听，她非常开心地说："知馨，你说得对，上帝给我关上一扇门，一定会给我打开另一扇窗。遇到你们淘宝，就是我的另一扇窗！我会振作起来，找到适合自己的工作，好好挣钱养孩子,给他们做个榜样!"

这件事一直跟进了 4 个多月,虽然最终能够给雷女士的物质帮助不多,但陪伴着她逐渐走出悲痛的低谷,迎来了可爱的小儿子,我也逐渐放心了许多。她在旺旺上开玩笑说:知馨,好羡慕你有个女儿。我隔着屏幕笑着对她说,多了一个小男子汉保护你,多好!

春天到了,想到马上就是雷女士丈夫离开的第一个清明节,她一定很想念丈夫,于是我拨通了她的电话。电话接通的那一刻,我们就像许久不见的好朋友,彼此都很温暖。她说确实很想念丈夫,但正在慢慢走出来,让我不要担心,一切都会好起来,她还要挣钱养娃,陪着他们长大!最后她感叹说,或许是因为被阿里的服务温暖过,今后很想做服务方面的工作,也想给更多人带去温暖。

看着雷女士终于迎来了新的生活,我的眼角再次泛起泪光,这一次,是因为感动、祝福和希望。

马上就要在服务岗位上迎来自己的五年陈(意指阿里巴巴工作满 5 年)。这 5 年间,无数次为客户四处求援,也无数次为终于帮客户解决了问题而热泪盈眶。虽然很期待五年陈的戒指,但在我心中更加宝贵的,是来自客户的信赖:入职第一年服务过至今还保持联系的阿姨、让我和团队小伙伴揪心的患有自闭症的小妹妹、很多很多有着不同际遇的客户,我们之间的缘分和牵挂不会因为服务完结而中断,我早已把他们当成自己的家人和朋友一样去关心、去陪伴、去爱护,当看到他们越来越好的时候,我也更加坚定,服务可以给世界带来无数微小却美好的改变!

当我听到知馨分享的这个故事时,哪怕我是一个硬汉,也忍不住会眼眶湿润。人,无论国别、种族、身份、性别,在内心都有最柔软的情感,这是全人类共通的。阿里巴巴的 OC 抓住了文化的本质,用员工的故事去感动员工,让你在不经意间感受到组织文化的强大感染力。在很多组织中,"客户第一"只是一句贴在墙上的口号,客服部门的员工也总是缺乏成就感,觉得自己人微言轻,不能产生更大价值。但当你读完这个故事后,你还会这么想吗?一个普通的客服人员,用自己的切身经历在践行"客户第一",用自己微小的力量"给世界带来无数微小却美好的改变"。这多么有力量!这是何等真实和强大的"客户第一"文化。

类似的文化故事还有很多。例如,阿里巴巴特别强调,加入阿里巴巴就是"一群有情有义的人,在一起做一件有价值有意义的事"。即使大家因为组织调动而分开,去了不同的团队,情义也依旧在。大多数公司,在团队成员离开自己的团队到其他团队去的时候会怎么做呢?可能会一起聚聚餐、吃吃饭、喝喝酒,以这种方式为离开的团队成员饯行。阿里巴巴是怎么做的呢?在阿里巴巴的欢送会上,离开的管理者买了一把小提琴,即兴演奏了一首小提琴曲,然后把琴送给了他离开的团队做纪念,而原来的管理团队则准备了一张上书空心繁体"義"字大字帖,现场13个人每人用毛笔填上一笔,共同写出了完整而丰满的"義"字,然后由总裁把这幅"義"字毛笔字作品送给了离开的管理者。一边是"琴"(情),一边是"義"(义),意寓着一个有"琴"(情)有"義"(义)的团队(见图6-1)。琴被放在了总裁办公室,"義"字作品被离开的管理者挂在了自己的家里。今后,无论大家看到"琴",还是看到"義",都会联想到离开的场景。这是一幅多么生动的送别画面,值得记忆一生。而这一场景的设计,就是OC在背后付出的心血。

图6-1 有"琴"(情)有"義"(义)

为了让文化深入人心，阿里巴巴甚至开辟了一种独特的"厕所帖"宣传形式，以俏皮、机智的方式把文化宣传帖张贴在厕所显眼的位置，员工在如厕的短短几十秒空闲时间里，就可以接受组织文化的熏陶。例如下面这张厕所帖（见图6-2），标题是《那些我选择性无视的"小事"》，它用员工日常工作中经常会面对的场景作为漫画素材，展现了员工在工作中可能会面对的客户价值与KPI发生冲突的场景。一些人会把KPI设置为自己重要且紧急的事，也会高优先级响应老板认为重要的事，同时还会聪明地选择只响应产品提的简单需求，而无视提升客户体验，这些都是耍小聪明的行为。厕所帖意在启发员工思考，当客户价值和KPI发生冲突时，员工应该选择哪条路？毫无疑问，组织希望员工把客户价值当成他最重要的KPI，也就是那句英文表述的："Creating customer value is our most important KPI.（创造客户价值是我们最重要的KPI。）"

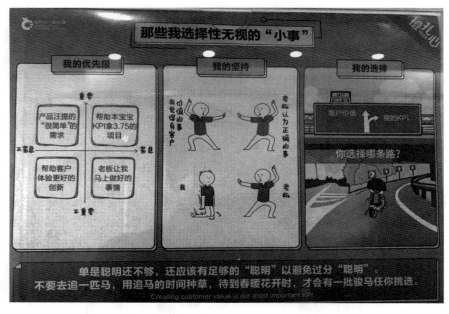

图6-2　阿里巴巴厕所帖

阿里巴巴很少采用贴标语的方式去宣传价值观。在它看来，这种宣传是强行灌输的方式，并不会带来员工更好的接受度。相反，它会采用员工能接受的方式，去潜移默化地影响员工。

在阿里巴巴，每个会议室都有电视以供开会做投屏用，屏幕上也会实时播放重大的文化事件，例如 20 周年年会、五年陈活动、"双十一"活动、CEO 分享金句等。当员工进入会议室开会时，大家会习惯性地把目光投向电视屏幕，从而耳濡目染地接触到阿里巴巴的文化。文化就在身边。这就是阿里巴巴 OC 在文化传承过程中发生的催化作用。

HRG、OD、OC 是阿里巴巴 HR 的三支柱，共同对阿里巴巴产生催化作用。HRG 深度催化业务，OD 催化组织沟通场和组织机制，OC 以人性化的方式催化组织文化传承。阿里巴巴 HR 的使命是"让每一个加入阿里的人，都成为更好的自己，成就生生不息的阿里"。从这一句使命表述也可以看出，阿里巴巴 HR 就是通过不断地选择符合阿里巴巴文化的人进入阿里巴巴，让他们做更好的自己，在阿里巴巴实现自我价值，同时也帮助阿里巴巴更成功。这是一个求取最大公约数的过程。我认为这句使命表述，非常像生物催化酶所发挥的作用。

组织应该发挥好 HR 的作用，让 HR 在组织中发挥广泛的催化作用。所以，阿里巴巴对 HR 的要求非常高，HR 必须深度浸泡到各种业务场景中去，和业务捆绑在一起，而不能让自己抽身出来做旁观者，无论是 HRG、OD 还是 OC，都必须为了客户价值和业务结果而一起努力。所有脱离客户价值和业务结果的专业，都是孤芳自赏的伪专业，在阿里巴巴是不受欢迎的。对于阿里巴巴对 HR 的底层品质要求，阿里巴巴现任 CPO 童文红把它总结为三个字，即"真、智、勇"。

真：真实、真诚。"HR 要做一个真实、真诚的 HR，这样即使做错了，大家也会喜欢你。"

智：心智、智慧。"HR 必须成熟，必须有自己稳定的情绪和心智。HR 既要有硬功夫，也要有软实力。HR 自己不断提升内在修为的力量，会帮助你变得更智慧。只有你有了内在修为力量以后，才能有更大的能量去帮助别人。要能吃得进，也要能化解得了。"

勇：勇敢、坚定。"HR 和搭档之间的关系是既辅佐他，又帮助他，同时他也在帮助 HR。与 HR 搭得好的标准有两点：一是能跟他建立信任；二是能影响他不断把决定做得更好。"

在阿里巴巴看来，"真、智、勇"是一个 HR 起码应具备的基本素质，HR 首先要能不断成为更好的自己（智），同时也要真诚地把自己的判断表达出来（真），勇敢地促成业务的改变和升级（勇），这是相辅相成的 HR 三要素。

建立组织的自催化机制

在具备催化剂后，组织还需要具备自催化机制，让催化反应的发生成为一种自然而然的事。孔子说，"每日三省吾身"，这是个人维度的自我催化。华为要求管理干部每年开展一次自我批判，并把"坚持自我批判"作为其核心价值观，这是组织层面的自我催化。阿里巴巴每打完一个战役，都会进行复盘，这种做法已内化到阿里人的血液里，这也是组织层面的自我催化。事实上，很多企业都有复盘文化。国内在复盘方面比较知名的邱昭良博士[32]和陈中[33]两位专家，在其专著中详细阐述了复盘的方法论，大致而言步骤如图 6-3 所示。

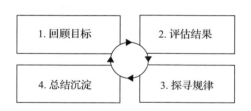

图 6-3　复盘一般方法论

复盘是指用一种结构化的方式对过去进行反思、推演和规律总结，以期从经验中学习，并将经验上升为规律或方法论，以指导未来的行动。企业实践表明，深度复盘是组织能力快速进化的一种十分有效的方式。

理想情况下，如果组织里的每个人都能做到像孔子所说的那样，"每日三省吾身"，那么这个组织可以达成最好的自我催化状态，但这恰恰也是最难的。人在看自己时，经常存在难以觉察的盲区，就像民间谚语所说的那样,自己是没法看到自己的后脑勺的。这个时候,如果组织中其他人能提供真诚而坦率的反馈,那么这将是一种更好的自我催化机制,它能让自己意识到自己看不到或者不愿意看到的改进点,从而帮助自己持续提升。

优秀的组织,都特别注重营造内部真诚、坦率、敢于直言的氛围。阿里巴巴在招聘人才时,会特别青睐那些敢于表达自己观点的人,而不是那些只知道服从他人的听话人。在阿里巴巴开会,你会经常被与会的其他人"挑战",如果他们不赞同你的观点,他们会当众直接给你指出来,而不会等到会后。在这里,事情大多放在台面上说,而不是私下去说。这可能会让被挑战的人很不舒服,但对组织来说,却减少了猜忌,避免了八卦消息满天飞的现象产生。

奈飞公司也极其注重员工之间的相互反馈,它不仅鼓励上级对下级以及员工之间的彼此反馈,还鼓励下级对上级直接提出反馈,并认为相互反馈是公司成功的法宝之一。奈飞从中摸索出,要建立起组织的相互反馈机制,可以采用如下几个步骤。

第一步:通过培养坦诚文化建立反馈环

奈飞鼓励员工对管理者提出反馈意见。管理者不仅要向员工征求意见,而且要告诉员工,自己期待着他们的反馈。当员工向管理者提出反馈意见时,管理者可以不赞同员工的意见,但须赞赏员工提意见这一行为。奈飞CEO在《不拘一格》一书中分享了这样一个故事。

特德·萨兰多斯(Ted Sarandos)是奈飞的首席内容官,也是公司高管团队的一员。2014年7月,特德挖来了国际儿童频道的高级副总裁布赖恩·赖特(Brian Wright),让他负责年轻人的节目。布赖恩讲述了他在奈飞第一天上班,亲眼见到特德在公开场合接受反馈的一幕。

在我过去的工作中,一切都取决于老板喜欢谁,不喜欢谁。如果你给老板反馈意见,或者在众人面前与老板闹分歧,那你的前途就毁了。你会发现自己就此遭到冷落。

星期一，这是我来奈飞工作的第一天，我心里处于高度戒备状态，试图找到新公司的处事原则和方法。上午11点，我第一次参加由特德（我上司的上司）主持的会议。在我看来，他就是一位超级巨星，下面有15名不同级别的员工。特德在会上谈到《黑名单》（The Blacklist）第二季的发布情况。就在他发言的过程中，一名比他低4个等级的员工打断了他的话，对他说道："特德，我想有些东西你搞错了，你对这个许可交易有误解，那种方法行不通。"特德坚持自己的观点，但那个家伙并没有退缩，"这真行不通。你把两份独立的报告混淆了。特德，你搞错了，我们需要直接与索尼公司的人见面。"

我简直不敢相信，这样一个低级别的员工竟敢在众人面前顶撞特德。根据我过去的经验，这无异于自毁前程。我的脸变得通红，直想躲到椅子下面去。

然而，事实却让我完全震惊了。会议结束后，特德站起身来，把手放在那个家伙的肩膀上，"今天的会议开得非常好，感谢你的发言"，他笑着说。我惊愕得下巴都快掉了。

后来，我在洗手间碰到特德。他问我第一天感觉怎么样，我对他说："哇，特德，我简直不敢相信，那个人在会议上居然敢用那种态度对你说话。"特德一副迷惑不解的样子，他说："布赖恩，如果哪一天你因为害怕不受待见而不敢提出反馈意见，那你可能就得离开奈飞了。我们聘请你来，就是需要听你的意见。会议室里的每一个人，都有责任把他的想法坦率地告诉我。"

第二步：学会正确地给予和接受反馈

坦诚反馈并不意味着不分场合、时机地随意表达，反馈也需要注重方式方法。反馈对公司是如此重要，以至于公司花了很大的精力去提升全员的反馈水平。奈飞总结了高效反馈应遵循的4A反馈原则。

在提供反馈时应遵循：

（1）**目的在于帮助**（Aim to assist）。发心必须纯粹，反馈必须是积极正向的。反馈不是为了发泄和中伤他人，也不是为自己捞取资本。反馈者应清晰阐述这样做对他人和公司有什么样的好处，而不是对自己有什么好处。"你在与外部合作伙伴会面时剔牙，这样做很让人生气"，就是一种错误的反馈方式。正确的反馈方式是这样的："如果在与外部合作伙伴见面时你不再剔牙，那么合作伙伴可能会觉得你很敬业，你们就可能建立起牢固的关系。"

（2）**反馈应当切实可行**（Actionable）。反馈应尽可能给出切实可行的行动建议，这样信息接收者就更可能知道该怎么做。对被反馈人说"你的方案不可行"，被反馈人会觉得一头雾水，不知道哪里不行。如果能具体地给出行动建议，例如"你的方案没有考虑到用户隐私保护，这可能会让产品一经推出就面临极大的用户投诉，建议重新审视用户隐私保护对产品的影响"，被反馈人接下来就能相应采取进一步的行动。

在接受反馈时应遵循：

（3）**感激与欣赏**（Appreciate）。忠言逆耳，每个人都不喜欢听到批评意见，这是人之常情。奈飞鼓励大家对抗这一不好的本能反应，提倡每个人在收到反馈时，有意识地问一下自己："我该如何去认真聆听，以开放的心态去认真对待这一反馈？既不辩护，也不生气，还应该满怀欣赏和感激。"

（4）**接受或拒绝**（Accept or Discard）。奈飞提倡相互反馈，但并不意味着被反馈人要一股脑地全部照做，是否接纳意见取决于被反馈人，但被反馈人要向反馈者真诚致谢。强调这一点至关重要，它不至于让被反馈人因为收到不同意见就畏首畏尾。反馈是一回事，是否接纳反馈又是另外一回事。反馈是为了帮助被反馈人更全面地了解他人的看法，但行动的决定权依然在被反馈人这里。

第三步：当场反馈、实时反馈

几乎所有组织都有上级对下级的绩效沟通机制，也有很多组织会一年一度对管理者进行360度调查。但这些机制时间跨度都很大，绩效沟通机制在大多数组织通常一年只会发生两次，上下半年各一次，领导力360度调查则大多一年一次。这样的反馈频度实在是太低了，以至于在一年中的大多数时候，大家都很难收到其他人的反馈。奈飞希望反馈能随时随地进行，当你发现其他人某个地方做得不好时，你应当立即帮他指出来，而不用等在日后去找某个时机再告诉他，那个时候可能已经失去了反馈的意义了。在一般公司，360度调查用于收集管理者下属、同僚以及上级的反馈，管理者可以看到360度调研报告，还可能根据这份反馈报告制订一些改进计划。这些反馈通常都是匿名进行的。奈飞则更进一步，将这种形式的360度反馈变成了实名制，以鼓励大家更坦诚开放地提意见。同时，在360度书面反馈之外，还会再开展一个360度面对面交流活动。在360度面对面交流会上，所有人都会给其他人提意见，所有人也都会收到其他人的意见，这是一个全向反馈活动，它完全打破了360度书面反馈那种线上、单向输入形式，进一步提升了反馈效果（见图6-4）。

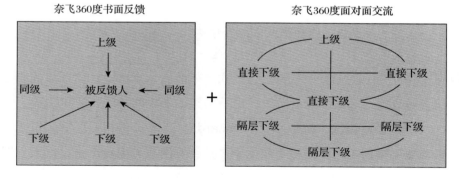

图6-4　奈飞360度调研（书面反馈＋面对面交流）

阿里巴巴也非常注重营造实时、面对面反馈的氛围，强调所有事情"会上充分讨论，会后坚决执行""人前人后一个样"，有不同意见时，应在会上当面指出，出了会议室，所有决定就应当是大家的共同决定，而不应该在会后说"我本来不同意这个方案，但是某某坚持这一方案，是他要一意孤行的"。如果组织里存在这样的言论，对组织必将是一种伤害。为什么不在会上把你的不同意见表达出来,去促成一致呢?

通过在组织里建立这样的相互反馈机制,组织就可以不断地自我催化,既看到优势,也能看见不足,不断地自我进化。

华为和阿里巴巴是耗散结构吗

在中国的所有公司中,华为公司最先引入"熵"的概念。华为试图从管理哲学层面,把熵作为其底层管理假设。熵是度量组织混乱无序状态的量。自然界万事万物,在作为一个封闭系统时,都趋向于走向无序,即熵死。而解决之道就是成为一个耗散结构,通过与外界进行物质和能量交换,驱使系统远离热力学平衡态,走出熵死困境。华为希望自己成为一个耗散结构,让组织更有序,从而实现其所说的"方向大致正确,组织充满活力"。

那么,华为是不是一个耗散结构呢?

我们回到耗散结构的三要素上去看这个问题时,问题转变为:华为符合耗散结构的三要素条件吗?

从公司层面去看,华为不断地从外部引入人才,同时也不断地有人才从华为离开,这是人才层面的交换和代谢;华为不断地向市场交付产品或服务,同时也不断地从外部采购原材料,这是物质层面的交换;通过出售产品或服务,华为不断地吸收外部资本的支持,同时又用这些资本吸引更多优秀人才和开发更好的产品及服务,这是资本层面的交换……任正非在2015年接受《福布斯》中文网采访时说过下面这段话,很好地体现了其开放的思想:[34]

外来能量是什么呢?外国的先进技术和经营管理方法、先进的思想意识冲击。但是思想意识的冲击有正面的,也有负面的,中国到底是得到了正面的还是负面的?中国这30年的繁荣,总体来说,我们得到了正能量,虽然也有负能量进来。常有人说和西方合作,至今没拿到技术。我们是要技术,还是要繁荣?当然我们是要繁荣。有技术更好,没有技术我们也繁荣了。人们的思想意识在改变，受教育程度也在改变，国人改变了，其实这个社会基本启动了。现在我国推动深化改革开放，逐渐让中国不要回到自给自足。其实这些思想意识与体制的创新，并不单单是技术。它在未来100年释放的能量是不可估量的。中国今天还不算十分强大，即使非常强大了，也要向世界开放。其实美国200多年的发展历史，就是开放的历史。

华为这28年来，坚持做一个开放的群体，始终没有停止过开放。我们以开放为中心，和世界进行能量交换。只有开放，才有今天的华为。

从这段话我们可以很好地看出，华为确实是在努力打造一个开放系统，不断地与外界交换人、财、物，这满足耗散结构的"开放"条件。

任正非一直强调，绩效是分水岭，坚持对干部进行10%不胜任清理，对员工实行5%的末位淘汰，这在任正非1995年的一次总结大会讲话中有充分的体现。[35]

历史把我们推到一个不进则退、不进则亡的处境。我们只有坚定不移地向国际著名公司看齐，努力实现全面接轨，否则随时都有破产的危险。山羊为了不被狮子吃掉，必须跑得比狮子快；狮子为了不饿肚子，必须比山羊跑得快。各个部门各个环节都必须优化自己，将懒羊、不学习上进的羊、没有责任心的羊吃掉。不愿意重新分配工作的员工，可以劝退，劝退的员工要注意他们的合理利益。每年华为要保持5%的自然淘汰率与10%的合理流动率。哪一个部门的人员凝固了，就说明哪一个部门的领导僵化了。

华为这种赛马机制，促使着每位员工必须不断往前跑，"不进则退，不进则亡"。除了用绩效鞭策低绩效员工，任正非还特别强调要激励先进，给做出特别贡献的员工以特别的激励，在激励上拉开差距，"给火车头加满油"。任正非说：[36]

要按价值贡献，拉开人才之间的差距，给火车头加满油，让列车跑得更快些及做功更多。践行价值观一定要有一群带头人。人才不是按管辖面来评价待遇体系的，一定要按贡献和责任结果，以及他们在此基础上的奋斗精神。目前人力资源大方向政策已确定，下一步要允许不同场景、不同环境、不同地区有不同的人力资源政策，适当差异化。

我把"热力学第二定律"从自然科学引入到社会科学中来，意思就是要拉开差距，由数千中坚力量带动15万人的队伍滚滚向前。我们要不断激活我们的队伍，防止"熵死"。我们决不允许出现组织"黑洞"，这个黑洞就是惰怠，不能让它吞噬了我们的光和热，吞噬了活力。

通过末位淘汰加上不断的物质激励，华为在内部营造出了一种高压状态，每一个人的神经都紧绷着，前方有胜利果实的指引，后方又没有退路，唯有向前一途。胡萝卜加大棒组合在一起，让华为确实远离了舒适区这个平衡态，这满足耗散结构的"远离平衡态"条件。

那么，华为满足"自催化"条件吗？华为建立了比较完备的 HR 三支柱体系，建立了自我批判机制，并把"坚持自我批判"作为华为的核心价值观之一。华为要求一定级别以上的管理干部每年例行开展自我批判活动，管理者要自我回顾这一年中哪些做得不足，将其公之于众，接受其他管理者的监督。华为的 HR 则负责组织和实施管理干部的自我批判过程，但华为的 HR 更多是执行公司的政策与制度，并没能起到促成业务团队发生化学反应的作用。也就是说，华为的 HR 并没能扮演催化剂的角色，以促进管理干部更深度地自我批判，也没能将自我批判内化到日常行动中。对管理干部而言，自我批判仅仅发生在一年一次的自我批判会上，开完自我批判会后就结束了。换言之，华为的反馈机制需要外部驱动才能发生作用，并没有内化到日常行为中，也不是一个持续过程，所以华为只能算是"他催化"而非"自催化"，华为不满足"自催化"条件。

所以综合起来看，华为是一个开放系统，在不断地与外界进行物质和能量交换，也不断地通过"胡萝卜加大棒"的人力资源实践驱使员工远离平衡态，但华为缺失自催化机制，不满足耗散结构的第三个条件。从这个角度去看，华为接近耗散结构但不是一个耗散结构。也正因为华为缺失自催化机制，华为需要不断地依靠外部手段、外部环境对员工和内部环境加压，从而促使员工走出任正非所说的"惰怠"状态。华为在其出版的《熵减：华为活力之源》一书中，把华为的成功浓缩在了一张称为"活力引擎"的图上。仔细查看这张图，你会发现它提到了耗散结构的"开放"条件与"远离平衡态"条件，唯独没有提"自催化"条件，这绝非疏漏，恰恰是华为不是耗散结构的又一例证，至少不属于生命型耗散结构。

华为不是耗散结构，那么阿里巴巴是吗？

阿里巴巴最擅长的是做平台，淘宝、天猫、盒马、飞猪、优酷等平台每天吸引着数亿个用户、数亿元资金的来来往往，它肯定是一个开放系统，在不断地与外界进行物质和能量的交换，满足耗散结构的"开放"条件。

阿里巴巴在 2019 年 9 月 10 日推出的新六脉核心价值观中有一条叫"今天最好的表现是明天的最低要求"，阿里巴巴正是通过文化的力量影响其员工不断努力朝更高目标前进；同时其合伙人在各种场合都会强调阿里巴巴的使命和愿景，希望把阿里巴巴打造成一家靠使命、愿景驱动的企业；内部也尽可能简化流程，"因为信任，所以简单"，在考核上实行了 30% 的高绩效、60% 的中等绩效、10% 的末位绩效的做法，所有这些人力资源实践组合起来，共同把员工驱离舒适区，让员工不断远离平衡态，"唯一不变的是变化"，不断拥抱变化，在变化中成就自我和成就公司。所以说，阿里巴巴肯定是满足"远离平衡态"条件的。在阿里巴巴工作一天，就是不断耗损心、脑、体的一天，而绝不会是躺着过日子的一天。

阿里巴巴是一家强文化导向的公司，强调愿景、使命、价值观的力量。在做一件事时，希望能先明确做这件事的价值和意义。主管在分配工作的时候，也需要向员工说明其价值和意义。因为阿里巴巴是一家层级感知非常弱的公司，当员工不理解一件事情的价值和意义时，他们会非常直接地向主管提出质疑。同时，阿里巴巴内部转岗条件相对比较宽松，员工满足工作两年的转岗条件时就可以在整个阿里巴巴经济体内自由转岗，这逼迫主管必须不断地去建构工作的价值和意义，否则他无法留住员工。另外，阿里巴巴在招人时，会特别关注候选人选择阿里巴巴的动机是什么。

如果候选人只是看重阿里巴巴的现金回报才选择加入的，阿里巴巴在绝大多数情况下会拒绝录用他。阿里巴巴希望找到能和自己长期走下去，为了"活102年"的共同愿景、为了实现"让天下没有难做的生意"这个使命共同走下去的同路人。这是一群有情有义的人共同在做一件有价值有意义的事。从动机层面去看，价值和意义感是无限接近内在动机的一种状态。当一个人是被价值和意义感驱动做事时，他就是自驱动的，无须通过"胡萝卜加大棒"去驱动，兴趣、价值和意义感就是一种自催化剂，它点燃了员工心中的工作热情，而这种热情会让员工更努力去获得更好的结果，更好的结果又彰显了其为客户创造的更大价值，更加提升了工作的价值和意义感。在这里，产出是更大的客户价值，而这个产出同时也是提升员工工作热情的催化剂。阿里巴巴的 HR 最重要的工作就是文化传承工作，阿里巴巴 HR 的使命，是要让每一个加入阿里巴巴的员工，都成为更好的自己。阿里巴巴的 HR 就是组织发生化学反应的催化剂。所以，这是一种自催化状态。

当从这个角度去看时，我们不得不说，阿里巴巴确实是一个生命型耗散结构，它同时满足生命型耗散结构的三要素：开放、远离平衡态和自催化。

第七章

组织的生物性：动态组织

———

组织好比一个系统，一旦建立，就会习惯性地遵从热力学第二定律，倾向于向稳定和均衡的方向发展。换言之，组织天生是对抗变化的。如果不对组织施加外力影响，组织终将灭亡。所以从某种角度来说，任正非是对的，组织天生具有惰性，但任正非又不全对，人性天生无所谓懒惰与奋进，这取决于人身处什么样的环境。如果把人放在一个奋斗的大环境中，人就会释放他身上的活力，而如果人身处在一个稳定、均衡、舒适的大环境中，人就会表现出懈怠的一面。优秀的企业家深谙此道，会不断地给组织设置新的挑战，驱使组织不断向前进步，绝不会让组织躺在舒适区而停滞不前。这也意味着，组织必须像水流一样，不断流淌，才能"流水不腐"。组织是动态的，组织的生命也在于运动和变化。

组织如何才能灵动起来呢？关键在于4点：首先组织规模要小，其次组织结构要扁平，再者组织的管理层要不断流动，最后组织的人才结构设计要宽带化。

规模要小

韩非子有一则滥竽充数的故事是这样的：[37]

齐宣王使人吹竽，必三百人。南郭处士请为王吹竽，宣王悦之，廪食以数百人。宣王死，湣王立，好一一听之，处士逃。

翻译成大白话就是：

齐宣王喜欢听人吹竽，每次吹的时候都是300人一起吹。不会吹竽的南郭先生请求给宣王吹竽，宣王很高兴，官府给他的待遇和那几百人一样。宣王死后，湣王继位，但他喜欢听一个一个独奏。于是，南郭先生只得逃走了。

这则故事在中国家喻户晓，其中揭示的道理是：南郭先生只会存在于大群体中，而绝不会单独存在或存在于小群体中。被誉为"大师中的大师"的查尔斯·汉迪（Charles Handy）曾说："当成员太多的时候，人们会觉得自己不再是一个群体，而是一群乌合之众，并进而分裂成较小的集合体。"[38] 人是社会性动物，生而喜欢成群结队，但通常喜欢结成小规模队伍。进化心理学家、人类学家罗宾·邓巴（Robin Dunbar）通过研究指出，在自然状态下，人们倾向于维持150人左右规模的群体关系，因而150又被称为邓巴数，是自然状态下群体规模的上限。一个宗族通常有150名成员。军队最小作战单位"连"通常约150人。在以生产创新产品著称的戈尔公司（W.L.Gore & Associates），当分支机构的员工人数超过150名时，戈尔公司会将他们一分为二，再设立一个新的办公室。

组织通常会成为个人稀释责任和努力的挡箭牌。当组织很小时，个体在组织中藏无可藏，每个人的努力都能被其他人看见，所以每个人都必须努力，否则自己就无法在组织中待下去。而当组织变大时，个体身上的标签逐渐地淹没在了茫茫人海之中。当个体感觉到他只是大海里的一朵浪花的时候，他通常也倾向于随波逐流，因为他知道他改变不了大海的涨落。所以，要让组织灵动，就必须得让组织保持足够小，让组织里每个人都被看见：被组织里的其他人看见，被管理层看见，也被客户看见。让他们每天都直面客户的痛点，直面自身的生与死。生命本身就是在逆水行舟，不进则退。安逸是死亡的代名词。

小才灵活，小才有创造力，小才美。大而臃肿，船大难调头。

美国很多创意，都源自地下车库里的少数几个人。惠普是这样的，苹果公司也是这样的。亚马逊时任CEO贝佐斯拒绝让组织变大，规定组织的规模必须不能超过2张披萨能喂饱的规模。

腾讯公司高级副总裁张小龙，打造了腾讯的微信产品，为腾讯带来了公司发展的第二春。微信项目是2010年11月正式启动的，最初的10个人是从QQ邮箱团队中分出来的。张小龙在2016年10月26日微信事业群管理团队领导力大会上，开篇就说明了他对微信团队不断变大的担忧：

我担忧的是，我们作为一个上千人的组织，如果把它当成10个150人团队的话，我认为它会有非常强的创造力。如果当成整体1500人，我特别担心它在创造的能力上会不会反而有一些衰退。

张小龙的这种担忧，来自他多年来的产品开发经验。2005年张小龙接手QQ邮箱时，QQ邮箱在中国的排名很靠后。在接手后的第一年，团队用了一些最"正统"的方法，先是研究竞争对手的产品、研究最领先的同类产品，尝试去学习。当时在邮箱领域做得最好的产品是微软的hotmail，团队的目标也是要做中国的hotmail。团队按照公司的科学研发流程开发了一年，也做了不少功能，结果却发现用户反而流失得更快。

用户吐槽 QQ 邮箱速度慢，操作烦琐，功能也没什么亮点。但团队却没有意识到问题的严重性，在向公司汇报时，依然有很多"亮点"功能。到 2006 年的时候，这一情况继续恶化，从而触发 QQ 邮箱团队开始思考这个危机，张小龙回忆说：[39]

我们要不让它死掉，要不重新找到一条出路。当时放手一搏，成立了一个很小的团队，大概 10 个人的团队：有几个后台开发，有几个前端的人员。人员非常精简，跟我们微信起步时非常类似。人员精简到什么地步呢？除后台以外，我们这些人坐到一起也就十来个座位。大概 2～3 人负责 web 开发，2～3 人负责产品，1～2 人负责 UI，还有 1～2 人负责测试，他们组成了我们定义的敏捷团队。

实际上，就这么小的一个团队在后面几年里面做的事情远远超过之前几十人的努力。这个小团队是怎么样工作的？这个小团队当时用了一个方法，叫敏捷项目管理。可能在座的一些同事都已经不太了解这个词了，但当时在腾讯挺鼓励用这样一种方法。我建议在座的如果没有好好研究过可以好好研究一下。我们真的做到了一种非常敏捷的项目推进方式。

不只是微信，世界上很多伟大的产品，都是十几个人的小团队做出来的。谷歌收购安卓时，安卓团队只有十几个人。Facebook 宣布以 190 亿美元收购 WhatsApp 时，WhatsApp 仅有 50 名员工。腾讯以 86 亿美元收购世界上最赚钱的游戏公司 Supercell 时，它的员工总数不超过 200 人。Supercell 的 CEO 埃卡·潘纳宁在被问及公司的工作方式时说：[40]

独特的企业文化让 Supercell 的成员凝聚在一起。Supercell 由几个人一组的若干独立团队构成，我们称这样的团队为"细胞"。这个称呼就出自本公司名称 Supercell。我相信对于游戏制作，应该由那些最接近玩家的人享有决策权，如此一来，个人开发者就有权对如何制作或修改自己的作品拿主意。这样做可以为游戏开发提速，并且让真正制作游戏的成员拥有主人翁意识。

我们是"小"文化的忠实信徒。小团队移动更快，在游戏开发流程中管理和官僚机构（的介入）更少，最终结果是开发者们更快乐，能够制作更优秀的游戏。

在游戏产业，很多公司对于游戏立项都有严格的管束流程。我们没有，因为我们不需要。在 Supercell，唯有两大实体掌握控制权：首先是开发团队——一旦游戏进入开发阶段，只有它自己才有权叫停。而当游戏进入测试期，权力就从开发团队过渡到了玩家。在这个时候，开发团队必须关注数据或指标，因为这决定着它的作品是否能够推向全球。

可以看到，这些组织的领导者都不约而同地在抵制组织变大的惯性，都在努力地保持组织的小和敏捷，以获取最大的灵动性和创造性。

组织规模要多小才算小呢？法约尔建议管理者直接管理的下属人数不超过 12 个。亚马逊创始人贝佐斯也将团队人数定义为 2 个披萨能喂饱的规模，即 6～10 人左右。著名的团队学者梅雷迪思·贝尔宾（Meredith Belbin）博士则认为，团队的最佳规模为 4～6 人，他还详细说明了团队人数为 4～10 人时的情形。[41]

- 4 人：我们是一个均衡的团队，我们很容易达成共识。
- 5 人：我们当中有一个人似乎总是跟团队格格不入。
- 6 人：达成共识需要花费更多的时间，但我们相信我们最终一定能达成共识。
- 7 人：有太多的个人贡献互相重合，白白浪费了。
- 8 人：大家都畅所欲言，但没有人在听。
- 9 人：我们需要有人负责掌控局面。
- 10 人：我们现在有一位领导，我们只能接受他的想法。

心理学家伊万·斯坦（Ivan D Steiner）曾分析过团队规模和团队生产力之间的关系，其结论是：随着团队规模的扩大，团队的实际生产力会先上升，后下降，呈倒 U 形关系，如图 7-1 所示。[42]

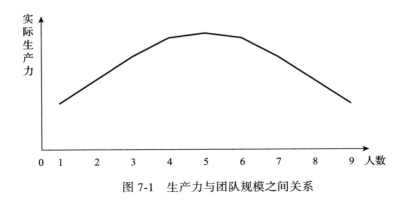

图 7-1　生产力与团队规模之间关系

从伊万·斯坦的这张图我们可以看出，团队的最佳规模以 5 人左右为宜，此后团队规模的扩大非但无益于生产力的提升，反而会有损生产力。英国进化心理学家、人类学家罗宾·邓巴则认为，当团队人数为 5 人时，团队成员可以形成最亲密的朋友和合作伙伴关系（"亲密圈"），而 "5" 也正好是人类对于计数的短期记忆的上限。邓巴研究还指出：[43]

- 15 人：可以深度信任的人数。
- 50 人：你视为好友的人数。
- 150 人：你的朋友数。
- 500 人：拥有点头之交的人数。
- 1500 人：能将名字和人脸对应起来的人数。

从上述这些研究者的研究成果来看，似乎团队人数控制在 5 人是最高效的。

结构要扁平

组织结构为什么一定要扁平呢？因为扁平才能快速决策，才不会有那么多管理链条上的汇报，让组织灵动而不臃肿，敏锐地捕捉到环境中的各种生存机遇，随机应变。

在成功的组织里，小和扁平似乎是一对矛盾。组织最初总是小的，小组织总是扁平的，但成功的小组织总会慢慢长大，而长大之后，出于管理的需要，如果要维持小团队，就会衍生出很多管理层级，导致组织不再扁平。在官僚组织中，拆开去看，任何一个管理者的管理范围，大多也只有6~8人，符合小团队的定义，然而，从一线员工到组织的最高决策者之间，通常隔有很多管理层级。中国古代军队编制，五人为一伍，五伍为一队，四队为一阵，五阵为一营，五营为一路，五路为一军。每个管理层级下都只有4~5个人，但一军总人数已达到12 500人，从一线士兵到军，中间隔了6层。一线员工的声音，要么传不到组织的最高决策者那里，要么传到组织的最高决策者那里时早已失真。

一般来说，信息在每层大概能有80%的保真度，这样信息在第一层能维持80%的真实性，在第二层能维持约60%的真实性，到第三层则就只剩下约50%的真实性了，第四层时则只剩下约40%的真实性，已经基本失真了。基于这一漏斗效应，组织的管理层级一般建议不超过3层。

一方面，组织要足够小；另一方面，组织又要足够扁平。这是否意味着，成功的组织只能永远保持小规模呢？成功的组织就永远不应该长大呢？如何化解组织扁平和组织规模这对矛盾？

星形组织

一种解决之道是建立像卫星一样的星形组织（见图7-2）。组织层级越接近一线，组织规模应该越小，以维持小团队运作模式，而在更偏顶层的组织里，无须遵循小团队管理模式。因为管理层级越高，管理人员越偏向于进行宏观管理，而宏观管理通常相对稳定且有更多规律可循，不用维持小团队管理模式。这世界总是大道至简，好比在宏观宇宙里，你可以精确地预测哈雷彗星在何时回归，而在微观世界里，你甚至很难预测下一秒粒子会出现在何处。越宏观，越简单；越微观，越繁复。上一个台阶看问题，看到的是化繁为简，高层应该将精力聚焦在关系公司生死的方向性问题上，而将具体的执行细节充分授权一线。

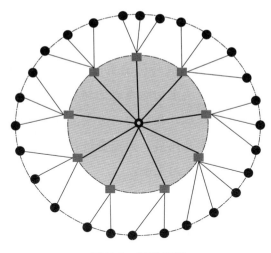

图 7-2　星形组织

妙佑模式

另一种解决之道是妙佑模式。

在医疗界，美国的妙佑诊所（Mayo Clinic）是人们心目中的圣地麦加。妙佑诊所由妙佑医生创建于1864年，最初以救治美国南北战争伤员为主。战后妙佑医生的两个儿子继承了诊所，把妙佑诊所建成了一个非营利机构。

2020年7月28日《美国新闻与世界报道》发布了美国最佳医院排行榜，在全美6000多所医疗机构的排名中，妙佑诊所位居榜首，这是妙佑诊所第五次荣登榜首了。在所有排名的16个临床科室中，妙佑诊所6个科室排名第一，2个科室排名第二，3个科室排名第三。妙佑诊所名列前茅的科室多于美国任何其他医疗机构。

妙佑诊所每年为来自全球136个国家和地区的超过130万病人提供最好的医疗服务，是全球公认的医疗终极目的地。

美国亚利桑那州妙佑诊所器官外科主任兼肝脏外科专家大卫·摩里根分享过一个故事：[44]

医院的一位肿瘤专家为一位得了肝脏转移性结肠癌的患者拍了一些片

子。之后，这位专家给我打了一个电话征求我对这些片子的看法。于是，我们坐在电脑屏幕前（对方专家在诊所，而我在医院），共同就那些片子分析该病例。随后，我与放射科医师讨论了他对这些图像细微差别的看法。根据商讨的意见，我们初步决定切除患者的转移病灶，不能切除的部分则实施射频消融术。以此为基础，我会为患者安置动脉内导管和化疗泵，以便那位肿瘤专家可以在手术几周后，为患者进行肝化疗，以降低肿瘤复发的概率，最大限度地延长病患的生命。

在这个案例中，涉及了肿瘤科、肝脏外科、放射科三个科室的协同努力。妙佑诊所和其他很多医院一样，也细分为多个专门科室。然而，与其他很多医院不同的是，妙佑采用的是团队医疗模式，就像上面这个案例所描述的那样。所谓团队医疗，就是针对一个患者的病情以团队合作的方式为患者诊断和治疗。一个人去妙佑诊所就诊时，医生会仔细认真地检查，当他认为有必要时，他会主动邀请其他专科医生加入进来，共同研究如何解决患者的问题。在妙佑诊所为患者提供服务的不只是一位医生，而是整个组织。通常情况下，为患者治疗的出诊医师负责与妙佑诊所内其他医生协调沟通，定制医疗护理方案。大多数妙佑诊所的患者只接受一位医生的治疗，而那位医生会与其他医生进行非正式协商确定诊断结果并定制治疗方案。根据患者的情况不同，外科医生、手术室护士、技术人员、受过专业训练的护士、营养学专家、理疗专家、社会工作者等都有可能加入这个团队。在对一位患者进行医疗护理之后，团队成员会重新组合，接着为其他患者提供医疗服务。一般情况下，到妙佑诊所寻求治疗的患者都是四处求医无法解决问题，最后才找到妙佑诊所就诊。因此妙佑诊所面临的疑难杂症比较多，只有以团队合作的医疗模式才可以应对疑难杂症。妙佑诊所的创始人威廉 J. 妙佑医生曾说："医学发展成为一门合作的科学已成必然趋势，为了患者的利益，医生、专家、实验工作者应共同联合协作，互相依赖支持，解决诊断和医治过程中随时发生的难题。"[45]

妙佑模式打破了传统各个科室之间的边界，直接围绕患者的病情进行灵活组队。在面向病人的界面上，妙佑诊所的组织是扁平的。

美军养用分离模式

美军从军种上，分为海军、陆军、空军、海军陆战队、国民警卫队及空天军 6 个军种，共同向美国国防部负责。各军种下按照军、师、旅、营、连、排、组等编制进行日常操练和管理。陆军有陆军的战术，空军有空军的打法，每个军种在技能操练上大不相同，因而分门别类地进行管理非常必要，这可以提升各个军种的专业水准。然而，可以想见的是，这种组织设置非常官僚化，导致决策链条拉得很长，战时会错失很多战机。

美军如何解决这一问题呢？

美军采用了军令和军政系统分开的做法。军种主建，陆、海、空等军种负责行政管理、部队建设、战备训练、兵役动员、武器采购、后勤等事务。在此之外，美军成立了参谋长联席会议，作为美军的军令系统。军区主战，负责实际战事。

军政系统机构庞大，以文职人员为主，实行多部门体制；军令系统机构精干，职能部门围绕作战设置，突出核心功能。美军把用兵系统中最关键的部分——联合作战司令部定义为"用户"，把养兵系统定义为"产品的生产者"，即部队的提供者。军政军令分开，养用分离，各取所长（见图 7-3）。

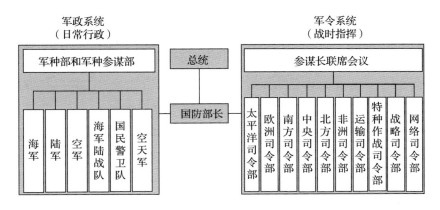

图 7-3　美军组织结构

美军这种方式，一方面保留了军队的传统组织层级，同时又确保了战时指挥系统的扁平化，是大型组织对抗过深组织层级的一种有效模式。

华为充分借鉴了美军的这一模式，在内部引入了项目型组织的概念。**2015 年，华为明确提出要"从以功能型组织为中心，向以项目型组织为中心转变"**。2016 年，华为轮值 CEO 郭平在新年致辞中提道："新的一年来了，我们将开始 5～10 年的改革——让听得到炮火的人能呼唤到炮火的改革，实施大平台支持精兵作战的战略，并逐步开始管理权和指挥权的分离。"他指出，"随着华为公司规模的扩大，未来的管理架构要能够给予支撑。过去 20 年，一直是集中式的管理模式，决策都是从总部发出，下面直接执行的。而面向未来，将出现越来越多的不确定性，可能不再是上面决策、下面执行，问题就可以得到解决的。新形势要求我们考虑去中心化，让各个层级承担更大的挑战，应对更多的风险，因此提出了大平台支持一线精兵作战"。

项目型组织围绕若干项目目标，横跨多个职能部门组成一个虚拟团队，项目有项目办公室，相当于美军的作战司令部，负责实际的调兵遣将，而职能部门则负责人员能力提升、团队建设、绩效考核、职级评定等行政类工作。这种养用分离的组织模式，既确保了员工有足够的专业纵深，可以持续地进行能力沉淀，做到技术过硬，同时也支持了围绕客户需求的灵活的项目攻坚，能打胜仗。

管理层要流动

很多公司都设计了人才流动机制，但主要针对的是普通员工，并没有针对管理层。而普通员工的自发流动，大多出于两个原因，一是受委屈了，二是想要更好的发展。但普通员工的流动，影响相对是有限的，它没有改变整个组织结构的静态属性。组织结构，主要指组织的管理结构。如果组织的管理层不流动起来，整个组织依然难以避免死水一潭的局面。

就像图 7-4 中所示的那样，位于金字塔底端的员工 A 从二级部门 1 下的三级部门 1 跳到了二级部门 3 下的三级部门 5，员工 B 则在二级部门 2 下，从三级部门 3 跳到了三级部门 4，但金字塔的上层建筑并没有发生任何变化，依然是原样稳固的金字塔。这样的组织事实上仅仅是在铁打的营盘上制造了流水的兵。

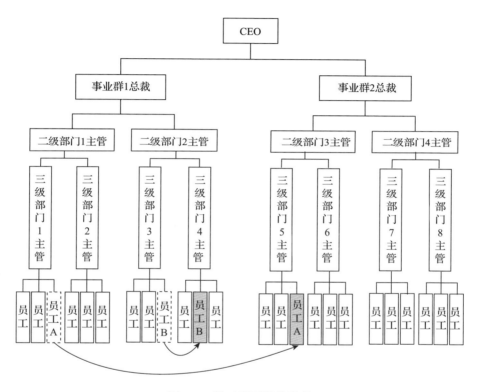

图 7-4　员工层面流动示意

真正要让组织流动起来，除了员工层面要保持一定的流动性，最根本的是要动上层建筑，让中高层管理层流动起来。例如图 7-5 的组织结构中，如果把二级部门 2 主管调到二级部门 3 任主管，那么就一定涉及对原二级部门 3 主管的处理，这个时候一个可能的途径是把原二级部门 3 主管降级为其下的三级部门 6 去任主管，而这又涉及对原三级部门 6 主管的处理，可能的处理途径是原三级部门 6 主管调往三级部门 7 任主管，而原三级部门 7 主管则做不胜任淘汰处理。这样，调动一个二级部门 2 主管，就涉及对另外 3 个主管的处理。高层主管通常是一个萝卜一个坑，萝卜一直占着坑，谁都没有填坑的机会，而一旦拔出高层主管这个萝卜，就会拔出萝卜带出泥，搅动一批管理者，盘活整个组织。什么叫兵熊熊一个，将熊熊一窝？这就叫兵熊熊一个，将熊熊一窝！管理者就是那将，员工就是那兵。不挪动将而只挪动兵，盘不活整个组织。

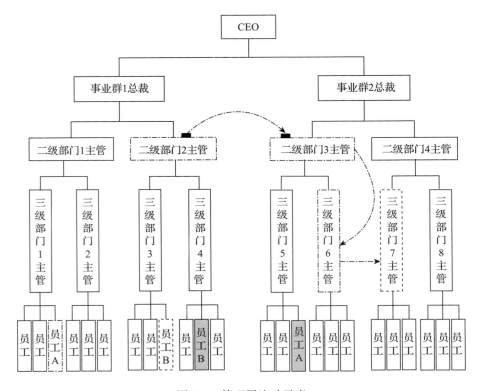

图 7-5　管理层流动示意

张小龙曾不无感慨地说："很多员工进到腾讯，他的潜质是不错的，但是他老在一个坑里，他是没有锻炼机会的，这样他的局限就会比较大。如果他的主管不是一个很有进取心的人，那他连学习的机会也都没有了。而如果这个主管很强，什么都拍好板想好主意了，那他就是执行一下。要把一个人从小白兔变成大灰狼，就要让他跳出舒适区，把他不断扔到新的丛林里面，让他为新的生存而奋斗。来回几次，他的生存能力自然就会变得很强。"他希望腾讯能多一些中高层管理者的流动,中高层动一个,通常就会涉及新的调兵遣将和断事用人,就会引出一大批人在组织内的流动,这种系统性的大流动会让整个组织充满生机,把越来越多的人从小白兔锻炼成大灰狼,让组织获得极强的生命力。

阿里巴巴非常擅长做组织大调整。每年的"双十一",是对阿里巴巴组织的一次大练兵,对组织的管理者也是一次大考,能否通过"双十一"拿到一个好的业绩至关重要。举例来说,如果CEO对当年的"双十一"表现不满意,负责牵头"双十一"的天猫总裁通常会在"双十一"结束后被调派到其他岗位,让新人来接手天猫。而如果天猫连续几年的表现都非常好,那么牵头"双十一"的天猫总裁也会获得相应的升迁。通常,阿里巴巴在每年"双十一"结束后,各个参与"双十一"的事业群都会做全面的复盘,以检验本事业群在这个过程中的得与失,然后也会对事业群本身的组织架构做出调整。阿里巴巴每年在集团层面至少会进行1~2次大的组织架构调整,各个事业群层面的组织架构调整则更加频繁。要想调整组织架构,就需要相应调整组织的管理者,阿里巴巴每年对中高层的主管的岗位调整比例不低于25%。这也就是说,最多4年,这个组织的管理层就会完成一次大换血。在阿里巴巴,很少出现一个管理者在同一岗位工作4年而不发生任何变动的情况。整个组织把"唯一不变的是变化"作为其核心价值观不断反复强调,上至CEO,下至一线员工,对变化的接受深入骨髓。

华为也制定了针对管理者的任期制。一个管理者,通常在一个岗位上工作3~5年,就会被调往其他岗位。华为把这种调动作为其干部发展的一个必经旅程。任何干部想要获得更好的发展,都必须不断地在各个岗位上历练自己,华为把这叫作之字形发展,而且,华为的这种任期制只针对中高层。华为倡导员工板凳要坐十年冷,但对管理者则实行严格的轮岗机制。从某种程度上来说,华为通过管理层的高速流动,弥补了员工层面流动性不足。华为不是铁打的营盘流水的兵,华为是铁打的营盘流水的将。和阿里巴巴一样,华为每年也至少会进行一次大的组织架构调整。管理者在接到公司的调岗通知后,必须无条件服从组织的调遣,不能讨价还价,没有任何商量的空间。华为的管理者在一个岗位上工作 3 年后,通常都会很清楚地意识到自己即将被调动,这种意识也深深地根植于管理者的心里。

华为和阿里巴巴自成立以来,一直保持着高昂的战斗力,和其管理层的流动机制有很大的关系。正是这一机制,让组织活性得以保持,避免了系统性僵化现象的出现。

宽带人才结构

做事的人在基层,做决策的人在高层,基层和高层之间的级差越大,表明高层离基层越远,基层的真实声音越难到达高层,高层越难把握一线的真实动态。其结果就是,基层那里已经危机重重,但高层那里看起来始终岁月静好。一个公司的人才结构如果设计得层级很多,会造成如下问题。

(1)**等级意识变强,沟通距离加大**。人才级别代表着其在组织中的身份和地位,如果人才层级很多,随着组织的发展,会有少量的人发展到很高的层级,这样当新员工加入这个组织时,他会发现他和这些高层级员工之间隔了很多层级,于是会心生畏惧,不敢沟通,从而导致组织内不能很顺畅地沟通,信息断层。

(2)**组织功利化**。层级的增多,通常意味着组织里的人会更频繁地晋升,于是,晋升会成为员工更频繁讨论的话题。"今年他晋升了,为什么我没能晋升?"像这样的话题会经常勾起员工对晋升的高频关注,这会让组织里的人变得浮躁和功利化,似乎工作的目的就是晋升,这是很危险的,会把员工内心本来的工作热情牵引到对晋升的关注上,工作似乎只是通向更高台阶的一个工具,从而大大削弱了其工作的价值感和意义感。

(3)**把人变成螺丝钉**。过多的人才层级,必然涉及对每个人才层级的人才标准的精细化定义,导致两个相邻人才层级的人才标准区分度变小。这相当于变相缩小了员工的工作范畴,把人变成了螺丝钉。例如,我是 1

级文员,公司 1 级文员的人才标准是能每天熟练地打上 1 万字。小张是 2 级文员,公司 2 级文员的人才标准是能对交办的文案稿进行初步整理和分类,并输出文案摘要。那么,在这样的人才层级定义之下,我作为 1 级文员,就会倾向于无脑地做一个打字员,每天打上 1 万字后就完事了,至于文案的整理、分类和输出文案摘要,那是作为 2 级文员的小张要做的事。而小张也会同样地想,我作为 2 级文员,打字工作是 1 级文员该做的事,我只负责整理、分类和输出文案摘要工作。就这样,我和小张都变成了螺丝钉,各自在流水线作业模式中只做那极其少量的工作。

(4)**降低组织的人才流动性**。人才通常只会向上流动和平级移动,很少向下移动。所有人都希望自己有更好的发展,能成功晋升,没有人会希望自己发展不好,被降级。而组织向上晋升的通道必然是会越走越窄的,这条向上的通道的流动性会越来越差,直至板结。平级岗位之间的流动性通常也不会很大。如果你在 A 岗位上工作了一两年,对 A 岗位的工作很熟练了,通常就会进入舒适区,大多数情况下,你不太愿意换去一个陌生的 B 岗位。当组织的人才层级设计得比较多时,同层级的人数就会变得较少,这会加剧平级岗位之间流动的困难度。我们不妨对照看一下宽带人才设计和窄带人才设计这两种情况。还是以上文的文员作为例子来讲:假设 A 公司采用的是窄带人才层级设计,B 公司采用的是宽带人才层级设计(见图 7-6)。

A 公司	
1 级	每天熟练打 1 万字
2 级	准确进行文案整理、分类和摘要输出

B 公司	
1 级	每天熟练打 1 万字,并能高效进行文案整理、分类和摘要输出

图 7-6 宽带人才层级设计与窄带人才层级设计对比

假如 A 公司和 B 公司都有 100 人,A 公司 80% 的员工在 1 级,20% 的员工在 2 级,B 公司的 100 人全部属于 1 级。这样,对 A 公司而言,它只有 80% 的员工可以在各部门间进行平级移动,而 B 公司由于 100 人都属于 1 级,因此它的 100 名员工都可以在各部门间进行平级移动。相比而言，B 公司获得了更好的人才流动性。

我们可以对照分析一下华为和阿里巴巴的人才层级（见图 7-7）。华为采用的是窄带人才层级模式，大部分应届毕业生进入华为时，人才层级被定位为 13 级，此后每 1~2 年可以晋升 1 级，直至 18 级以后。每个层级又被细分为 A、B、C 三档，例如 18A、18B、18C，每年晋升不能超过两档，相当于 2 年及以上才能晋升 1 级。大部分应届毕业生进入阿里巴巴时，层级被设定为 P5 层级，此后在 P7 以前，1~2 年可以晋升 1 次，到 P7 以后，晋升就取决于人才标准委员会对员工答辩的评定，通常从 P7 到 P8 需要 2~3 年甚至更长时间，P8 到 P9 也至少需要 3 年及以上的时间，再往上走就更难。

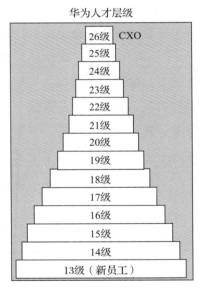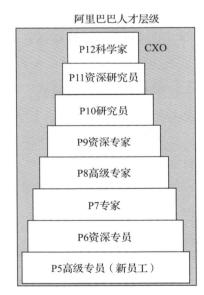

图 7-7　华为与阿里巴巴人才层级对比

从图 7-7 华为和阿里巴巴的人才层级对比可以看出，阿里巴巴的人才层级要少于华为。从新员工到资深副总裁，华为的级差是 13 级（13→26），而阿里巴巴的级差是 7 级（P5→P12），人才级差只有华为的 54%，也因此，阿里巴巴获得了比华为更强的人才流动性。华为的人才厚度会很厚，人员更容易螺丝钉化，但阿里巴巴的人才宽度会更宽。阿里巴巴由于人才层级相对更扁平，因此人与人之间的等级距离会更短。在阿里巴巴到一定层级以后，向上晋升需要实现重大突破，因此很多人3～5年内不会再次晋升，这样大家反而不会浮躁。而且阿里巴巴晋升并不会设置比例，而是用结果说话。如果你帮助组织实现了行业级影响力，那么你就应该到P9，如果你能实现从0到1的重大突破，那么你就可以到P10，这些标准是广而告之、人尽皆知、大家形成广泛共识的。大家会将精力放在如何帮助组织实现行业级影响力和实现重大突破上，而不会频繁地关注谁和谁又晋升了。没有功劳，即便你因为偶发因素晋升上去了，也会遭遇身边很多人的质疑。

第八章

组织的生物性：自组织实践

我在第四章概要介绍了组织的生物性，然后在第五至七章分别详细介绍了自组织的模式、结构和过程。自组织是有生命活力的组织形态。当我们在谈论自组织时，我们实际上是在组织的生物性层次谈论组织。越来越多的组织认识到了自组织的魔力，也开始在越来越多的公司里实践自组织。这其中最有名的，要数美国在线鞋类电商公司美捷步（Zappos）和电子游戏开发商维尔福（Valve）公司了。

不太成功的自组织实践：美捷步公司

美捷步成立于1998年，公司前任CEO谢家华非常重视管理。他发现，在公司创业之初，所有人工作都非常努力，对工作充满激情，也能乐在其中。但随着公司规模的不断增长，员工们，包括他自己，越来越不愿投入其中。这促使他不断思考如何更好地去改进。

为了让员工从加入到离开美捷步，每一天都能热情满满地去工作，谢家华投入了巨大的精力去催生美捷步的快乐文化。公司全体员工曾经一起进行了一场共创之旅，思考"作为一个美捷步人意味着什么"。共创输出了 10 个信条，它们最终成为美捷步的核心价值观。

（1）Deliver WOW Through Service.（通过服务带给客户惊喜。）

（2）Embrace and Drive Change.（接纳并促进变革。）

（3）Create Fun and a Little Weirdness.（创造有趣的和搞怪的东西。）

（4）Be Adventurous, Creative, and Open-Minded.（探险、创造、包容。）

（5）Pursue Growth and Learning.（追求成长与学习。）

（6）Build Open and Honest Relationships with Communication.（以凡事都可以沟通的态度和方式，维护开诚布公和相互信任的关系。）

（7）Build a Positive Team and Family Spirit.（建设一个积极向上的像家庭一样的团队。）

（8）Do More with Less.（花小钱办大事。）

（9）Be Passionate and Determined.（有激情并能坚持。）

（10）Be Humble.（谦卑处事与待人。）

这些内容对美捷步而言非常重要，公司的决策都是基于这些核心价值观做出的。美捷步在招聘时，会对每个人进行两类面试，一类是技术层面的面试，以确保申请人与所申请工作的匹配度，但每个人还要经过一类文化层面的面试，即便这个人在技术方面是最佳人选。比如，某人申请软件工程岗，他是一位大神级开发者，是一位可遇不可求的软件工程师，在技术上是完美人选，但如果在文化方面不太合适，他还是无法成为美捷步的一员，这足见美捷步对文化一致性的坚持。另外，公司还有相互评估流程，包含360度同事评估等，以确保员工能践行公司核心价值观。

到2014年，美捷步员工总数超过1500人，年收入超过20亿美元。那段时间公司成长突飞猛进，但也发生了一些变化。最明显的是，以前能快速做好的事情，如今却做不到了。公司似乎从一开始的一艘快艇，慢慢发展成了一艘巨型游轮。尽管仍在前进，业务仍在蓬勃发展，也能做出改变，但有些改变耗时太久，有时需要几个月以上的等待，才能让船改变航向。

管理层很想弄清楚怎样才能重回公司刚成立时的状态，以更好地捕捉机遇，实现组织的变革和进化。为此，美捷步踏上组织自我探索之旅，寻找可以帮助组织变得更为敏捷的方法。管理层当时受到几本书的启发，其中一本是《城市的胜利》，书中对城市的一些有趣的研究吸引了他们。

每当城市规模翻倍，人均生产力就会增长15%。

城市里发生的事物都是涌现式的，并没有一位统治者控制市民该做什么，但存在着复杂的分工和互动，最终让规模经济发生，并整体提高人们的产能。

为什么城市能在规模扩张的同时发展更快，组织却是完全不同的下场？每当组织规模翻倍，组织内人均生产力却通常会下降。企业该如何借鉴城市的发展模式，让业绩持续成长呢？美捷步决心通过导入合弄制来实现这一点。2015年，美捷步宣布正式采用合弄制。

合弄制是什么

合弄制是英文单词holacracy的谐音，是一种分散管理和组织治理的方法。在合弄制下，决策权分布在团队的各个层级，而不是归属于管理层级。作为一种组织运行的新方法，合弄制通过去除管理层进行权力下放，明确各职位角色的责任和对其的期望，使其自动执行流程。

这种模式遵循两大要素：①**分布式权限**，即人们有机会改变组织结构，进行人员调整。②**自我组织**，即在不妨碍他人领域的情况下，每个人都有权决定自己的行动。

相较于传统组织结构，合弄制模式有以下五个创新。

1. "角色"替代职位（Roles instead of job descriptions）

传统组织中，事先设定好的头衔和职位描述界定了组织里每个人的工作范围。合弄制并不这么做，合弄制模式关注的是"角色"。这就像影视剧一样，你可以在某一集中是主角，在另外一集中则成为配角，究竟是主角还是配角，取决于影视剧剧情发展的需要。角色来自组织内部的工作，而不局限于单个个体。在不同任务中，人们充当不同的角色，一个人还可能同时担任多个角色。换言之，角色会根据工作需要随时变化，具有流动性。合弄制希望组织里的人都能"招之即来，来之即战"。

2. "圈子"替代部门（Circle structure instead of departments）

传统组织按照等级模式构建，由领导进行任务分配和工作统筹。

合弄制模式则为圆形结构，由一个个"圈子"组成。圈子是角色的集合，每个圈子都有自我组织的能力，并进行民主决策。

3. "快速迭代"替代"规模重组"（Rapid iterations replace big re-organizations）

传统组织依靠大规模的组织架构调整实现组织的更新换代，每调整一次都伤筋动骨。

合弄制模式则提倡"快速迭代"，由每个圈子按照各自项目的需要定期更新迭代和自我组织。有仗可打时组成圈子，无仗可打时则自行解散，也就是说，是一场场的仗成就着圈子的存续。

4. 定期召开会议，分配角色和权力（Regular meetings to distribute roles and authority）

传统组织里，决策权掌握在管理层手中。

合弄制模式专注于"综合决策"。人们能够自我组织和调整，而不需要征求上级的意见。为了实现这一点，每个圈子内都会组织战略性的、运营性的和治理性的会议。在这些会议期间，员工会聚集在一起讨论战略问题、运营问题和治理问题，并重新分配当前项目权力。

5. **用"透明化规则"杜绝"办公室政治"及进行日常关系维护（Transparency instead of office politics and constant relationship building）**

传统组织里，管理层往往依靠信息差进行管理。

合弄制提倡信息的公开透明，每个人都要遵循一套透明的规则，杜绝小道消息满天飞的情况。

导入合弄制有哪些优势

1. 更容易跨领域工作和学习

经历大约1年半到2年时间，美捷步从传统的科层制管理，变成完全的合弄制模式。合弄制带来最大、最有影响的变化之一是人们可以跨领域工作，承担多个使命。员工的工作内容会随着圈子结构的调整而动态变化。这种组织模式让美捷步能做出很厉害的事情，让有趣的动态变化在公司涌现。

2. 权力模式转化成更扁平的结构，内部交流更自由

传统组织中会有管理层级，存在管理者－下属层级结构，但在合弄制下，一切都颠倒过来了。在某个圈子中是你领导我做事，但在另一个圈子里，则可能是我领导你做事，这是一种非常有趣的权力模式变化，组织因而变得更扁平，不存在严格的上下级，组织里的交流也更自由和顺畅。

3. 加速创新

合弄制带来的另一个好处是创新。在传统组织里，上层说一声"不"，就可以毙掉一件事，但美捷步想成为只需说一声"行"就可以启动一件事的组织。

"美捷步自适应圈子"的成立始于一通电话。一位客户想给孙子买一双鞋,但他的小孙子不会系鞋带。在深入了解这位客户的需求后,美捷步员工意识到还有很多人在日常穿衣戴帽时面临着类似的困难。所以他们决定成立一个圈子,研发"自适应服装",让身体有残疾或身体受损的人,能在很短时间内准确地穿戴整齐。美捷步希望帮助孩子和其他有特殊需要的人,无论是坐轮椅的人、自闭症患者、唐氏综合征患者还是关节有问题的人,都能独立自主穿衣,因此他们把服装设计成正反都可以穿的样式,并取消了衣服上的标签。

自适应产品将彻底改变全美 1500 万个残障人士的穿戴体验,这是一群被主流设计师和零售商忽略的人群。这还只是开始,他们还在努力增加更多创新型服装和鞋类产品。

类似的案例还有很多,这些都是合弄制给公司所带来的好处。

实行合弄制的组织内部没有头衔、没有经理、没有科层,决策的权力分散到组织基层员工手中。取消经理之后,过去的管理职能和业务职能由一些称为圈子的任务团队来承担,但在公司层面不会再有经理们负责集权化的管理。

圈子成员通常不会只专属于一个圈子,他们会同时加入多个圈子,在美捷步每人平均会加入 7~8 个圈子。因为掌握的专业能力不同,他们在不同圈子里面的角色也就不同。圈子的领导者们则出自员工的选举。美捷步在 2015 年就已经设立了 460 个圈子,包含 4700 个不同的角色。所有的圈子都是基于公司业务需要而建的,可以随时建立,也可以随时终止。

这样的设计有助于让员工的领导力得到发挥,特别是低年资的员工。但这自然也会在公司内部导致一些混乱。比如有些员工未能加入任何一个圈子,公司就要设立一个"去海滩放空"的机制,让这些员工进入为期两周的再就业培训状态。在这段时间内,他们可以写日志、参加研讨会、接受性格分析等,重塑角色以找到合适的位置。

传统组织架构与美捷步组织架构,如图 8-1 所示。

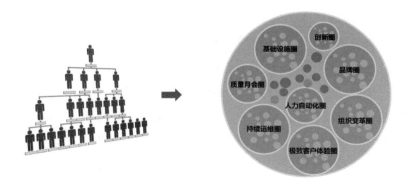

图 8-1 传统组织架构与美捷步组织架构

合弄制的结局

不过，谢家华可能低估了合弄制的难度。在采用合弄制模式后，美捷步的员工离职率达到惊人的 29%。如此大规模的人员离职不可能对企业没有显著的冲击。经过三年实验，谢家华于 2018 年不得不宣布放弃合弄制方式。这一消息在管理圈内曾经引起过很大轰动，因为美捷步一直被视为合弄制的典范。当然，美捷步不是第一家放弃合弄制的企业，推特（Twitter）创始人创办的 Medium 也试行过合弄制，后由于结果不佳，已于 2016 年宣布停止。

在国内，一度也有不少企业，例如乌丫、青年志、游奇网络等中小企业轰轰烈烈地施行过合弄制，但大多没能坚持下来，也很少看到真正的效果。究其原因，我认为是很多企业只在表象层面施行了合弄制，却未能看到自组织的本质。

如第五至七章所述，自组织的本质包含三个方面：模式、结构和过程。从这三方面去审视合弄制会发现：

（1）在模式上，自组织必须是自创生的网络，内部遵循网络协同模式。在这点上，合弄制是吻合的，圈子内是高度协同的小网络。

（2）在结构上，自组织必须是耗散结构，耗散结构要遵循开放、远离平衡态和自催化三要素。合弄制把组织划分成一个个小圈子，圈子内高度协同，圈子间少有联动，没能形成更大层面的开放。合弄制下，大家的压力指数相对变低，不是在远离舒适区，而是在趋近圈子的舒适区。但合弄制在自我催化这个维度，发掘了很多好的做法，比如强调圈子内的群策群力和火花碰撞。即便如此，由于合弄制不满足耗散结构三要素的开放和远离平衡态这两个要素，因此它注定无法发展为耗散结构。

（3）在过程上，自组织必须足够灵动。采取合弄制的组织，大多有厚厚的章程，相当于设置了过多规则，这与其宣称赋予员工更大的自主权相矛盾，最终导致做事效率低下，对外部事件难以快速响应，这不符合自组织过程灵动性要求。

所以，综合来看，合弄制非常类似自组织，却不是彻底的自组织，试图通过合弄制提升组织活力的企业，极可能会失败。

比较成功的自组织实践：维尔福公司

美捷步的自组织实践是失败的，但维尔福公司的自组织实践却非常成功。维尔福是一家电子游戏公司，1996 年由两个微软离职员工创立。它发行过很多极具影响力的游戏作品，其中最知名的要数《反恐精英》了，这是全球多年来非常流行的第一视角射击游戏。维尔福的独特性不仅在于它是全球顶尖的游戏开发商，拥有 PC 游戏最大的数字分发平台 Steam（功能类似 iTunes，2019 年活跃用户数达到 9500 万个），还在于它具有独特的、16 年未曾改变的创新文化：**不设包括 CEO 在内的任何职位，没有职位升迁，人人给其他同事投票进行排名以决定其薪酬，人人参与招聘与解聘，组织扁平到极致。**

维尔福有一本《新员工手册》广为流传，其中体现了维尔福的很多管理理念。

这是一家网状组织

维尔福的组织结构极度扁平。维尔福在其《新员工手册》中这样描述公司对扁平的向往：

等级制度有利于维持一家企业的预见性和可重复性。它能简化计划流程并使得从上至下管理一大群人来得更轻松，这就是为什么军队会如此重视和强调这一制度。

但如果你是一家花了10多年来寻觅世界上最聪明、最具创造力和才华的人的娱乐公司，却让这些人坐在办公桌前对你言听计从，那就等同于抹去了他们99%的价值。我们需要的是革新者，因此就要为他们创造施展才华的舞台。

所以，在维尔福大家是平等的。当然，这并不是说我们没有任何管理体制，也不能说你不需要向任何人"汇报"。我们有创始人，有总裁，但哪怕是他也不能成为你的管理者。这个公司的方向由你来把控——向着机遇前进并避开风险。你有着给项目开绿灯的权力，你也有发售产品的权力。

《新员工手册》还附上了一张维尔福的5种典型组织结构示意图（见图8-2），不管是哪一种组织结构，维尔福看上去都不是一个层级式组织。

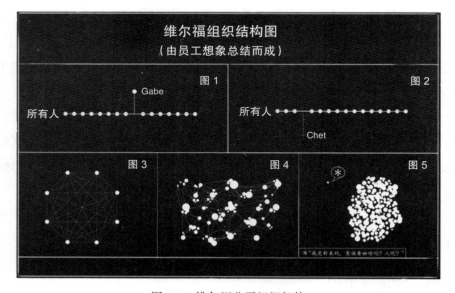

图8-2　维尔福公司组织架构

注：Gabe是总裁，Chet是维尔福的元老。

这是一家动态组织

维尔福鼓励员工在公司内任意流动,仗在哪儿打,兵就在哪儿。为此,维尔福还给每个员工的办公桌装上了轮子,让他们真正可以实现流动办公。《新员工手册》里是这样提醒新员工的:

你的办公桌为什么要有轮子?

请把这些轮子当作象征性的提醒物,提醒你时刻都要思索如何才能让自己更有价值。但同时你也要把这些轮子当真轮子看,因为它们就是轮子,当你需要移动办公桌时,你会用得着它们。

你会注意到同事们经常搬来搬去,有时候整个团队都要移动桌子坐得更近一些。不会有组织架构方面的障碍来影响你与他人的亲密沟通以及你与他们的互帮互助。

实际上,公司里每个人都在不断地搬家,致使在公司里找人成了一个问题。这就是为什么在我们的内网有这么一个地址:http:user(网址略)。你的机器插的地方就标明了你目前的位置,于是我们就能在内网上找到你。

这种方式是不是很独特?这可能也是我所知的,全球唯一一家真正实现员工层面流动办公的公司。员工每天都可能在公司的不同办公位上工作,这是真正的动态组织。

这是一家开放组织

为了释放员工的创新活力,谷歌给员工 20% 的自由时间去做他想做的任何项目。但维尔福比谷歌更进一步,它的员工可以 100% 地把时间用在他感兴趣的任何项目上。《新员工手册》中是这么说的:

由于在维尔福人人是平等的,大家不会因被指定到哪个项目才去做哪个项目,而是在问了自己一个正确的问题后(稍后详解),自己决定想做什么才去做什么。员工可以对自认为垃圾的项目表示不满和反对,而对于他们从中看得到价值的好项目，他们就会积极自由组队，也就是说公司的"内部招募"总是随处可见的。

既然你能在这里工作，说明你的能力已经得到了肯定。人们会拉你去做他们的项目，而且会努力劝说你加入。当然，决定还是由你自己做。（事实上，多数情况下，能有一个人告诉你该干什么都已经是一种美好的奢望。）

员工可以选择加入他感兴趣的任何项目，也可以对任何他不感兴趣的项目说不。即使下命令的人是公司的创始人，员工同样可以不用理睬。在维尔福，最重要的是基于价值去做判断，而非基于职位或资历去做判断。

（当有人叫你去做 X 项目时）如果你觉得已被他说服，不要忘了你自己的目标。拉更多人来一起探讨，注意倾听。注意，任何人都没有"权威"来左右你自己的决定。是的，他们没有权威，但或许他们会有一些有价值的经验值得吸取，他们可能有你还没有掌握到的信息，或是对你来说全新的看法。在讨论出结果前，你是唯一能左右自己想法的人，你来做主。你所服务的是维尔福的客户，你只做对他们有益的事情。

我们从来都是这么做决定的：等有人确定自己的某个决定是正确的之后，让他去组织更多的人来一起干。我们信任每一个做出决定的人，而这种相互信任早已在一次又一次的成功中被充分证明是有丰厚回报的。

这是一家自催化组织

维尔福强调给员工"合适的薪资"：

维尔福的目标是给予你"合适"的薪资，我们给予新进员工的薪资是具有弹性的，我们听取他们对薪资的需求，并且为他们做我们所能做到的。随着时间推移，员工薪资会基于同事之间的价值评估调整。这就是我们所谓"合适的薪资"，给予员工他们所值得的（尽可能采纳同事的意见）。

每一个项目或产品小组都会被要求对自己的成员进行分级，等级的区分基于如下几个维度。

（1）**技术等级/能力**：你所解决问题的困难度与价值如何？你解决了哪些重大问题？你是否具有解决特定领域问题的独特能力？（在公司里或整个产业里）具有美术、设计、写作或音乐方面的贡献？

（2）**生产力/输出**：你完成了多少可以发布的（不全部是发布给客户的）、有价值的工作？加班通常意味着你的工作比较低效。维持工作与生活之间的良好平衡会更有价值，所以你要有效地利用你在办公室的时间而不是疯狂加班。

（3）**团队贡献**：你对工作室的组织能力有多大贡献？招募人员、帮助新人融入团队、协助团队同事提升能力、改善工作流程，或者编写能供他人使用的工具，都是在为组织能力做贡献。成为团队贡献者即表示你在个人贡献与团队贡献上做了取舍。站出来成为领导者的角色对你的团队贡献分数会颇有帮助，但成为一个领导者并不影响或保证你得到更高的等级，这不过是人们不时会担任的角色。

（4）**产品贡献**：你贡献了多少超出你核心技能的价值？你对产品的贡献如何？你在战略级产品上做了多少推进？你是否擅长预测客户对我们计划的反应？

维尔福选择给予员工优厚的待遇，尽可能解除员工在待遇方面的顾虑，确保他们在基于兴趣做事。同时，员工对组织的所有贡献都会被组织记住，给予公平的回报。维尔福尽可能地将外在的物质回报放到了"幕后"，而不希望它们成为诱使员工工作的动力。换言之，维尔福不希望用它的外在激励侵蚀员工的内在兴趣，而内在兴趣是非常重要的自催化剂。

另外，维尔福把招聘列为公司的头等大事，宁肯错过三千，也不错招一人。维尔福在其《新员工手册》里写道："世界上最重要的事情莫过于招聘了——无一出其左右，甚至比呼吸还重要。因此当你在负责招聘——参与一轮面试或改进招聘内容时，你手头上干的其他一切都是无关紧要的，应该立刻抛之脑后！"为此还配了一张图（见图8-3）来形象说明招聘的重要性。

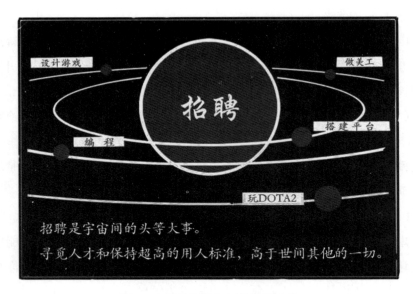

图 8-3　招聘在维尔福公司的地位

维尔福实施全员招聘制度，一个员工要进入一个团队需要经过全团队所有成员的面试。维尔福更喜欢 T 形人才，即既是全能选手（在有价值的方面涉猎极广——T 形图的顶端），同时也是专家（尤其擅长在某一特殊领域工作——T 形图的那根垂线）。"这一标准对于在维尔福获得成功至关重要。我们通常会淘汰那些仅有全才或仅有专长的人。一个局限在自己专精范围内的人是很难与之协作的，而一个无所不知的全能者也很难在某一方面有突出表现，这样的话作为一个个体的贡献就不会很高。"由于维尔福实施的是极度开放和自由式的管理，因此选人确实对维尔福至关重要。这就像人体组织一样，在进行器官移植时，必须审慎选择那些不会导致人体产生排斥反应的器官进行移植，一旦选择错误，这对人体将是灾难性的。维尔福遵循的也正是这个逻辑，让员工选择员工，确保团队是一群志同道合的人，这样团队成员之间更容易彼此信赖，发生化学反应，产生自催化效果。

维尔福的不足

从上面的分析你大概可以看出，维尔福基本上可以算作一家成功的自组织。但如果按我前面分析的标准，自组织需要：

（1）在模式上是一个网状组织。

（2）在结构上是一个远离平衡态的开放组织。

（3）在过程上是一个动态组织。

维尔福确实是一个网状组织，在这点上它做得相当棒，可以得满分。

在结构上，维尔福的团队非常开放，也鼓励员工在公司内随意流动，在内部开放性上维尔福做得很好。维尔福在员工自催化性上也做得很好，鼓励员工即便在薪酬的话题上也能坦诚地提出自己的建议，内部沟通氛围很平等。但维尔福过于聚焦内部产品的制作，对外部用户的关注度不够，对粉丝的声音经常无动于衷。维尔福需要加强对外部的开放性。另外，维尔福极度民主的管理方式，导致员工的压力不够，比较容易进入舒适区，也即，维尔福在促使组织远离平衡态（舒适区）这点上做得相对糟糕，如果有老员工经常摸鱼，公司需要花很长时间才会发现。整体而言，满分100分的话，维尔福在结构维度得分为60分，刚刚及格。

维尔福也是一个动态组织，员工可以随意流动，没有组织架构的限制，这点它也做得很好，可以得满分。

维尔福如果能引入用户视角，更加注重用户的反馈，通过用户侧形成压力传导，给员工以足够的压力，帮助员工远离平衡态（舒适区），那么维尔福将不仅具备极佳的创新力，还具备极强的执行力，将是一个更为优秀的自组织。

第九章

组织的心理性:组织心智

提到华为,绝大多数人首先想到的会是华为的狼性:这家公司充斥着大量严明的纪律,需要的是钢铁般的意志和坚决的执行力。而提到阿里巴巴,绝大多数人都认为阿里巴巴是一个江湖,里面门派众多……诚然,这些刻板印象并不是这些公司真正的画像,但某种程度上反映的却是人们对这些组织的心理认知。"成员加入某个群体一段时间后,会改变其对世界的看法。通过成员之间的互动,这个群体发展出共享的世界观。"46

当我从学校毕业正式加入华为后,对华为有了更深刻的认知。华为是一家高科技公司,员工以理工科背景居多。理工科学生长于动手做事,不善夸夸其谈,上面要求做什么,大家就一股子劲埋头做出来，其他也不会多想。华为创始人任正非更是一个铮铮汉子，过往的军旅生涯练就了他的硬汉风格。凡事不干则已，要干就一定会克服各种艰难险阻。华为管理里充满了军事术语。比如，关于如何创新，任正非有一段经典的话是这么说的：[47]

对于前沿科学，研发实行先"开一枪""让子弹飞一会"；看到线索再"打一炮"，只需要小范围研究讨论就能决定；如果攻"城墙口"需要投入"范弗里特弹药量（意指不计成本地投入庞大的弹药量进行密集轰炸）"，由高层集体决策。

在总结华为如何实现技术领先时，任正非如是说：[48]

华为还是要踏踏实实继续做学问，过去的30年，我们从几十人对准一个"城墙口"冲锋，到几百人、几千人、几万人，再到18万人，都是对准同一个"城墙口"冲锋，攻打这个"城墙口"的"炮弹"已经增加到每年150亿~200亿美元，全世界很少有上市公司敢于像我们这样对同一个"城墙口"进行投入，要相信我们领导行业的能力。我们有的研究所已经在单点上突破，领先世界了，要继续在单点突破的基础上，在同方向上多点突破，并逐步横向拉通，在未来三五年内，我们是有信心保持竞争力的。

任正非在2014年第四季度区域总裁会议上有过一段讲话，后来这次讲话被华为总裁办以标题为《遍地英雄下夕烟，六亿神州尽舜尧》的电邮发给了公司全员学习，其中也有这么一段：[49]

第一，为什么不可以让英雄走向将军之路呢？自古以来，英雄都是班长以下的战士。那么英雄将来的出路是什么呢？要善于学习，扩大视野，提升自己的能力。不仅要产粮食，而且要把"五个一"工程提前完成。然后，我们把他们送去需要的地方奋斗，我们暂且叫他们"准将"，准备当将军。准将并不是高于大校的职位，而是准备当将军的士兵。因为艰难环境考验了你，你是英雄。如果只是发个奖章戴着，还只是奖章，如果我们给英雄赋能，就会不同。

　　从这几段话中你可以感受到浓浓的军旅味道。这些充满军旅味道的讲话，把管理干部和员工带到了一个战争场景，久而久之，所有员工在身份认同上，会把自己定位成一个战士、一个英雄、一个将军。这就是华为人在华为多年发展历程中所逐渐形成的组织心智。华为会把公司领导人的重要讲话，以正式电邮文件的形式发给公司全员学习，并要求逐级组织学习和输出学习心得，这种学习方式正是源自部队，能确保公司重要文件快速触达每一个员工。

　　阿里巴巴呢？阿里巴巴赋予了管理者非常大的权力，公司内部也少有流程和制度的制约。必然会出现的是，有些领导为人正直，有些领导工于心计，因此，在这里，你是否跟对领导就显得很关键，找到一个适合你风格的领导，你就能在这里有很好的发展。无怪乎外部有很多人说，阿里巴巴是一个江湖。江湖是什么？江湖就是分门分派，物以类聚，人以群分。有人的地方就有江湖。阿里巴巴容忍多样化，提倡员工做真实的自己，认为只有做回原本的自己，才能最大限度地释放自己的能量，而不用耗费脑力、心力去隐藏自己，去刻意表演自己"美好"的一面给他人看。每个人都会有自己的秉性，也会有自己的喜好。江湖效应是人之常情，人生而有之，这是一种自然的社会现象。阿里巴巴没有选择磨灭这种自然属性，而是选择顺应它和更好地利用它合理的一面，这是很多其他公司没有意识到，也做不到的一点。

　　阿里巴巴的管理者上台讲话，不会只有歌功颂德和展现成功的一面，而是既讲成功和光辉，也讲失败和不堪。他们不会刻意去包装自己的形象，让你觉得真实和有烟火气息。阿里巴巴前CPO彭蕾在一次面向内部HR的分享时说："如果我今天讲的东西大家没有听明白，那不是大家的问题，而是我的问题，是我自己没有给大家讲明白。"阿里巴巴组织文化部会把公司核心管理者的讲话整理出来放到内网平台上，但发出的讲话没那么严谨，也很少会做二次修饰，几乎就是领导人在台上讲话的现场版。读华为领导人内部讲话，只能读到公司想传递的那部分内容，过程性的内容是缺失的，但你读阿里巴巴领导人的内部讲话，完全重现了整个讲话内容和场景，如身临其境。这也再次体现了阿里巴巴文化"真实"的一面。

有时，阿里巴巴文化过于真实。曾经在我所在的事业群，存在着一个员工自发组织的八卦群，专打听各类小道消息。这个八卦群定了一个规则：只收员工，不收管理者。一旦群成员变成管理者，他们就会把他踢出群。出于好奇，一个 HR 试图潜入这个八卦群了解他们平常都是怎么收集信息的，但多种尝试，却一直未能入群，最后只得作罢。阿里巴巴并没有要求员工解散这样的八卦群，而是允许其存在，这是员工组织生活的一部分。从这一点来说，华为的组织心智是公司所希望的正式的组织心智，试图消灭非正式的组织心智，但阿里巴巴却充满着大量非正式的组织心智，公司在构建正式的组织心智时，通常也会顺应非正式组织心智的需要。

组织心智会给新进入企业的员工以强烈的心理暗示，促使他们去重新定位自我在组织中的新形象。所有人都知道，军人以服从命令为天职，所以当你进入一家军旅气息很浓烈的企业时，你自然也会注重这一点，重塑自己的社会定位。而在武侠世界里，行走江湖靠的是正气、侠气和义气，所以当你跨入一家武侠气息很浓烈的企业时，你自会把自己定位成一个小侠或大侠，试图去行侠仗义。

所以，个人有个人心智，组织有组织心智。个人心智一半源于遗传，一半源于长期生活的环境。所谓一方水土养一方人，说的正是这个道理。正如我们都相信原生家庭对一个人的一生有重要的影响一样，原生工作对一个人的一生职业心理也有着重要影响。每个人身上都流淌着他第一份工作的职业血液。你的第一份工作是工程师，此后无论你是做销售，还是做 HR，你都逃不开你的工程师思维，凡事严谨讲逻辑，注重追寻问题背后的运作机理。你的第一份工作是销售，你身上就会有敏感的商业直觉，此后无论你做什么工作，你都会试图从中找出它的盈利点。个人出身不能决定个人命运，但个人出身是形成个人心智的重要因子。同样，个人第一份职业也不能决定个人此后的成就，但个人此后职业生涯中最浓墨重彩的一笔，一定是第一份职业书写的。任正非的第一个职业身份是军人，所以他在创办华为之后，把战争思维带到了华为，华为内部充斥着各种会战、作战室、战略预备队。马云的第一份工作是教书，所以他在阿里巴巴内部非常注重人才的培养，从阿里巴巴管理舞台退出之后，他依旧花了不少时间在探索教育事业上。马化腾的第一份工作，是产品化他在读大学时写的第一个股票软件，这也为他攫取了第一桶金。他把这种对产品的极致追求带到了腾讯，腾讯的成功源于产品的成功，腾讯的产品基因正是马化腾注入的。沿着这样的线索，你就不难理解组织心智的形成机理了（见图 9-1）。

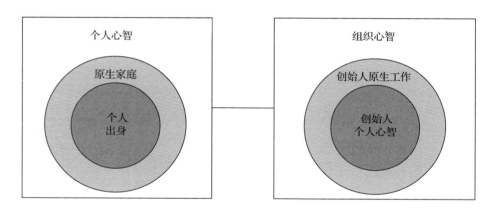

图 9-1　个人心智与组织心智

组织引喻的提出者加雷斯·摩根（Gareth Morgan）曾分析过科学管理之父泰勒何以创立科学管理思想：[50]

泰勒是在一个富裕的清教徒家庭中成长起来的。家中一向强调工作、纪律、整洁以及控制情绪的能力。从那时起，泰勒就感到了控制的必要性，成了一个要自己掌握生活方方面面的人，甚至当他睡觉的时候，也要在床上用两根竹竿挂起一块帆布，以保持自己头部凉爽，免做噩梦。

他把自己的这些信念也带到了对组织问题的处理方法中，这些方法碰巧符合了那个时代的状况，并且在很多年里都极具影响。我们在某些方面可能都深陷在自己的过去和那些反映童年时期情况的组织模型中不能自拔。

在理解了泰勒的原生家庭之后，你就能更好地理解泰勒的科学管理思想。所以，组织心智，本质上是组织创始人个人心智的延展，它深深地打上了创始人原生工作的烙印。

典型组织心智

组织心智源于组织创始人的个人心智，而个人心智又极其多样化。但即便如此，我们仍能在这千变万化的组织心智中找到一些共性。

企业创始人在创建企业时，一些人志向高远，或着力打造清洁能源，或致力于让人类长寿，或帮助人类征服火星；也有一些人立足当下，并没有想得特别长远，只是为了脚踏实地一步步走下去和活下去。这两类人都很多，在数量上很难说谁占多数。创始人的这种价值取向，事实上会成为企业的战略取向，是理想主义倾向，还是现实主义倾向。

当把上述两种取向放到横轴和纵轴上看时，会得到四种不同的组织心智类型（见图 9-2）。

集体现实主义

在集体现实主义心智下，组织是一个集体，进入组织后，个性必须被隐藏起来，个人必须按照组织所期待的形象去展现自己的言行举止。例如，华为在前 20 年要求所有新员工必须参加军训，以锻造他们坚毅的人格品质和铁血执行力。还有一些组织，比如富士康、IBM，会要求员工上班时统一着装，富士康希望用统一的着装彰显公司的统一管理，而 IBM 希望用统一的着装体现公司的职业化。在持有集体现实主义心智的组织里，如果一个员工在团队里表现得很有自己的个人想法，就会显得很不合群，大家会用异样的眼光看他，而主管也会视这样的员工为"刺头"。在这样的组织里，组织更希望使用的，是员工的双手，而非大脑。

```
                           集体主义
                             ↑
         集体现实主义          │          集体理想主义
   特点：①组织中的人是去个性    │    特点：①组织中的人是去个性
   化的，团队利益大于个人利益；  │    化的，团队利益大于个人利益；
   ②依赖流程、制度确保工作推    │    ②依赖流程、制度确保工作推
   进；③人与人之间公事公办，    │    进；③人与人之间公事公办，
   较少发展私人情感；④组织注    │    较少发展私人情感；④组织制
   重实效，追求当期成功，较少    │    定有长远目标，立意解决重大
   谈理想                     │    人类问题
   典型组织：华为、富士康      │    典型组织：亚马逊、特斯拉
现实主义 ←─────────────────────┼─────────────────────→ 理想主义
   特点：①组织中的人有鲜明的    │    特点：①组织中的人有鲜明的
   个性，尊重人性；②内部流程    │    个性，尊重人性；②内部流程
   较少，更多依赖组织成员间的    │    较少，更多依赖组织成员间的
   协同去推进工作；③人与人之    │    协同去推进工作；③人与人之
   间的关系更多的是利益交换关    │    间通常会发展出除工作以外的
   系，较难发展出除工作以外的    │    私人情谊；④立意长远，做事
   私人情谊；④追求个人层面的    │    更多的是基于价值和意义驱动
   回报、晋升与发展等外在收益    │    典型组织：阿里巴巴、谷歌
   典型组织：网飞、字节跳动     │
         个人现实主义          │          个人理想主义
                             ↓
                           个人主义
```

图 9-2 四种不同的组织心智

集体现实主义心智的组织里，设有严格的标准和流程去规范员工的行为，防止员工逾矩。工作是基于流程，像流水线一样级联、依次进行的，一个团队只负责完成其中一道工序，依次交给另一个团队进行后续工作。当组织发现一处协同不顺时，通常的解决之道是再追加一个新的流程。于是，随着时间的流逝，组织中的流程日渐增多，直到再也走不动为止。

在集体现实主义心智下，由于每个人都是按组织所期待的形象在表演，就像戴上了一副面具，你不知道其真实的一面是什么，大家彼此之间似乎也不太关注生活中的对方是什么样的。所以，在这样的组织里，不太会发展出私人情感来。所有的感情，都只限于工作场景下的工作关系。某

天，当工作调动之后，彼此很快就不再往来。

这样的组织又尤其现实，一切为了胜利是这个组织存在的唯一理由。组织会围绕当期目标，展现出超强的战斗力，所有力量都往一个"城墙口"冲锋。组织活动基本以务实为主，不太可能去谈未来10年的理想，甚至都不会去思考3年后的样子，活在当下是这些组织的真实心理写照。

这样的组织有哪些呢？准军事化组织，基本都具有集体现实主义心智，华为和富士康是其典型代表。

集体理想主义

在集体理想主义心智下，组织依然是一个集体，进入组织后也必须隐藏自己的个性，按照组织所期待的去展现自己。服从是组织成员的天职，组织努力的方向以及核心产品的设计，都有专门的部门去做，组织里大部分人只要负责实施就可以了。

组织里也有严格的流程、制度、规章，违反这些流程、制度、规章会受到相应的惩罚，组织里的人照章办事即可。

如同集体现实主义一样，组织成员之间仅仅是工作关系，较难发展出私人情感，彼此之间公事公办，看上去很职业。

然而，组织追求长期成功，而非仅仅眼前的成功，追求的是未来10年、20年甚至更远期的回报。

这样的组织有哪些呢？亚马逊和特斯拉是典型代表。

亚马逊很少追求当期盈利，而是将资本投入到未来更长远的项目上。亚马逊时任CEO贝佐斯在2009年致股东信中说："在我们的452个目标中，'净收入''毛利润''运营利润'等字眼一次也没出现。"贝佐斯有个观点："我相信，如果你要创新，你必须愿意长时间被误解。你必须采取一个非共识但正确的观点，才能打败竞争对手。"在2011年，他说："如果你做的每一件事都把眼光放到未来3年，那么和你同台竞技的人很多；但是如果你的目光能放到未来7年，那么可以和你竞争的人就很少了，因为很少有公司愿意做那么长远的打算。"

多年来，亚马逊坚持这种理想主义思维，取得了一个又一个重大突破。当很多企业还在质疑云计算就是新瓶装旧酒时，亚马逊已经持续布局了多年。如今在全球，即便云计算领域后起者众，依旧无法撼动亚马逊的领导者地位。

特斯拉也是如此。特斯拉CEO马斯克在2016年提出了未来20年的长远目标，包括年产百万辆电动车，运送宇航员登陆火星。这些目标在常人看来，近乎天方夜谭，然而马斯克却在逐一逼近目标。2020年前三季度，即便遭遇全球新冠肺炎疫情袭击，特斯拉仍然达到了32万辆的产能。2020年5月31日，马斯克的SpaceX龙飞船成功发射，在经过19小时的绕地球飞行后，成功与国际空间站对接，两名美国宇航员也成功抵达国际空间站，在完成工作任务之后，再次搭乘SpaceX龙飞船返回地球。这是人类历史上的第一次商业航天发射，马斯克创造了历史。特斯拉《员工手册》开篇就写道："我们是特斯拉，我们改变世界，我们愿意重新思考一切事物。"

显然，贝佐斯和马斯克是十足的理想主义者，然而，他们对待工作又非常严苛，他们希望所有人按他们的意志去行事。贝佐斯著名的Day 1思维，要求所有员工把每一天都当成创业的第一天，极尽拼搏；马斯克更是个十足的工作狂，曾有高管吐槽说，在马斯克手下做事，简直就是噩梦，但你别无他法。马斯克每周工作100小时，奉行完美主义，很多员工称他为暴君。所以，他们既是理想主义者，又奉行集体主义，他们的个人心智投射到亚马逊和特斯拉上，造就了这两家企业典型的集体理想主义组织心智。

个人理想主义

在个人理想主义心智下，组织更像一个家庭，组织充分尊重人性，视人为人。个人可以自然地展示自己原有的面貌，不用隐藏什么。做自己、真实是这些组织所希望的。组织秉承的信念是：做自己的时候最自然，能量能发挥到最大。

组织里流程、制度较少，更多依靠软性的文化去协同做事。组织追求高效率，但当高效率与员工的自主性发生冲突时，组织接受适度的效率下降。当组织中发生协同冲突时，组织更多的是在人层面去解决问题，会把相关方组织在一起，思考如何改进和避免类似问题再次发生，但绝少以流程限制的方式来减少问题发生。

每个人都是鲜活的自己，都有精彩的故事，无须伪装自己的本来面目。大家既是在做事，也是在做人，会逐渐发展出一种超越工作关系的私人情感。大家既是同事，更是朋友，工作中能发现生活的影子，生活中也时常夹杂着工作的片段。在工作中和其他成员一起经历所有喜怒哀乐的过程，正是情感升华的过程。

组织致力于做长远的事，不在乎当下一城一池的得失。找到事情背后的长远价值和意义，比仅仅获得这件事情的当期收益更让组织里的人热血沸腾。

这样的组织有谁呢？谷歌、阿里巴巴就是典型代表。谷歌充分尊重员工的发声权，每年会在内网做一次全员"最感挫败"问题大收集，员工反馈出来的焦点问题，管理层必须给出回应和落入公司的改进计划。谷歌也信奉民主和公开的文化，在很长一段时间里都保持着每周一次 TGIF 会议的传统。在 TGIF 会议上，公司创始人会讲解公司战略和业务进展，并回答大家的提问。时下在中国非常流行 OKR 管理方式，也正得益于谷歌的发扬光大。在谷歌，包括创始人在内的所有员工的 OKR 都默认是向全员公开的。谷歌非常珍视员工，每个员工都是独立的个体。谷歌创始人曾经做过的最疯狂的事，是在一夜之间废除了公司所有的管理层级，因为谷歌创始人一度认为管理者制约了员工的创新。谷歌创始人也非常富于理想主义情怀。谷歌内部设有 X 实验室，致力于研发各种"科幻级"新技术，如虚拟现实技术的鼻祖级应用谷歌眼镜、谷歌热气球项目、无人驾驶技术，以及探索人类永生等与当前企业商业变现没有太大关联的长期工程。尊重个体加上理想主义情怀，构成了谷歌的个人理想主义组织心智。阿里巴巴则明确地把"活 102 年"作为组织愿景，并在 2016 年提出了未来 20 年要服务 20 亿个消费者，创造 1 亿个就业机会，帮助 1000 万家中小企业盈利。这是其理想主义的体现。阿里巴巴内部流程也较少，公司赋予管理者和员工以充分的自主权，倡导视人为人，强调真实和做自己。所以阿里巴巴内部许多人都有很鲜明的个性特征，有的很温和，有的很强势，有的兼而有之，这些都能在阿里巴巴和谐地共存。某种程度上，阿里巴巴就像印度的多神教一样，大家并不信奉同一个神，而是信奉各自的神，同时也不贬低彼此的神。

个人现实主义

在个人现实主义心智下，组织充分尊重员工的个性，以人为本。个人在这样的组织里觉得很舒适，组织有很高的包容度，少有强制措施。

组织里有一些流程和制度，但流程和制度会因人而异，展现出多样化。1+N 模式是这样的组织的典型特征。组织的政策制定者会规定哪些是必须共同遵守的，类似国家的宪法一样，哪些是各业务线可以基于自己的业务特点进行定制的，类似地方法规。当人和制度发生冲突时，以人的判断为准。

每个人都很现实，大家都在组织里追求个人利益的最大化，关心薪酬、奖金和晋升。彼此之间的关系更多的是利益互通关系，较少发展出真实的私人情感。

由于组织没有消除个人的利己性，因此组织实际上也表现出多种多样的现实性，追求短期收益，比较少做主动的长远布局。在战略上，更多采取的是防卫策略，"兵来将挡，水来土掩"，见招拆招。

这样的组织有谁呢？奈飞、字节跳动是典型代表。奈飞只招成熟人。奈飞也致力于打造极度信任的文化，员工可以自行决定什么时候休假，以及休多长时间的假。员工可以自行决定报销额度，只要这些费用是因公司业务而发生的。在给予员工足够自由的同时，奈飞同时也强调了责任，在奈飞，"仅仅做到称职的员工，也要拿钱走人"。员工必须现实地向组织交付超预期的业绩。自由代表尊重员工个体，责任代表回归业绩现实，两者共同成就了奈飞的个人现实主义组织心智。而字节跳动在人才招聘上和奈飞高度相似,字节跳动惯常的人才战略是高薪招牛人和简化管理,也即张一鸣的"Context, not Control"思想。员工队伍也很年轻,人与人之间关系比较单纯,就是纯粹的工作关系,大家的协同都聚焦于如何推出一款好的产品,产品工程师文化比较浓烈。字节跳动成立时间并不长,文化还处于形成过程中,起主导作用的依然是个人主义。务实加上个人主义,组成了字节跳动的个人现实主义组织心智。由于具备相似的组织心智,一个员工从字节跳动加入奈飞,或者从奈飞进入字节跳动,感知到的心理差异相较于转换到其他公司要明显小很多。

第十章

组织的心理性：工作动机

如何认知组织，会很大程度影响组织里的人的言行举止。而加入一个组织，最重要的是要为这个组织工作，所以关于组织的心理性有另外一个绕不过去的话题，就是组织里的人的工作动机。员工究竟是出于什么考虑而加入这个组织的？是迫于生计不得不为五斗米而折腰，还是受组织的使命、愿景感召而心甘情愿地为组织肝脑涂地？

组织里的人的工作动机，很大程度上是组织的激励理念结的果。有什么样的激励理念，就会催生出什么样的工作动机。华为的激励理念是"以奋斗者为本""不让雷锋吃亏""给火车头加满油""奖金是挣来的"，基于此，华为会选择那些崇尚奋斗、争当先进的人才加入华为，并在内部大力提拔他们，让他们成为组织的脊梁。华为人的工作动机主要是为了回报，公司会给那些能很好地"产粮"的主管和员工以优厚的回报，公司也会将所有的认可直接体现在回报上。阿里巴巴的激励理念是"梦想和使命驱动，而非利益驱动""共同创业，分享结果""为过程鼓掌，为结果买单"，因此，阿里巴巴在面试候选人时，会特别注重候选人的入职动机，关注候选人是否有梦想，是否有理想主义情怀。在进入阿里巴巴之后，那些受梦想感召，能用梦想点燃自己和他人的人，会更喜欢这个组织，同这个组织一起走得更远。

动机图谱

有人曾问1981年诺贝尔物理学奖获得者阿瑟·伦纳德·肖洛（Arthur Leonard Schawlow）："高创造力的科学家和低创造力的科学家之间有什么区别？"他的回答是："在自己的爱好上努力是最重要的。"许多成功的科学家并没有最好的天赋，但他们却是那些始终被好奇心驱使的人，他们总是设法去探究答案是什么。[51] 肖洛对科学创造力的观点，强调了内在动机的重要性：对于创造性工作，真正激励工作的，是因为工作本身很有趣，包括令人兴奋、令人满意和充满挑战性。大量证据表明，当人们受到内在激励，而不是外在激励（如期望的评估、监督、与同事竞争、受上级命令或承诺的奖赏）时，他们最富有创造力。[52, 53]

在人工智能时代，当一切低端、可重复的工作日益被智能化后，这个世界实质上是科学家的世界，只有那些能充分发挥科学家潜能的企业，才能在这个竞争高度白热化的市场掌握主动权，无往而不胜。而对科学家群体，采用传统的"胡萝卜加大棒"的做法，只会制约他们的创造性。所以，绩效管理不能停留在1.0时代的只是单纯考核，也不能停留在2.0时代的绩效考核+目标管理，而应该往前进到3.0时代的绩效使能模式，从深层的动机层面去孵化和培育科学家的内在动机。

想要更好了解内在动机，我们需要全面地了解人的整个动机，将内在动机放在整个动机框架中去理解时，更能看清内在动机的巨大价值。

人的动机状态，大致可以分为三种类型：动机匮乏、外在动机和内在动机。动机匮乏是指一个人在做任何事情时都提不起兴趣，觉得对任何事情都缺乏掌控感，无能为力，有一种无助感。外在动机是指人做事的主要出发点是为了达成某个外在的目的。内在动机则指个体认为工作很有趣，沉浸其中，工作本身就是对做这项工作的最好激励。

用一张图来表示时，就是图 10-1 中所示的动机图谱。

在这张图谱中，动机匮乏和内在动机分处于图谱的两端，分别代表动机的两种极端状态，人处于动机匮乏状态时是一种无能为力的状态，而处于内在动机状态时是一种充满活力、精力充沛、极富创造力的状态。而外在动机则介于两者之间。

外在动机又因自主程度的不同，存在四种不同的子动机状态，分别是：外部调节、内投调节、认同调节、整合调节。

下面将逐一解读。

动机匮乏

当一个人处于如下两种状态之一时，就处于动机匮乏状态。

（1）**不值得做**。一件事情没有价值和意义，不是自己想做的，且不能从中得到任何外在回报。

（2）**不能做**。一件事情虽然有一定的价值和意义，或者做了这件事后能得到一定的回报，但自己或者能力不够，或者没有任何掌控权，从而事实上什么也做不了。

一个人，不管他是追求"外在"回报，还是享受工作"内在"乐趣，他至少都是有意愿的，这个"外在"回报或"内在"乐趣调动着他的心力、体力和脑力为之努力。但当一个人处于动机匮乏状态时，他对这件事无欲无求，这是一种最被动做事的状态。

举例来说，如果一个组织分工过细，每个部门单独负责产品的某一小部分，部门之间存在很厚的部门墙，相互之间存在竞争关系，那么当一个工人发现了一个需要系统改进才能解决的产品问题时，他可能就会觉得这件事情虽然有意义，但由于牵涉的面太广，不在自己能力范围之内，因而在系统改进这件事情上，他会处于一种动机匮乏状态。

动机状态	动机匮乏	外在动机				内在动机
调节类型	调节匮乏	外部调节	内投调节	认同调节	整合调节	内在调节
控制感知	淡漠	外部	部分外部	部分内部	内部	内部
自主状态	非自主决定					自主决定
控制过程	无力掌控、无助感	服从、外部奖励和惩罚	自我控制、内部奖励和惩罚	价值与意义认同	自我追求与外在融合	兴趣、乐趣、内在满足

图 10-1 动机图谱

又比如，如果一个组织有很强的绩效导向文化存在，当其他部门遇到困难请求某个人支援时，虽然对方有能力完成这个"支援"动作，但由于这样做后本身并不会给他带来任何实质性好处，那么他对支援这件事就处于一种动机匮乏状态，从而拒绝支援。

小时候，在我们村里，小伙伴们宁愿上山打柴，或者下地种田，也不愿意去学校念书。为什么会这样呢？那时的教育方式比较简单粗暴，每天老师教我们认字、背课文，然后第二天听写，错一个字打一竹棍，几乎每个人都挨过打，一堂课挨上一二十竹棍是很正常的事，每天放学回家的时候，很多小伙伴的手都还处于疼痛和麻木状态。于是，对很多小伙伴而言，每天上学都胆战心惊，寄望于老师今天生病了，或者因为其他事情耽搁而无法到校，再或者老师今天心情好不听写了，从而免遭一难。很多小伙伴在念到小学三年级，或者至多到五年级时，就再也不想继续念下去了。然而，放学后的情景却完全不同。每当三五个小伙伴凑在一起放牛时，如果谁手里有一本小人书，就是通称的连环画，大家就会围坐在一起兴致盎然地阅读和讨论起来，往往会就一本小人书讨论到很晚才回家。很多内容我至今还记得很清楚，比如《哪吒闹海》《大闹天宫》《三打白骨精》《牛郎织女》《呼家将》《鸡毛信》《林海雪原》这些。还有，那时武侠小说很盛行，像金庸先生的《天龙八部》《倚天屠龙记》，很多小伙伴都是晚上用手电筒躲在被窝里通宵看的。其实，课本里也有很多像这样有趣的小故事的。如果从动机角度来解释，那时大家不想去上学，并非不想读书，而是觉得学校老师太过严厉，课程设置也比较死板，这让他们觉得自己很笨，根本不是读书的料，也就是上面所述的第二种状态（不能做），从而处于动机匮乏状态。

意识到体罚对学生学习兴趣的伤害后，教育部后来禁止老师对学生进行体罚。如今，教学方法日新月异，学校除用电视、电脑、手机等多种形式提高学生的学习兴趣，让学生觉得学习是一件有趣的事外，还在课程的安排上少了很多死记硬背，开始以启发学生的心智和素质培养为主，注重遵循学生的学习规律，由浅入深展开学习过程，让学生觉得自己能学好。

解决好愿意做和能做这两方面的问题之后，学生对学习就不会再像我们那个时代一样处于动机匮乏状态了。

外在动机

外部调节

一个行为，如果完全被某个外部奖励或者惩罚所驱动，那么这个行为就处于外部调节动机状态。外部奖励或惩罚要能起作用，必须具备两个条件。

（1）**直接**。奖励或惩罚与行为之间有明显的关联关系。

（2）**显著**。奖励数额必须足够具有吸引力，或者惩罚足够有威慑力。

举例而言，对一个博士而言，他的主要兴趣是做课题研究，但当他加入一家企业，被安排去做软件编码工作时，他可能觉得这有悖于他加入企业的初衷，因此内心不愿意做这项工作。但如果这家企业给他的待遇足够有吸引力，不去做软件编码可能会让他失去这份工作，那么他可能最终接受了这样的工作安排。在这里，企业的薪酬回报和这份工作安排之间的关系是直接的（不做就会丢掉这份工作）和显著的（薪酬足够有竞争力），所以对这位博士的行为起到了外部调节作用。

再比如，在一些企业内部，不少员工每做一件事情，都会将邮件抄送给自己的主管，希望主管能把这件事情记在他的绩效上。对这类员工，他做事的动机是希望得到主管的绩效激励，本质上就是一种外部调节动机。做事的动力是获得外部认可与激励。

在一家强绩效导向企业里，员工 A 和员工 B 在同一个小组共事，B 负责一个产品的需求管理。某次他们通过内部通信工具私下交流时，A 向 B 提到了一个主管对于产品的想法，得到了员工 B 的赞赏。很快，在不到 1 分钟的时间内，A 就将同 B 交流的内容，原样拷贝了一份，通过邮件发送给了他们共同的主管 C 以及 B。A 的这个动作，本身并没有为工作增值，仅仅是为了获得主管 C 的认可才做的。这个动作就是受外部调节动机所驱动的。更进一步，A 仅在有主管在场的情况下，才会把自己认为"好"的想法贡献出来，当评估认为主管无法感知到自己的贡献时，就不会去做。所以可以说，A 的行为已经泛化到做任何事情都是为了获得认可或回报，具备典型的外部调节导向。

外部调节在工作和生活中非常普遍，即人们通常所说的"胡萝卜加大棒"，它可以迫使人们服从，或者诱使人们去做某件事，效果似乎立竿见影，但它的副作用也是极其明显的。首先，仅当外部奖励或惩罚直接且显著时，才能引出人们的行为，一旦外部奖励或惩罚取消，人们的行为也就自动迅速消失，可持续性非常差。受这种动机驱使的人，只是把工作当作获取外部奖励或避免外部惩罚的手段，他们通常非常焦虑，甚至抑郁，身心健康状态较差。另外，他们通常追求的都是工作的数量，而不是工作的质量。

内投调节

在外部调节动机驱动下，个体做某件事，是因为这件事能给他带来某个外在奖励，或者不这么做会受到某种外部惩罚。也就是说，与行为关联的是外部条件，是一种外部控制。与外部调节不同，内投调节指的是个体内化了某些外部规则，从而在没有外部条件存在的情况下，也会去做事的一种状态，是一种内部自我控制。处于这种状态下的个体，通常觉得自己"应该""必须"去做这件事，不这么做会让自己感到内疚、有负罪感、有压力，做了后会让自己觉得很有面子、很骄傲。

处于内投调节状态时，个体会很在意他人对做某事的看法，希望得到他人的认可，特别害怕被他人拒绝和否定。在一项工作遭遇挫败时，会陷入深深的自责之中。特别地，在一个组织中，如果存在相互比较的文化，这种现象会特别普遍。

比如，在很多企业里都有一种加班文化存在。当你辛苦工作至晚上10 点终于把工作完成准备起身回家时，发现身旁的同事都还在加班，于是不好意思转身离开，只得按捺住回家的想法，继续待着和大家一起加班。这种陪加班的行为，本身并不会给工作带来增值，也没有人强制一定要这么做，只是因为如果不这么做，自己会觉得很内疚。其他人都在努力工作，而自己先走了，大家会不会觉得自己在偷懒呢？这就是典型的内投调节动机在驱使。

内投调节有点类似一个人吃东西时，只是把外部规则吃到身体里变成了内部规则，但并没有真正消化。如果说外部调节是因为有一双眼睛在外部盯着，那么内投调节只是把这双眼睛放到了心里，从外部监控变成了自我监控，但并没有改变被控制的本质。例如，学生考试时，如果只是因为老师在场他才没有作弊，那么这种行为属于外部调节动机驱动；如果他是觉得作弊会被别人看不起才没有作弊，那么这种行为就属于内投调节动机驱动了。再比如，不少人之所以想减肥，就是因为害怕别人说自己胖，虽然事实上别人可能并没有这么说过，但此时他减肥的动机，就是内投调节动机了。在一些国家，行人通常习惯了随意穿行马路，不看红绿灯，但是当他们到其他国家旅游想随意穿行马路时，环顾四周发现身旁的路人都在自觉遵守交通规则，那么他们大多也会被迫遵守起交通规则来。在内心里，他们并没有真正认同交通规则的必要性，而是处于一种迫于外部压力不得不这么做的动机状态，即内投调节状态。

认同调节

当一个人认同某件事的价值以及其重要性时，就处于认同调节动机状态了。相对于内投调节而言，认同调节的自主性又前进了一步，之所以要做某件事，不是迫于外部压力或自我压力，而是因为这件事于自己而言很重要，是有意义的。

举例来说，当上级给下级安排一个工作时，如果只是单纯地把工作分配给下属去做，而并没有告诉他为什么要这么样，做了能给组织和个人带来什么价值，那么员工在做这项工作时，通常就会处于动机匮乏或者外部调节动机状态。但如果上级告诉他，完成这个工作，会大大地提升客户的满意度，同时给组织创造一大笔收入，也会让他日后具备这一方面的能力优势，那么员工在有了这个认识后，动机状态就会提升至认同调节动机状态。再比如，如果一个人戒烟，只是因为家人不允许他再继续抽，那么他就处于外部调节动机状态，但如果他认识到抽烟会对身体很多内脏造成损伤，严重危害健康，那么他就处于认同调节动机状态。

虽然认同调节具备了一定的自主做事意愿，但个体并未能将它同个体其他意愿有机整合形成一个整体，因而会时常感受到冲突。例如，通常大家会感受到的工作和生活不平衡，就是认同调节状态下的一种矛盾表现。一方面，个体认为某项工作对自己而言很重要，因而在该项工作上花费了较多时间，长期加班到很晚才回家，但另外一方面，又会觉得自己没有抽时间陪伴家人，于是感受到强烈的冲突。

整合调节

在所有的外部调节动机中，整合调节是自主性最强的外在动机状态，实现了对外部规则的最佳内化。个体完全认同做某件事的价值和意义，同时，也能将做事的意愿同个体其他动机状态有机整合成一个整体，同个体其他部分保持一致，从而较少感受到冲突和矛盾。处于整合调节动机状态时，个体会觉得工作和生活是一个整体，而不是对立的，不存在工作和生活需要平衡一说。他们善于从工作中追寻和发现意义，并有机集成到自我价值实现之中。有研究表明，正念可以促进整合调节动机状态的达成。

由于是在"自主"地做事，个体在认识一件事情的价值和意义时，往往能统一到其自己的价值体系之中，从而很少有"被迫"的感觉。

例如，曾经中国通信业极为落后，国内的通信市场被几大国际电信巨头所把持，当时华为决心将所有资金投入研发一款C&C08交换机，打破这种垄断态势，于是招聘了几位刚毕业的年轻人加入。任正非当时向他们描绘了这样做的巨大前景："未来通信市场，华为三分天下有其一。"于是这批年轻人没日没夜地努力钻研，牺牲了几乎所有的业余时间，最终成功研制出C&C08交换机。这批初期加入华为的年轻人当时所处的状态，就是一种整合动机状态。事实上，初创企业员工大多处于这种状态，虽然工作强度很大，但员工极具活力和拼搏精神。之所以能做到这一点，正在于员工具有极大的自主性，认可工作的价值和意义，愿意为之拼搏。

内在动机

内在动机是动机的高度自主状态。个体之所以做某件事，完全是因为这件事充满趣味、有乐趣，个体乐在其中，是行为的发起者和"创始人"，而不是为了追求某个外在的奖励或避免某个外在或内在的惩罚，工作本身就是对工作最好的激励。

处于内在动机状态下时，个体的自主、胜任和关系三个基本心理需求得到高度满足，精力充沛、充满活力，极富创造力，行为可持续性最好，身心处于最健康状态。

如果某件事情本身代表着一种责任，那么个体完成这件事情的最好动机状态是整合调节动机状态，而如果这件事情本身还能让个体觉得有趣且好玩，它就可以让个体达到内在动机状态。所以区分一个动机是不是内在动机，"有趣"且"好玩"两者是一个很好的判断标准。

一方面，内在动机的好处如此的多，另一方面，它在这个物质世界中又极其脆弱和易受干扰。无数研究表明，当一个人对某件事物本身很感兴趣，处于内在动机状态时，如果提供直接且显著的外在激励，通常会把他的注意力从内部拉向外部，做这件事就变成了获取这个外在激励的一种手段，于是，原有的内在乐趣、内在动机荡然无存，或者所剩无几。

爱因斯坦曾在《自述》一文中将此形容得非常贴切，他说：[54]

人们为了考试，不论愿意与否，都得把所有这些废物统统塞进自己的脑袋。这种强制的结果令我如此畏缩不前，以致在我通过最后的考试以后有整整一年对科学问题的任何思考都感到乏味……因为这株脆弱的幼苗，除需要鼓励以外，主要需要自由；要是没有自由，它不可避免地会夭折。认为用强制和责任感就能增进观察和探索的乐趣，那是一种严重的错误。

伟人之所以成为伟人，取得举世瞩目的巨大成就，不是因为有某种外界所强加的责任在驱动他，而是因为他深刻洞悉了内在动机的奥秘，基于兴趣和爱好，自主地做事，乐在其中。爱因斯坦的这段话，完美地道出了内在动机的关键：

（1）你无法通过强迫他人而增强他人探索事物的兴趣。

（2）内在动机的维持，需要自由（自主）。

（3）内在动机易受外在奖励的影响。

这一切，恰是爱德华·德西（Edward L. Deci）和理查德·瑞安（Richard M. Ryan）两位内在动机研究泰斗，自1969年以来，用了近50年的时间所揭示的内在动机理论精髓。

当工作很枯燥、简单、偏执行时，外在动机尚有其用武之地，但当工作十分有趣、复杂、偏创新时，唯有内在动机能发挥出惊人的激发效果。这就是为什么我们发现诺贝尔奖是无法用金钱激励出来的。要有大创新，必须内心觉得这项工作很有趣，发自内心地愿意去做这件事，工作本身就是对工作最好的激励和回报，外在的追求只会拉低创新的水准。用一张图（见图10-2）说明内在动机与外在动机的激励效果。

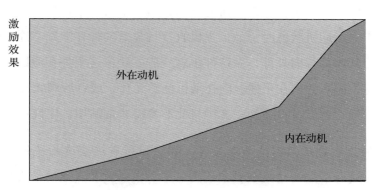

图10-2　内在动机与外在动机激励效果图

华为的动机图谱

关于动机图谱，有一套专门的调查问卷进行测评（详细问卷参见《绩效使能：超越 OKR》一书的"动机状态评估"一节）。我的同事曾用这套问卷对华为一个规模为 189 人的研发团队进行过测评，结果如图 10-3 所示。

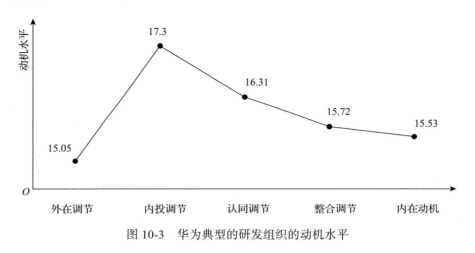

图 10-3　华为典型的研发组织的动机水平

从图 10-3 可以清晰地看到，华为典型的研发组织的动机状态是内投调节动机状态，即员工已经熟悉了华为的企业文化、各项规章制度和研发流程，不这样做事会让他们感到内疚或自责，这也正是华为强大企业文化的成功之处。同时，由于该团队主管相对倾向于授权给员工，员工普遍工作年限大于 5 年，不少员工已经能理解所从事工作的价值和意义了，因此第二显性的动机水平是认同调节动机水平状态。

三个基本心理需求

我们都知道，人要生存，首先需要基本的物质条件的支撑，空气、水和食物就是人得以生存的基本物质条件。但人是社会性动物，有着复杂的心理活动，除了物质营养外，还需要具备心理营养。

动机图谱描绘了人的各种动机状态序列，这背后隐含的，是人的三个基本心理需求的满足程度，它们分别是自主、胜任和关系。

自主

从字面意思上理解，自主（autonomy）即"自我管理"，这意味着，个体的行为是自我调节的，而非受某个外在力量所左右，是一种自愿做事的状态。[55] 个体能体验到一种选择自由，觉得自己是行为的主动发起人。当行为是个体主动发起时，个体具有较高的动机水平。

自主是人的一个基本心理需求，自主程度较高的人，身心更健康。而与此相反，如果自主被剥夺，身心健康会受到削弱。有两个实验对此进行了论证，一个是英国的"白厅研究"，另一个是美国的"阿登屋养老院实验"。

我们都知道，在传统层级化组织里，高级别人员有如组织的大脑，负责复杂的战略规划，并承担来自组织内外部的经营压力，而基层有如组织的双手，工作相对简单，负责将组织的战略规划付诸实施。那么，相比而言，你认为哪一类群体的工作压力更大？谁因工作压力而导致死亡的概率更高？来看看英国的白厅研究有什么发现。

白厅研究[56]

白厅，英文名 White Hall，是英国伦敦市内的一条街，它连接议会大厦和唐宁街。在这条街及其附近坐落着英国国防部、外交部等一系列政府机关，因此"白厅"也成为英国行政部门的代称。

英国共开展过两次以政府工作人员为研究对象的"白厅研究"。第一次白厅研究始于 1967 年，对 17 530 名男性英国公民进行了长达 7 年半的跟踪研究；第二次白厅研究始于 1985 年，分多个研究阶段并延续至今，其初始研究对象为 10 308 名英国公民，其中 1/3 为女性。

第一次白厅研究发现，低级别男性员工相比高级别男性员工，前者 10 年期死亡率是后者的 3 倍。是什么因素把这些低级别员工置于如此危险的境地呢？在排除其他因素影响的情况下，导致这一差异的主要因素是低级别员工对工作缺乏掌控力，他们基本上就是在等着上级给自己布置任务，自己对干什么、怎么干和何时干没有话语权。而那些高级别员工通常拥有更多决策权和自由度。也就是说，是低工作控制导致了高死亡率（尤其是冠心病患病率）。高级别管理人员虽然责任大、压力大，但权力也大，所以他们的压力远不如想象的那么大，真正承受着巨大压力的是那些对自己工作完全没有自主性的低级别员工。

第二次白厅研究将调查对象扩大到女性员工，从而让研究更具普适意义。这次研究在第一次基础上，补充调查了员工的"决策力或控制力"，其中设置的问题包括"你可以选择自己在工作中从事哪些项目吗""你在工作中可以决定何时停下来休息吗"，从而让调查人员得以精细地分析工作控制力和冠心病患病率之间的相关性。研究人员发现，社会地位并非导致高冠心病患病率的主要因素，真正的"生命杀手"是员工对自己所从事的工作缺乏控制力和话语权。

白厅研究证实，当人们对工作缺乏自主性时，其危害是多么的大。这一研究启发了芝加哥大学的珍妮·董（Jenny Tung）和约法夫·吉拉德（Yoav Gilad），他们成立了一个研究小组，在49个中等地位的恒河猴上做了类似研究。[57] 两位研究人员把这些猴子分成4～5个组。一般来说，猴群的潜规则是"先到者地位较高，后至者地位较低"。于是，只需操纵猴子加入小组的顺序，即可操纵猴子在猴群中的等级关系。之后，通过对这些猴子的血液进行分析发现，某些基因在等级高的个体中更活跃，而其他基因则活跃于等级低的个体中。当一些猴子的社会地位得到提升后（意味着它们的掌控力得以增强），与之相应的控制免疫力的基因表达随即改变，这些猴子的身体状况几乎立刻得到了改善。他们的研究文章指出："晋升是疗效最好的药物。因为成功，所以活得长久。"[58] 事实上，从更深层去分析，不是晋升本身，而是晋升到更高等级所带来的自主性，才是影响健康的真正原因。如果晋升到更高层级，没有带来相应的自主性的提升，那么这样的晋升于健康而言就不会起到实质性作用。

再来看看美国的"阿登屋养老院实验"又有何发现。

阿登屋养老院实验[59]

阿登屋（Arden House）养老院位于美国康涅狄格州，是当地最好的养老院之一。1976年兰格（Langer）和罗丁（Rodin）在此进行了一项著名的研究。养老院共四层，他们随机挑选了两层楼——四楼和二楼，让住在这两层的老人分别接受两种实验。四楼的老人接受了"责任感提升"的训练，而二楼的老人则作为对照组进行比较。

实验的过程是这样的：

养老院的管理人员分别给两层楼的老人开了个会，表示养老院会把他们的生活安排得尽可能舒适而且令人满意，还向他们说明了他们能够享受的服务。但在给这两组老人传达的信息中有着重要的不同。

"责任感提升"组的老人（四楼的老人）得到的信息是：

（1）你们可以自己决定房间的设施布置，告诉我们你们想做的改变和你们希望做的事情。

（2）养老院给你们准备了一份礼物——一棵植物，你们可以选择要或不要，也可以选择要哪一种，选择了以后请你们好好照顾自己的植物。

（3）下周四、五晚上各放映一场电影。如果你们想看的话，可以在两天之中选择一天。

而对照组的老人（二楼的老人）得到的信息是：

（1）我们的责任就是给你们创造一个幸福的家，我们将尽全部的努力在各方面帮助你们。

（2）养老院为你们准备了一份礼物——每人一棵植物，以后护士每天会替你们浇水照顾。

（3）下周四、五晚上各放映一场电影。稍后将会通知安排你们哪一天去看。

不难看出，这两种信息的最大差异在于："责任感提升"组的老人（四楼的老人）在生活中有进行选择的机会，可以自主地调节自己的生活；而对于二楼的老人来说，虽然得到的东西和前者基本相同，但是决策是由养老院来做出的，他们只是被动地接受。

这一实验过程持续了3个星期。研究者在实验前后运用两份问卷分别进行了两次测验，一次在管理员开会前的一周，一次在开会后的3周以后。其中一份由老人填写，涉及对自身控制感的评估以及在养老院生活的满意程度。另一份由各楼层的护士填写（她们并不清楚研究者在进行实验），问卷要求她们评估老人们在快乐、机敏、依赖、社交、活力等方面的水平，并记录下他们的饮食睡眠习惯。对第二周老人们观看电影的情况也予以记录。

研究的结果显示两组老人的差异非常显著："责任感提升"组的老人报告说他们更快乐也更有活力，对他们的机敏程度的评定也高于对照组。而对研究并不知情的护士的评估结果更有说服力，她们观察到"责任感提升"组的老人中有93%的人状况都得到了提高，而对照组中只有21%的老人的状况向积极方面变化。另外在和他人的交往上也表现出明显的不同，"责任感提升"组的老人与他人的接触增多，与各类工作人员长时间地交谈，而对照组老人则改变很少。看电影也是如此，前者有更多的人选择去观看电影。

在这项研究结束之后的18个月还进行了后续研究，其中最重要的发现也许是：在这18个月中有30%的对照组老人离开了人世，而"责任感提升组"中去世的老人仅为15%！

兰格和罗丁从研究中得出结论：对于一个被迫失去自我决策权和控制感的人，如果我们给他一种较强的自我责任感，提高他对生活的控制感，那么他的生活质量会提高，生活态度也会变得更加积极。"衰老和机敏性的降低并不总是因年老而导致的不可避免的结果。事实上，通过让老年人重新获得决策权和胜任感，一些因年老而引起的消极因素是可以被延缓、逆转，或者防止的。"

这项研究的实际意义非常显著，它让美国各级养老院和医院意识到单单给老人们提供服务是不够的，还需要尽可能地让老人们能够"自己做主"。如 1997 年 Kane 等人调查显示，老人特别希望自己能控制和选择的活动包括就寝及起床时间、饮食爱好、室友选择、日常护理、财产支配、电话使用等。

即便在我们一向认为以纪律和控制闻名的军队里，自主性通常也是决定战争胜负的关键所在。要打胜仗，有时就得"将在外，君命有所不受"，主帅要有随机应变的自主权，能因应战争需要灵活调整作战方式。如果违背这一原则，很难取得胜利。隋炀帝就是一个很好的反面典型。

隋大业八年（公元 612 年），隋炀帝调集全国百万雄兵，亲征朝鲜半岛北部小国高句丽。从兵力对比上看，隋军占有绝对优势。然而，隋炀帝却向部属诏令："凡军事进止，皆须奏闻待报，毋得专擅。"要求前线指挥官的一举一动，都要向他汇报，得到批准后方可进攻，从而贻误了很多战机。与此同时，隋炀帝还专门在军中另外设置了一个纳降使，规定："高丽欲降，即宜抚纳，不得纵兵。"这一做法从另一角度钳制了前线将帅的战争主动权。高句丽正是抓住了这点，有把握时就突袭，打不赢时就假降，从而各个击破，隋炀帝第一次举全国之力的亲征以失败而告终。

与此相反，英国名将纳尔逊正是因为充分授权下属，成功击败了不可一世的拿破仑法西舰队，建立了英国此后持续百余年的海上霸权。

1805 年 10 月 21 日，英法两国间特拉法尔加海战打响，拿破仑的法西联合舰队有战列舰 33 艘，处于优势，英国纳尔逊则只有 27 艘战列舰。

战斗打响后，纳尔逊将英国舰队分成两个支队和一支预备队。一个支队由其率领，负责突破敌舰队中央，切断其前后联系；另一个支队由科林伍德率领攻敌后卫；预备队负责消灭旗舰，令对方陷入混乱，最后逐个歼灭被分割的法西舰队。在帆船时代，为最大化火力发射，两军对战时通常采用排队射击模式，即两军排列成相对平行的两行，互相射击，直到一方由于伤亡过重而投降，同时，这种安排也方便进行集中化控制，将领一般位于阵列的中央，通过旗帜号令各战舰。纳尔逊一改这种传统作战模式，大胆地尝试垂直于敌舰的直插模式和法西联合舰队对战，英军战舰和法西联合舰队在海面上形成直角模式排列。这种阵形非常不利于英军而十分利于法西联合舰队。为充分调动将士的主动性，纳尔逊在作战方式上给予了下属极大的自主权，只要求他们充分发挥积极主动、敢于近战的精神，其他一切皆可便宜行事。纳尔逊的这种做法令各舰长们备受鼓舞，在同法西舰队的作战中灵活机动。与之相反，法西联合舰队则完全采用传统的集中式控制方式，"一切行动听指挥"，舰队任何行动都必须听中央旗舰的号令，作战死板。

不幸的是，战斗打响不久后，纳尔逊在作战中负重伤，但这丝毫没有影响英军作战士气。事实上，其他战舰上的将士对主帅遇难一事竟全然不知，整个作战一如既往地进行，直至2小时后最终获胜，而此时，纳尔逊因身负重伤而牺牲。

通过这次海战，英国取得巨大胜利。法国海军精锐尽丧，法西联合舰队战舰21艘被俘、1艘战沉，而英国皇家海军军舰则无一损失。此战一举奠定了英国此后长达1个世纪的海上霸权地位。

军事作家尼科尔森（Nicolson）说："纳尔逊事实上只是创建了一个市场，一旦创建后他就让企业自主运转，而他的舰长们也正是把自己当成企业家那样在经营这场战争。"

胜任

胜任（competence）是指任务挑战程度在个体的掌控范围内，能恰好适配个体的能力，能达成所期望的结果。我曾经路过一条正在维修的道路，发现两个小孩在不住地用脚踩地上的硬泥块，于是好奇地停下脚步，想看看他们在做什么。原来两个小孩在比赛看谁踩碎的硬泥块多。踩硬泥块本身是一件枯燥的工作，但加入没有任何物质激励的"比赛"成分后，两人均从中体验到了极大的乐趣。所以，如果能让一个人在工作中不断地挑战自我，就可以提升他的内在动机水平。

胜任感源自社会学习理论的创始人班杜拉（Albert Bandura）的自我效能感（Self-efficiency）概念。班杜拉指出，自我效能感是个人对自己完成某方面工作能力的主观评估，这一评估结果将直接影响一个人的工作动机。你大概知道，围观效应通常能够提高被围观人的绩效表现，但你知道这是为什么吗？为了证实围观效应对人的影响，桑纳（Sanna）曾做过一个实验来对此进行论证。

围观效应对人们绩效的影响[60]

1990年，桑纳进行了一项研究。在这项研究中，他让参与者必须记住一份有20个单词的清单。

实验开始后，先给参与者一段时间记忆单词，然后进行一个练习实验，在练习实验之后，一些参与者收到了错误的负向反馈（他们被告知记忆的单词数低于平均值），另外一些参与者则收到了错误的正向反馈（他们被告知记忆的单词数高于平均值），还有一些参与者没有收到任何反馈。

然后，参与者被要求再做两次回忆实验。在回忆过程中，一些参与者会被观众观看，而其他人则单独工作。

研究发现，绩效反馈对单独工作的参与者的绩效表现影响不大，无论是给他们正向反馈，还是负向反馈，抑或不给反馈，其绩效表现差异都不大。但当有观众在场时，与无反馈相比，负向反馈挫败了参与者的胜任感知，而正向反馈则提升了参与者的胜任感知。因此，当有观众在场时，那些胜任感知较好的参与者，其绩效表现明显提高，而那些胜任感知较差的参与者，其绩效表现甚至出现了不同程度的下降。

桑纳的这个实验说明：当有观众在场时，对成功的期待会引起绩效改善，因为它提升了参与者的胜任感知，而对失败的期待则会引起绩效下降，因为它削弱了参与者的胜任感知。一方面，围观效应确实存在，相比于单独工作时的场景，围观能显著提升那些渴望成功的人的绩效表现；另一方面，如果人们在工作中总是被打击，不断地体验到挫败感，就会信心全无，那么围观就非但不能提升绩效表现，反而会有损绩效表现。对被围观者来说，这个时候的围观颇像犯人被游街，是莫大的耻辱，也许打个地洞钻进去的心都有，这肯定不能起到激发其奋进的作用。

桑纳进一步将围观效应归纳成如下几条：

（1）简单任务引起对成功的期待，而困难任务引起对失败的期待。

（2）当执行简单任务时，观众在场会引起正向结果期待，但当执行困难任务时则会引起负向结果期待。

（3）高胜任感以及正向结果期待提升绩效表现，低胜任感及负向结果期待降低绩效表现。

而在日常生活中，父母们经常说这样一句话："好孩子是夸出来的。"这句话不无道理，因为它能提升孩子们的胜任感知。而与此相反，如果不这么做，其负面效应也是很明显的。

戴维·凯利（David Kelley）曾在 TED 演讲《如何打造你的创造力自信》（*How to build your creative confidence*）中分享过一个小故事。他在三年级的时候有一个很要好的朋友叫布莱恩。一天，布莱恩正在做手工，用老师放在水池下的陶土做一匹马，忽然，跟他同桌的一个小女孩把头凑过来，想看看他做的是什么。然后，这个小女孩说道："真差劲，那看起来一点儿也不像马。"布莱恩听后，心情非常糟糕，他把肩膀耷拉着，然后把陶土捏做一团，丢进了垃圾桶。在这之后，凯利再也没见过布莱恩做类似的手工了。[61]

这则小故事说明，当一个人的胜任感被打击之后，对其的影响可能是终身的。很多人认为自己不是一个富于创造性的人，其实并不是这样的，他们只是因为在一些事上遭遇了他人的"差评"，从而影响了他们的自信心。班杜拉告诉凯利，他开发了一个小程序，可以帮助人们重获胜任感。

很多人都有"蛇恐惧症"，害怕看到蛇和摸到蛇。班杜拉邀请一些受试者进入房间，对他们说："隔壁房间有一条蛇，我们要走进去。"多数受试者回答:"天哪,有蛇在那儿,太恐怖了,我肯定不会进去的。"班杜拉于是把受试者带到双面镜前,首先让他们观察蛇在房间里的活动,让他们逐渐适应。然后,他把受试者带到打开的房间的门口站着,让他们往里面看,并逐渐适应。这之后,还包含了很多其他循序渐进的步骤,让他们逐步进入房间,戴着焊工戴的那种皮手套,去触摸蛇。当这些受试者最终触摸到蛇的时候,他们惊讶地发现,实际情况要比他们想象的好很多。这些与生俱来对蛇感到恐惧的人,竟然说:"瞧,这条蛇是多么的漂亮。"他们甚至可以把蛇放在膝盖上。班杜拉把这套方法称为"引导性掌控"(Guided Mastery)。

最让人惊奇的是,那些经历了所有程序最后触摸到蛇的人,他们对生活中其他事情的焦虑也都减轻了。他们更努力,更坚持,在失败面前表现得更有韧性,他们获得了一种新的自信,即胜任感。[62]

这个案例再次说明,一旦人们重获胜任感,他们就会重新焕发工作动力,胜任感是人类重要的基本心理需求之一。

这又让我联想起皮克斯的一部经典动画片《欢乐好声音》(Sing),它同样展现了当胜任感被激发后所释放出来的强大力量。

小象女孩米娜拥有完美的歌喉,一直渴望成为一名歌唱家,但是生性害羞,对自己没信心,害怕唱不好被别人嘲笑,因而一直没有勇气登台演唱过。

在参加海选时,米娜极度紧张,踢倒了话筒,月伯乐鼓励她说:"不要让恐惧阻碍你做自己热爱的事情。"可是,还没等米娜开口,她就被迈克推了下去,并被迈克嘲笑,因此错失了一次展示自己的机会。

因缘巧合的是,米娜成了月伯乐的表演助理。但后来,剧院被毁,米娜在废墟中游荡,终于唱出了那首Faith,这让月伯乐大为惊叹,原来这个女孩竟有着天籁般的歌喉,于是不断地鼓励她。最终,当米娜鼓起勇气,克服了舞台恐惧症唱出第一句后,她胆怯地看了看台下的观众,发现掌声如雷鸣般响起,观众非常喜欢。这极大地激发了米娜的自信心,于是,她终于在舞台上轻松自如地放飞自我,唱出了天籁之音。

小象米娜在唱出第一句之后观众发出的掌声，激发的是米娜沉睡已久的胜任感，是对米娜最好的激励，这帮助她迈出了最关键的一步，释放了她的音乐天赋。

关系

所谓关系（relatedness）需求，指的是人们渴望拥有一种相互尊重、彼此信赖的感觉。一项对全美国的调查发现，被别人认为有价值、被爱、被需要、被尊重都能够赋予生活以意义和目的，幸福是由亲密的关系产生的。[63] 在关系融洽的氛围中，个体对外部规则的内化程度较高。也正是因为这个原因，宗教团体一般都极力宣扬入教后教友都是一家人，都是兄弟姐妹，从而增强大家对宗教教义的主动和积极的内化。

内奥米·伊森伯格（Naomi I. Eisenberger）等人曾做过一个实验，[64] 在这个实验中，他让一些被试在团队活动中被其他团队成员孤立，然后通过核磁扫描的方式扫描被试的大脑反应，结果发现：那些被拒绝的被试，其右腹侧前额叶皮层（right ventral prefrontal cortex，RVPFC）和前扣带回（anterior cingulate cortex，ACC）活跃程度明显高于被接纳的被试，而右腹侧前额叶皮层和前扣带回主管大脑和身体疼痛，这说明，一个人被社会孤立，和他被其他人痛打一顿，对他所造成的打击，本质上具有同等的感受和效果。人类的关系需求源于其生理层面的构造。

我曾经在企业里负责过一段时间的员工关系，参与处理过一些员工心理异常事件。从中我发现一个规律，相较于合住的员工，那些独居的员工更易遭受心理困扰，出现心理疾病。这也从一个侧面反映出关系需求于人的重要性，当关系需求被剥夺时，个体身心将因此受到极大影响。而新加坡国立大学杨路龄医学院心理系黄子斌团队，则从一个更专业的角度分析了独居对老人所造成的影响。他们曾做过一个专门研究，[65] 追踪分析了2003~2011年间共2553名年满55岁年长者，其中包括189名独居年长者。排除其他因素后，在平均3~4年的追踪期间，独居老人死亡率比非独居老人高出66%。分析称，这很可能是因为他们缺乏社交生活所致的。

其实，中国古代早就有"士为知己者死，女为悦己者容"的说法。《史记·刺客列传》里记载了这个故事。

士为知己者死

晋国士大夫豫让先后在范氏、中行氏门下做过门客，一直得不到重用，于是投奔知伯，受到了知伯的重用。后来韩、赵、魏三家分晋后，赵襄子诛杀了知伯，用他的头颅饮酒。豫让逃遁到山中，感叹道："嗟夫！士为知己者死，女为悦己者容。吾其报知氏之仇矣。"决心为知伯报仇，于是隐姓埋名。为了接近赵襄子，他甚至不惜伪装成打扫厕所的仆人。在首次刺杀失败后，为了不让他人认出自己，他在身上涂上油漆，装作全身生癞疮的人；又为了不让别人听出自己的声音，不惜吞炭……虽最后刺杀失败，但却留下了士大夫不事二主的气节。

豫让的事例说明，上下级间如果关系融洽，下属会忠心耿耿地为上级付出一切。这种上下级间的关系在中国文化中根深蒂固，在两千多年的社会发展史中，始终占据着非常重要的位置，为历朝历代主流文化所推崇。诸葛亮愿意出山为刘备"鞠躬尽瘁，死而后已"，同样也是有感于刘备的三顾茅庐和知遇之恩。更进一步，专业的研究也表明，领导者和成员间的交换关系（leader member exchange，LME），是影响成员绩效的一个重要变量。当领导者和员工间相互信任、彼此尊重时，会形成良好的互动和信息交换关系，此时LMX质量较高，领导者和下属的这种LMX关系被称为LMX内圈；而当领导者和员工间缺乏信任，互动较少，领导者基于单向的行政命令分配工作，员工基于单向的行政命令机械做事时，LMX质量较低，这种LMX关系被称为LMX外圈。处于LMX内圈的员工倾向于制定更有挑战、更具体的目标，领导者也倾向于提供更多的反馈和给予更多的工作机会；而处于LMX外圈的员工则倾向于制定比较保守的目标，被动等待领导者分配任务（见图10-4）。

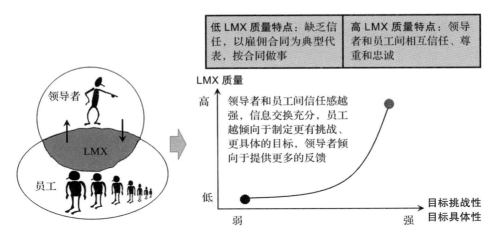

图 10-4　LMX 质量与目标挑战性、具体性间关系

那些与领导者关系良好的下属，比起那些与领导者关系差的下属，往往担负了更多的责任，其工作绩效更优秀，对团队的贡献也更大。白金汉（Buckingham）和考夫曼（Coffman）曾对 5000 名管理者做过一个调查分析，结果表明：员工跳槽与否的关键性决定因素是他们是否认为他们的领导者关心他们。[66]

不光领导者和下属成员之间的关系很重要，团队成员之间的关系也同样重要。现今的很多工作，都需要团队成员之间围绕一个共同的目标紧密协同，才能取得很好的效果。也正是因为这个原因，美军海豹突击队为了促成团队成员之间的充分信任，设计了一系列相应的训练项目，其中一个特别有名的训练项目就叫水下基础爆破训练。

海豹突击队的魔鬼训练项目

众所周知，美国是一个个人至上主义国家，在加入海豹突击队之前，学员的个人意识都特别浓厚。而突击队要在瞬息万变的危险环境中制胜，必须联合行动，团队意识尤为重要，任何的单打独斗都可能给整个团队带来毁灭性打击。所以，加入海豹突击队后的第一个训练，就是要磨灭团队成员的个人主义思想。整个训练过程中广泛强调团队协作，强调"团队之中无个人"（There's no I in the team），试图建立团队成员间良好的信任关系。

水下基础爆破训练的所有项目，几乎都需要团队成员协同才能完成。在训练的第一天，教官把学员按5～8人分成一组，在接下来的6～8个月中，小组成员将一直共同工作。这些训练项目包括圆木蹲扛、夜间导航训练、小艇训练等。

圆木蹲扛：所有队员要一起扛起一根木头，然后蹲下，反复重复这样的动作，直到协调一致。在这一过程中，团队成员之间的协同非常重要，所有成员必须保持默契，一起用力扛起木头，又一起蹲下，否则整个行动就会失败。

夜间导航训练：一对蛙人在没有全球定位系统和视力装备的情况下，潜泳数公里抵达任务区域。其间这对蛙人一个人拿着表，另一个人拿着指南针，他们之间的沟通全凭拍打和握手。

小艇训练：橡皮艇划艇小组由7名学员组成，其中两侧各3名划桨手，还有一名帮助导航的舵手。皮艇小组须合力穿越2～3米浪高的激浪地带划行几公里。整个过程中，除非人人挥桨，否则皮艇穿越猛扑过来的海浪极其困难。每一支桨必须与舵手发出的划桨指令保持同步，每个人必须用相同的力气，否则皮艇会转向，与海浪迎面相对，会被毫不客气地扔回到海滩上。

通过这样反复的训练，团队成员会保持一种高度的信任关系和默契感，形成一个协同整体，这大大提升了整体战斗力。这种信任关系甚至会伴随学员一生，很多学员在退役后仍保持着联系。

乔治·梅奥曾做过一个研究，[67]那些上下级、同级关系比较融洽的团队，其工人缺勤率显著较低。其中有一个案例特别具有说服力。在加利福尼亚南部一个工厂里，有一个小部门的工人被誉为"像海狸一样工作的人"，其工作效率高出工厂平均值20%，并且90%的工人几乎全勤。这个工厂是如何做到这一点的呢？梅奥通过研究发现，秘密就在于团队负责人身上。这个团队实际负责人是一个年长的领班助理和一个"带头工人"，这两人都深信团队凝聚力是工厂里的头等大事，是可持续生产所必需的条件。"带头工人"会花很多时间帮助其他工人克服技术上的困难，并热心地作为团队与外界联络的中间人，搞好团队与外部的关系。当一个新工人加入时，他会耐心地倾听他的心声，并把他介绍给其他的工作伙伴，设法帮他和其他人建立起和谐的关系。当新工人熟悉工作几天之后，他还会替他办理一张通行证，带他四处参观，了解工厂的装配线以及他所负责的职责。"带头工人"还会听取老工人和新工人所倾诉的任何个人问题……正是这一系列举动，帮助团队成员之间建立起了良好的关系，降低了缺勤率，提升了生产效率。所以，梅奥说：[68]

工人们要同他们的伙伴在工作里继续合作的愿望是人类很强的诉求。行政管理上如果忽略这种愿望，或是有想压服这种人类冲动的愚蠢企图，都会立刻引起行政管理的彻底失败。在费城，效率专家假定经济刺激是最重要的，这一假设是不正确的。在组成工作团体的条件没有齐备之前，经济奖励的办法压根儿不会发生作用。

基本心理需求与绩效使能

上述三个基本心理需求是普适的，所有人都有这三方面的心理需要。当外界环境能够促进这三个基本心理需求的满足时，个体充满活力和创造力，精力充沛；当外界环境威胁这三个基本心理需求的满足时，个体创造性匮乏，很容易焦虑、抑郁、倦怠。

这三个基本心理需求的英文首字母组合，恰好就是 CAR（车）。它就像一辆载人的汽车，当加满油时，会把你成功送达目的地；当油量不足时，会让你在半路抛锚。

至此，动机这座高楼大厦就全部构建起来了（见图 10-5）。三个基本心理需求是这座大厦的支柱，它们的强弱决定着动机水平的高低。满足这三个基本心理需求时，个体动机水平右移（朝内在动机方向迁移）；削弱这三个基本心理需求时，个体动机水平左移（朝外部调节动机方向迁移）。

动机状态	动机匮乏	外在动机				内在动机
调节类型	调节匮乏	外部调节	内摄调节	认同调节	整合调节	内在调节
控制感知	淡漠	外部	部分外部	部分内部	内部	内部
自主状态	非自主决定					自主决定
控制过程	无力掌控、无助感	服从、外部奖励和惩罚	自我控制、内部奖励和惩罚	价值与意义认同	自我追求与外在融合	兴趣、乐趣、内在满足
绩效管理	任务分配 机械执行	绩效评价、绩效薪酬强制比例	自上而下目标管理	自下而上目标管理、教练式辅导	愿景/使命	去绩效管理、自主探索
典型实例	官僚机构 生产线	KPI	PBC	OKR	合伙人	20%时间 自由职业
绩效世代		绩效考核		绩效管理		绩效使能
动机控制性	动机匮乏	控制性动机				自主性动机
心理需求	三个基本心理需求的满足程度，决定了动机水平的高低					
	胜任（competence）		自主（autonomy）		关系（relatedness）	

图 10-5　动机图谱、绩效与基本心理需求关系

从图 10-5 中可以清晰地看到，无论是单纯的绩效考核时代，还是加入了自上而下目标管理但仍需考核的绩效管理时代，其动机都是控制性动机。只有开始强调价值与意义、开展自下而上目标制定，甚至去绩效考核时，才进入了绩效使能时代，这是绩效管理的 3.0 阶段。关于绩效使能的更多内容，读者可参考《绩效使能：超越 OKR》一书，我在那本书中对此进行了详细分析，本章的内容也主要节选自该书。

华为动机状态剖析

华为曾经总结过自己过往 30 年的成功经验，认为其精髓就是价值循环链，即从价值创造、价值评价到价值分配的循环链。这三者中，价值评价是中间环节，所以核心就是价值创造和价值分配之间的循环关系。其激励逻辑是，对员工更大的价值创造，给予更好的回报，而更好回报会让员工更加努力地去创造更大的价值（见图 10-6）。

图 10-6 华为管理者眼中的回报与价值创造之间的关系

这里存在的最大问题是，更好的回报与员工的努力程度之间，并非像华为所认为的那样始终是正相关关系。关于物质激励对员工的激励作用，早有学者做过研究，Bruno S. Frey 和 Reto Jegen 称其为外在激励对内在动机的挤出效应：[69]

- ▶ 当外在激励不是特别显著时，外在激励对内在动机有挤入效应，内在动机将得以增强。
- ▶ 当外在激励过于显著时，外在激励对内在动机存在挤出效应，内在动机将被削弱。

外在激励激励效果如图 10-7 所示。

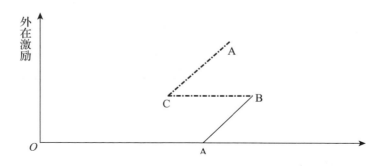

图 10-7　外在激励激励效果图示

图 10-7 要告诉我们的是，外在激励在一定时期，是能激发员工的努力程度的，但外在激励的激励作用是有天花板的，当到达图中的 B 点时，它非但不会激励员工，反而会削弱员工对工作的兴趣。就像图中所示的那样，员工的动机状态甚至退回到激励以前的状态（C 点），此时，组织用更大剂量的外在激励，换来的却是更低的工作努力程度。任正非也曾说过："猪养得太肥了，连哼哼声都没了。"

曾经，华为的一个主管分享过他的一个激励案例：

当新员工加入团队的时候，他们对钱是渴求的，需要钱去购买基本的生活物资，需要钱去买房，这个时候我觉得手里满是激励资源。我可以通过不断地调薪、给他们发更多的年终奖、配更多的股票去激发他们的奋斗意愿。但从工作的第 5 年左右开始，我发现这种方式逐渐失去了它的效力。给员工发更多的钱，不再能换来员工同等的努力程度。因为这个时候的员工大多已经有能力买房、买车了，生活过得基本富足，对钱的渴求不再像以前那么强烈了。

怎么办呢？怎么才能更好地激发他们继续努力呢？

我冥思苦想，后来终于想到了一个办法。症结的根源在于他们对钱的诉求减弱了，我需要重新唤醒他们对金钱的渴求。

于是，我不断地鼓励团队的员工买更大的房子、更好的车子，这样他们的钱包就很快干瘪了,他们又开始对加薪、年终奖、股票充满了期待。这个方法非常管用,曾经的激励手段重新焕发出了活力。

这个案例很好地说明,在单纯采用外在激励作为激励手段的情况下,激励效果是有天花板的,外在激励对人的激励作用是先增后减的,如图10-8所示。

图 10-8　单纯的外在激励与价值创造关系

如果不用外在激励,而是回归到工作本身的价值和意义上呢?用价值和意义激励员工努力又会怎么样呢?当员工觉得工作本身是有价值和有意义的时,员工实际上处于内在动机状态,这个时候员工会自愿自发地付出更多的努力。而当这种努力换来更大的价值创造后,反过来又会增强员工的价值和意义感知。结果本身反过来又增强了输入,于是,这两者间形成了一个正向循环,这是典型的自催化过程,如图10-9所示。

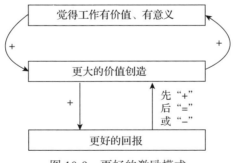

图 10-9　更好的激励模式

在强调工作价值和意义的组织里,并不是说就没有外在激励了,外在激励仍有,外在激励可能仍然对工作的内在动机有削弱作用,只是,这种削弱作用被内在动机给抵消了。于是整个激励机制就持续体现出增强的效果。

第十一章

组织的社会性：群体动力

现在，你知道自组织除具备生物性外，还有丰富的心理性，但物以类聚，人以群分，由人所组成的组织，还有其社会性的一面，有人的地方就有江湖。早在1943年，社会心理学先驱库尔特·勒温就说过这样一段话："虽然对于群体工作的科学研究仅有着几年的尝试，但是我毫不犹豫地认为，将人视为社会环境下的群体而非独立个体的做法，将会成为最重要的理论与实践之一。如果不去对群体中的生活进行科学的探索，我们将不可能建设出更好的世界。"[70] 勒温为此付出了毕生心血去研究和实践社会场域，从而成为场域理论和群体动力学的创始人。

人是社会人，终其一生都处于各式各样的群体生活之中，经历着情形各异的群体互动。你不妨坐下来，花几分钟把你一天所经历的事件罗列一下，然后删掉那些你和其他人一起经历的事件，看看还剩下多少。作为人类，我们拥有与生俱来的社会性质：从出生到死亡，我们的生命中充斥着各种群体。[71] 然而，处于群体中的人和单独的个人会有很大的不同。换言之，群体会影响个体的行为和表现。

一则寓言故事的启示

小时候，我们总会听到这样一个故事。

三个和尚没水喝[72]

从前有座山，山上有座庙，庙里有个小和尚。他每天挑水、念经、敲木鱼，给观音菩萨案桌上的净水瓶添水，夜里不让老鼠来偷东西，生活过得安稳自在。

不久，来了个年长和尚。他一到庙里，就把半缸水喝光了。小和尚叫他去挑水，年长和尚心想一个人去挑水太吃亏了，便要小和尚和他一起去抬水，两个人只能抬一只水桶，而且水桶必须放在扁担的中央，两人才心安理得。这样总算还有水喝。

后来，又来了个胖和尚。他也想喝水，但缸里没水。小和尚和年长和尚叫他自己去挑，胖和尚挑来一担水，立刻独自喝光了。从此谁也不挑水，三个和尚谁也没水喝。

为什么会出现一个和尚挑水喝，两个和尚抬水喝，三个和尚没水喝的现象呢？不应该是人多力量大，有更多水喝才对吗？

这则故事实际上蕴含了管理学中的三个效应：社会惰化效应、搭便车效应、傻瓜效应。

社会惰化效应

民间还流传着很多类似的寓言故事，诸如"龙多不治水""儿多不养娘"等，说的都是同样的道理：当多个人组成一个群体之后，群体绩效低于所有个体绩效之总和，也即群体产生了社会惰化。

如果说民间故事还仅是从经验角度揭示社会惰化的存在，那么法国林格曼（Ringelmann）教授于1913年开展的量化实验，则首次从科学角度对此进行了实证。实验中，林格曼教授让14个人去拉动一个重物，发现个体单独拉时平均可以拉动63千克；2个人一起拉时，平均只能拉动59千克；3个人一起拉时，平均只能拉动53千克……当8个人一起拉时，平均只能拉动31千克，还不到单独拉时平均重量的一半。这一实验揭示了团队合作的一个基本规律：人们在团队中工作时，往往不如他们单独工作时那么努力。一方面，团队绩效确实在随着人数的增加而递增，是的，没错，人多力量大，但另一方面，团队绩效增加的比例却随着人数的增加而递减——一个和尚在努力地挑水喝，两个和尚就变成了抬水喝。社会惰化效应如图11-1所示。[73]

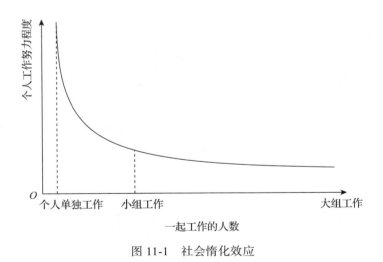

图 11-1　社会惰化效应

你可能会说，当多人一起拉重物时，会不会不是大家不努力，而只是大家没有往同一个方向使力呢？为了解答这个疑问，研究者又进一步开展了相关研究。英格拉姆（Ingham）等人于1974年复制了林格曼实验，在其实验中，他们在每个群体中只使用一个真正的参与者，其他群体成员全部是伪装的参与者,伪装的参与者在实验过程中并不真正使力,只是假装"喘气"以表明他们在用力拉。实验结果证实,当个体认为他们加入了一个多人群体之后,他们的努力程度确实降低了。

拉特纳(Latané)等人于1979年开展了一个类似实验,[74]只不过这次不是拉重物,而是让大家用力喊叫,测试他们在单独喊叫时所喊出的音量以及多人一起喊叫时的音量情况。在拉特纳实验中,6个人在一个房间里围坐成半圆,然后他们被要求以单独或者集体形式进行喊叫,正如林格曼效应一样,每个人喊叫的平均音量随参加人数的增多而递减。2人群体的平均音量为单人时的71%,4人群体的平均音量为单人时的51%,6人群体时则进一步下降为40%,这同林格曼效应是一致的。

那么,究竟是什么原因导致人们在群体中的付出程度下降了呢?

1981年,威廉姆斯(Williams)、哈金斯(Harkins)和拉特纳又开展了一个实验,[75]仍是测试个体和群体两种条件下个人喊叫的音量差异,只不过这一次,群体条件下每人都拥有了一个麦克风,他们被告知每人所喊叫的音量都可以被识别和区分出来。奇特的是,这次群体条件下的社会惰化效应消失了,个体在群体一起喊叫时所喊出的平均音量,与他们单独喊叫时别无二致。威廉姆斯等人推测,如果个体贡献缺乏可识别性,就会导致个体努力程度下降。

1985年,哈金斯与杰克逊进一步完善了这一结论,[76]他们表明,不是可识别性本身引起了社会惰化,而是当个体贡献不能被评价时才会发生社会惰化。这里的评价指的是具有可比性。例如,两人同时从事的都是搬砖工作时,他们的工作成绩就具有可比性,也就是可评价的。如果一个人搬了100块砖,另外一个人只搬了50块,那么显然前者的绩效要好于后者。但如果其中一个人在搬砖,另外一个人在跳舞,那么搬100块砖和跳2段舞之间就不具有可比性,虽然两者的贡献都可以被识别,但是不可对比,不可评价。因此,是评价驱动了个体的高绩效。

还有一组非常有意思的数据:[77]

▶ 在苏联,私有土地占总农用土地的1%,但产量却是农业总产量的 27%。

- 在匈牙利，农民曾在 13% 的自有耕地上产出了全国 1/3 的农产品。
- 在中国，自 1978 年实行土地承包责任制后，农作物产量以年均 8% 的速度递增，这一速度是过去 26 年平均增速的 2 倍。

从这组数据可以看出，为自己而努力和为大团队而努力，其努力程度是多么不同。这或许是企业不得不引入个人绩效考核和个人激励的原因之一，即便个体处于团队之中，也要清晰地让他看到他的努力是被评价的，他的付出是有回报的，"不让雷锋吃亏"。

搭便车效应与傻瓜效应

还是拿三个和尚没水喝的故事来说，小和尚最初十分努力地挑水给自己喝，可后来加入的年长和尚却想不劳而获，搭小和尚的"便车"，于是小和尚觉得自己被年长和尚当成了"傻瓜"，小和尚就减少了努力，这样，小庙就从挑水喝变成了抬水喝。这里实际上涉及管理学中的两个效应：搭便车效应与傻瓜效应。

当群体成员试图占他人便宜、不劳而获时，就出现了搭便车现象，就像那位年长的和尚一样。有时，这一占便宜行为可能也并非个体主观意愿，只是个体觉得自己势单力薄，在群体中即使努力，也不会对群体产生多大的贡献，所以干脆就不努力了。例如，一个世代以务农为生的农民，如果加入一个科学家人群中去研讨提升水稻的亩产量，那么他可能会觉得自己和科学家比起来，很不专业，实在是太渺小了，在这个时候，也许他本可以提供很好的见地，但他通常不会这么做，他会选择保持沉默，让科学家去构思方案。

在一个群体中，如果有人搭便车，那么那些被搭便车的群体成员就会觉得不公平，认为自己的努力成果被不劳而获的人据为己有了。于是，他们就会有一种自己被当成了努力为他人做嫁衣的"傻瓜"的感觉，久而久之，这些群体成员倾向于减少努力，或者逃离这一群体。就像三个和尚中的小和尚一样，老和尚自己不挑水却要喝他挑的水，这让小和尚觉得自己像个大傻瓜，所以他也不挑水了。在某些宿舍也会发现类似现象，那些只有两个人同住的宿舍，通常要比那些有 4 个或者 8 个人同住的宿舍干净。人群越大，产生搭便车心理的人就越多，被搭便车的人减少努力的可能性也越大，于是，整个群体的绩效就这样被拉低了。

社会惰化与内在动机

当个体置身于群体时，如果个体工作不被评估，个体会倾向于降低努力程度。但也不尽然，正如《绩效使能：超越 OKR》一书中所指出的那样，评估也会有损创新。这是否自相矛盾呢？其实，评估会减弱个体的创新成效，针对的是高趣味性工作，如绘画、作诗、软件编程、架构设计等，即个体认为工作本身是有趣的，而不评估会降低个体努力程度，针对的则是低趣味性重复工作，如拉重物、绕线等，即个体认为工作本身是十分枯燥乏味的。内在动机的一个前提条件是工作本身要有趣或有意义，而当一项工作本身无趣和无意义时，个体是缺乏工作的内在动机的。在这个时候，想要唤起个体努力意愿，唯有通过外在驱动，诸如评价、惩罚、激励等外在刺激手段。

这就又回到动机图谱了。动机图谱将人的动机分为三个大的类别：动机匮乏、外在动机和内在动机。如果能提升工作的趣味性，让个体喜欢，如探索类工作，那么工作本身就具备了内在动机前提；如果工作本身趣味性不高，但是能为其注入价值和意义，同样能让工作的人接近内在动机状态；如果工作本身既无趣，也不能为其注入价值和意义，那么剩下的就只有外在驱动了，也即通常的"胡萝卜加大棒"模式。"胡萝卜加大棒"模式的一大弊端是，员工对金钱的渴望是无止境的。

做枯燥乏味的工作时，如果身边没有眼睛盯着，没有人围观，工作成果不能被评价，那么个体就倾向于偷懒，这就是科学管理之父泰勒所说的"磨洋工"现象，也是华为创始人任正非所说的"人性是懒惰的"的缘起。

在这种场景下,一个人工作时的绩效要优于把他置身于一个群体中。当个体钻入群体怀抱时,个体仿佛找到了一个安乐窝,倾向于做"南郭先生"。

但是,相反的情形却也无处不在。小时候,一次偶然的机会,我得到了一个玩俄罗斯方块的游戏机,那时候计算机还没有普及,能够拥有一个这样的电子游戏机实属难得。可是,一个人玩一个游戏机,很快就会玩腻。然而,当自己觉得快玩腻的时候,一旦身边有小伙伴加入,就会立马提升游戏的趣味性,让自己突然间又兴致大增,想再多玩几次。也就是说,我玩游戏的兴致,随着人数的增加而增加了。你是否也有类似经历?后来,电脑开始普及,最初网络还不发达,很多游戏是单机版的,诸如益智类小游戏下象棋、玩扑克,大型角色扮演类游戏《仙剑奇侠传》等,这些都是人和机器玩的游戏,这些游戏在问世之初能唤起玩家的兴趣,可是玩通关之后玩家就会兴趣大减,燃不起重玩的欲望。再后来,网络游戏开始大行其道。网络游戏的一大特点是玩家可以通过互联网一起玩,玩家可以通过网络组队、聊天和互相赠送装备,诸如最初发布的对战类游戏《反恐精英》(CS),以及后来出现的大型网络游戏如《魔兽争霸》《剑侠情缘》等。自此之后,极少有玩家再迷恋单机版游戏了,全都转向了网络游戏。为什么QQ、微信等社交软件平台,非常容易推广它的新游戏?因为平台有天然的社交优势,可以便捷地拉上三五网友打上一局,游戏主动权更多地被交给了玩家。为什么置身于群体之中倾向于"偷懒"的个体,在游戏场景下却反而更加努力了呢?这说明,除工作本身的趣味性可以增强人做事的动机以外,人与人之间的联结也能增强工作的趣味性。如果工作本身是无趣的,做工作的人之间又没有适当的有意义的联结,个体自然是能偷懒就偷懒,更多人组成的群体就意味着可以偷更多的懒;如果工作本身是有趣的,或者即使工作本身是无趣的,但一起做这项工作的人之间可以进行有意义的沟通和联结,那么更多人的加入会激发个体更多的内在胜任感,也会培养个体之间的关系,从而提升个体的努力程度,个体在群体中反而会更加投入。

群体绩效分布探析

群体的绩效分布，究竟是正态分布，还是幂次分布（也称幂律分布）？以通用电气（GE）为代表的一大批传统企业认为，企业员工的绩效遵从正态分布规律。

正态分布规律告诉我们，从任意一个群体中随机抽取数量足够的样本，样本平均值接近该群体的整体平均值（见图11-2）。也就是说，样本的绩效分布，代表的是群体的真实绩效分布。这一规律被广泛应用在日常统计分析中，比如人口普查、美国总统大选预测，取得了很好的预测效果。

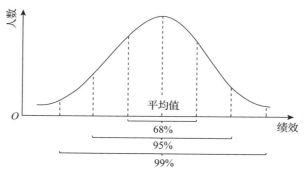

图 11-2　正态分布图

然而，不能因为手里拿着锤子，就把什么都当成钉子。正态分布有其适用条件，如果无视其适用条件，随意套用，就会适得其反。2016年的美国大选就是一个绝佳的反面案例。当时主流民调机构均预测，希拉里占有绝对优势，毫无疑问会当选，而实际结果却让人大跌眼镜，特朗普获得了306张选举人票，希拉里只获得了232张选举人票，普遍不被看好的特朗普最终当选。事后分析表明，导致民调机构普遍预测失误的主要原因，正是它们的抽样样本不具有代表性。

一个样本的绩效要符合正态分布，必须满足两个条件：随机抽样，而且样本量足够大。这两个条件缺一不可。那么，企业员工群体符合这两个条件吗？企业员工是随机进入企业的吗？在企业内进行绩效排名的团队是随机抽取的吗？强行按照正态分布来分析的群体数量足够大吗？答案是否定的。既然如此,为什么这么多企业会一致认为企业员工的绩效应当符合正态分布规律呢?

我们再来做一个分析:假如在自然条件下,社会上符合企业需要的所有人才构成的群体,其绩效表现符合正态分布规律,那么会存在如下几种情形。

(1)**知名企业**:企业在进行人才招聘时,如果有足够的资本,并且有很好的品牌效应,那么它通常能吸引优秀人才加入,这样就会过滤掉社会人才中的低绩效者,实际进入企业的人才会位于正态分布曲线的右半部分,如图11-3中的右图所示。如果仔细观察,你会发现,这个分布趋势非常接近幂次曲线的分布趋势。

(2)**一般企业**:一般企业,要么知名度不够,要么没有雄厚的激励资源,不足以吸引到足够优秀的人才,这样它只能退而求其次,获取中端人才,也就是位于正态分布曲线中间的部分,如图11-3中的中间图所示,这部分趋势线仍然维持了正态分布的典型特征。所以说,对一般企业而言,员工群体绩效符合正态分布是成立的。

(3)**困难企业**:如果一个企业刚刚起步,要什么没什么,那么它在人才吸引上会困难重重,这样它只能吸引到低端人才,也就是位于正态分布曲线左边的部分,如图11-3中的左图所示,企业几乎所有人才的绩效水平均低于行业平均水平。

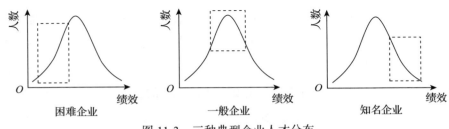

图11-3 三种典型企业人才分布

上述三种分布是在企业的招聘有效的情况下出现的,也就是说,企业的招聘部门能从社会上寻找到最适合企业当下发展阶段的人才。而如果招聘部门处于无序状态,对人才没有严格把关,其人选寻找过程类似一个随机筛选过程，那么它所获取的人才就满足随机且样本量足够大这两个正态分布条件，所以它招聘来的人的绩效也就符合正态分布规律。因此，一个企业如果声称它的员工绩效符合正态分布，也就等于承认了其人才引入过程的无序状态，或者说企业还属于一般企业，缺乏知名度，其薪酬水平处于行业平均水平。

2011年，有分析家称，谷歌向计算机科学专业刚毕业的大学生支付90 000～105 000美元的年薪，这比几个月之前高出了20 000美元，远远高于行业平均水平（80 000美元），因而，新兴公司已无法再跟进。[78] 正因为谷歌极佳的品牌知名度以及丰厚的物质回报，所以它对优秀人才有很强的吸引力，再加上其科学的人才招聘方式，使得加入谷歌的人才都处于正态分布曲线的右半部分。谷歌前首席人才官拉斯洛·博克（Laszlo Bock）在其所著的《重新定义团队》（*How Google Works*）一书中称，谷歌坚信人才的绩效分布不是正态分布，而是幂次分布。幂次分布的一个核心是：少数人创造了大部分绩效，大部分人的绩效低于群体平均值，这和正态分布恰好相反。正态分布认为，群体大部分人的绩效处于群体平均值周围。事实上，因为前述原因，他肯定是对的，但这话在其他企业是否成立，要具体问题具体分析。

在理论界，最早系统研究群体绩效分布规律的当属 Ernest O'Boyle JR 和 Herman Aguinis，两人在一篇论文中分析了研究人员公开发表的论文数、艾美奖提名人员被提名次数、NBA 球员进球数、美棒球职业联盟成员失误数分布趋势，得出的结论是，对这四类人群，其绩效分布更符合幂次分布，而非正态分布（见图11-4）。

对此，我的解释是：两人所取的样本虽然数量足够大，但是并不是随机选取的，两位学者在这里事实上充当了"招聘人员"的角色，他们过滤掉了那些夜以继日修改却仍被编辑拒绝的不合格文章，过滤掉了那些没有被提名为艾美奖的人，NBA 和美棒球职业联盟也是一个精英组织，其球员都是高绩效人才……这些原因导致群体成员绩效分布符合幂次分布，而非正态分布，因为它破坏了正态分布样本要满足随机性这一条件。

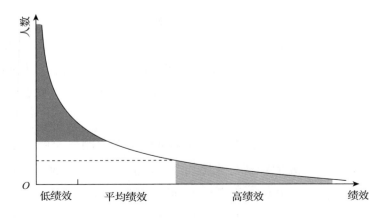

图 11-4　幂次曲线分布趋势

一般而言，当企业员工的绩效分布符合幂次分布的时候，企业员工更多的是内在驱动状态，企业更易实施绩效使能方法。但这并不意味着企业员工群体绩效分布处于正态分布的前半段时，就不适合开展绩效使能方法，只是鉴于此时企业的人才现状，该方法实施的难度要更大一些。

群体动力

澳大利亚新南威尔士大学的威尔·菲尔普斯（Will Felps）教授进行了一项有趣的研究，证明了在一个组织中，员工的工作状态会相互影响和彼此传染。他创建了若干团队，每个团队由 4 名大学生组成。这些团队被要求在 45 分钟内完成一项管理任务，表现最好的团队会获得一定的奖励。

学生们所不知道的是，菲尔普斯在这些团队中安插了一些特殊角色。

- 懒惰者：磨洋工、开小差，在大部分时间里把脚跷在桌子上玩手机。
- 狂傲不羁者：经常说些讽刺和挖苦团队成员的话。
- 沮丧的悲观主义者：垂头丧气，总在不停地抱怨任务不可能完成，对大家能否成功也非常悲观。

菲尔普斯发现，即使其他团队成员都很有才干，也很聪明，但是特殊角色的存在会大大降低团队的工作表现。在长达一个月的多次试验中，拥有"糟糕者"的小组的绩效比其他小组差了30%~40%。

奈飞在2001年互联网泡沫破灭时，面临严重的资金链断裂风险，公司也被迫裁员。裁员之前，公司有约120名员工，在经过一番评估之后，公司决定裁掉40名相对逊色的员工，以节约成本。裁员之后的那个圣诞节，公司业务增长迅猛，员工工作量大大增加。但奇怪的是，虽然公司人数少了1/3，员工的工作热情却空前高涨，大家都主动加班加点地完成工作任务。这种现象让CEO里德·哈斯廷斯（Reed Hastings）和公司人力资源负责人帕蒂大为不解，帕蒂当时一个劲地问CEO："里德，这究竟是怎么回事？大家是着魔了吗？工作起来跟谈恋爱一样，还是这里面有什么搞不懂的化学玩意？"这件事让奈飞此后坚定地相信，提升公司人才密度，以最高的薪酬找市场上最优秀的人，对组织的成功至关重要。奈飞CEO在其所著书籍《不拘一格》中鲜明地提出了一个观点：[79]

一个团队只要有一两个表现欠佳的人，就会拉低整个团队的绩效。如果你有5名优秀员工和2名表现欠佳的员工，这2名表现欠佳的员工会造成如下后果：

- ▶ 消耗管理者的精力，使他们没有时间把精力放在优秀员工身上。
- ▶ 团队讨论的质量得不到保证，拉低团队整体智商。
- ▶ 强迫他人围绕着他们开展工作，致使工作效率低下。
- ▶ 排挤其他追求卓越的员工。
- ▶ 向团队表明你接受平庸，从而使问题更加严重。

这些现象，和中国古语"一粒耗子屎，搅坏一锅汤"是一个道理。一个组织里的成员之间会彼此影响和感染，但更明显的是"劣币驱逐良币"。所以，高活力组织里，要始终保持对"劣币"的关注，及时清除他们，保持队伍的纯洁性。

组织协同

传统组织的协同,大多发生在团队内部,而团队与团队之间,大多老死不相往来,或者仅有少量的往来。我曾在华为做过组织诊断,问过员工一个问题:"在组织里,与你工作关系最密切的3个同事是谁?"基于大家的反馈,我绘制了一张关于团队1的协同网络图(见图11-5)。

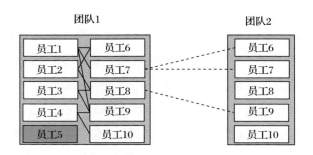

图11-5 传统组织里团队间联系图

这个团队的协作关系非常"整洁",一点也不乱。我们再从如下3个维度来分析团队1的工作协同关系。

(1)**人际连接力**:团队一共有10个员工,共反馈了12组工作关系,员工之间的连接强度只有1.2组关系/人,成员之间的连接比较弱。

(2)**关系孤岛**:特别有意思的是,没有任何人选择员工5,也就是说他不被团队的任何人感知和需要,他实际上相当于团队的关系孤岛。事实上,该员工在此后的3个月内提出了离职申请。人是社会性动物,当他在一个组织里失去社会连接之后,留给他的就仅剩下了"离开"这一个选项。

(3)**团队开放度**:进一步分析这12组连接,发现其中9组发生在团队内部,占比3/4,3组发生在团队之间,占比1/4。人均外部连接数为0.25组/人,团队成员的连接主要以内部连接为主,且这3组连接实际上只发生在两个团队成员身上,也就是说,80%的团队成员在大部分时间不与外部团队发生工作关系。从这个角度分析,这个团队比较封闭,开放度不够。

类似的问题，在阿里巴巴也进行过调研，在收到的 1402 份调研反馈中，人均协作次数为 2.68 次，是华为的 2.2 倍。在一个典型的 89 人团队里，该团队的 89 个人与外部团队的 151 个人共发生了 256 组工作关系，也就是说，这个团队人均外部连接数为 2.87 组 / 人，是传统组织的近 10 倍。其中一个员工，他所在的小团队有 12 人，他每天要跟 20 个外部同事打交道。从这一点也可以看出，互联网组织的协同关系通常是网状的，团队成员之间、团队与团队之间，通常会发生非常多的协同。对于互联网组织来说，固定的会议室根本不够用，所以它在开放空间里放置了很多沙发和电视屏幕，以供大家随时交流沟通。在互联网组织里，大家不是在沟通，就是在去往沟通的路上。互联网组织中的员工，也因此置身于更大的内部社会网络之中，他们身上具有非常强烈的社会性。

团队建设的重要性

群体社会惰化效应和组织协同问题的广泛存在，充分体现了在组织中进行团队建设的重要性。没有团队建设，或者团队建设糟糕，都会拉低团队的整体表现，而有效的团队建设，则会大大提升团队的整体绩效。乔恩·R.卡曾巴赫基于研究，把团队分为四种类型：假团队、传统团队、有效团队和高效团队，这些团队的生产力水平如图 11-6 所示。[80]

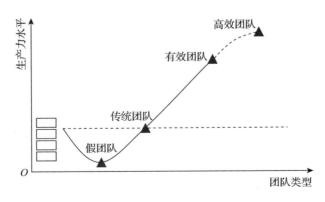

图 11-6　团队绩效曲线

假团队是指那些虽然被指定到一起工作，但成员对这项工作并不感兴趣的团队。团队成员认为大家彼此之间是竞争关系，他们虽然也会有相互交流，但实际上是貌合神离，把对方视为自己必须击败的对手，因而暗地使坏，以使自己的利益最大化。这样的团队，其团队绩效远低于个体单独工作时的绩效总和。三个和尚组成的小团队就是一个假团队。

传统团队是一群被分配到一起工作的一群人组成的团队，并且团队成员接受大家必须这样做这一事实。成员相信他们会作为独立个体被评估和得到相应的奖励，而不是作为一个群体被通盘考量。团队成员之间分工明晰，彼此之间只需要少量的互动和依赖。虽然传统团队的绩效大于团队成员个人绩效之和，但部分团队成员会偷懒，试图依靠那些尽责的团队成员，通过搭便车来完成自己的工作。

有效团队的生产力远大于团队成员独立工作时生产力的总和。有效团队是一群愿意奉献自己以最大化自己和他人成就的人所组成的群体。团队成员非常乐于在一起共事，他们相信他们的成功有赖于团队所有人的共同努力。有效团队存在如下一些特征：

- 团队成员之间存在积极的相互依赖，这种相互依赖促使团队成员群策群力去达成团队的共同目标。
- 双向沟通。
- 分布式领导力。
- 基于专长的权力赋予。
- 在决策过程中允许团队成员挑战他人的观点。
- 建设性地解决团队内的冲突。

高效团队满足有效团队的所有特征，其生产力远超团队成员单独工作时的生产力总和。高效团队与有效团队之间的差异，在于高效团队里的团队成员对团队目标的承诺水平更高。高效团队通常具备如下特征：[81]

- **清晰的目标**：团队成员知道他们要去往何方。
- **团队成员认可的角色和分工**：团队成员知道他们在团队中所扮演的

角色及具体的分工。
- **信任和支持的团队氛围**：团队成员间相互支持，愿意分享彼此的想法与感受。
- **开放和参与式的沟通环境**：团队成员能参与到团队沟通的过程中，尽量统一意见，共同做出决策。
- **有效的问题解决和决策机制**：一旦做出决策，团队成员都能接受并承诺执行。
- **支持型的领导风格**：领导者支持团队成员的工作，并协助推进下属工作的达成。
- **有效的冲突处理**：冲突不可避免，适度的冲突有益于团队的成长和进步。
- **支持型的组织文化**：团队文化要能匹配团队的运作方式，并能支持目标的实现。
- **绩效跟进**：定期跟进绩效完成情况并做出必要的调整。

阿里巴巴非常注重做团队建设。在阿里巴巴广为人知的中供铁军团队中，存在着三种典型的团队建设方式。[82]

- **生活团建**：阿里巴巴每年都会在年休假之外，给团队集体带薪休假2天，并给予每人1000元的费用补贴，以鼓励团队远离办公地，到其他与工作无关的地方进行生活团建。阿里巴巴的生活团建不只是吃喝玩乐，而是在吃喝玩乐的放松场景中，让大家互相敞开心扉，坦诚相见，借此增进彼此的非工作情谊。生活团建的价值是要"创造赢的状态"，为团队的未来蓄势。
- **思想团建**：思想团建的目的是实现阿里巴巴所说的"一颗心"，让团队达成思想上的统一，以凝聚情感。要在思想上达成一致，管理者需要向团队成员反复强调团队的工作理念和做事方式，指明哪些是团队倡导的，哪些是团队反对的。另外，管理者还要善于讲故事，相比于枯燥的宣导和说教，故事更有记忆点和趣味性，也更容易在团队中传播。阿里巴巴的"裸心会"是一种很好的思想团建方式。阿里巴巴在给中供铁军的领军人卫哲举办三周年成年礼时,马云组织整个高管团队一起开了一场"裸心会",让大家给卫哲提意见,还专门邀请了柳传志、史玉柱等外部人士一起参与。这场长达两个半小时的"裸心会"对卫哲来说是一次极大的心灵震撼。从那次之后,卫哲才从一个精英"空降兵"真正融入阿里巴巴。

▶ **目标团建**:不管是思想团建,还是生活团建,都是在为目标团建做准备。目标团建是要让团队成员理解并认同团队的共同目标,其核心是"随时随地制造成功,随时随地定义成功"。阿里巴巴在制定目标时,通常会组织团队核心成员一起进行目标共创;在正式启动一个项目时,团队会召开开工会(kick off meeting);在达成目标的过程中,会定期进行目标进展通晒;在达成目标之后,还会举行复盘会和庆功会。通过开好这几场会,阿里巴巴确保了团队成员始终围绕着一张图去打一场仗。

群体动力学家戴维·W. 约翰逊和弗兰克·P. 约翰逊基于大量研究,给出了建设有效团队的七大指导原则。[83]

▶ **原则一**:设立清楚的、可操作的、与大家相关的群体目标。使之能够在团队中促进形成积极的相互依赖关系,并激发出高承诺水平。

▶ **原则二**:建立起有效的双向沟通。通过这种沟通,团队成员就能够准确地、清晰地交流观点和感受。

▶ **原则三**:确保所有成员都拥有领导和参与的权力。

▶ **原则四**:确保权力分配给了所有成员。在团队成员努力达成共同目标的时候,团队的需求会决定施加影响的模式。

▶ **原则五**:决策要符合三个条件,即时间和资源的可用性,决策的规模和重要性,实施决策所需要的承诺水平。最有效的决策方法是达成共识。

▶ **原则六**:鼓励进行结构化的争论。在争论中,团队成员可以提出自己的观点，反对并挑战其他人的结论和推论，由此形成高质量的、有创造性的决策。
- ▶ 原则七：确保成员敢于面对利益冲突，并能使用整合式协商与调解的方法来建设性地解决冲突。

遵循这些原则去开展团队建设，可以有效地增强团队的凝聚力，减少社会惰化现象的发生，提升团队的战斗力。

另外，一项基于约 80 项研究的元分析显示，人们可以通过下述方式避免社会惰化效应的出现：[84]

- ▶ 让每个成员的贡献都变得可识别。
- ▶ 使任务目标对个人而言是有意义的、有挑战的、重要的、可参与的、有吸引力的和有内在兴趣的。
- ▶ 任务完成得很好可能得到重奖。
- ▶ 成员认识到每个人的付出都会使群体表现得更好。
- ▶ 提高群体凝聚力。
- ▶ 每个成员的表现都会受到其他人和管理者的评价。

第十二章

组织的社会性：组织文化

社会技术系统学派创始人特里司特（E.L.Trist）及其在英国塔维斯托克研究所的同事曾经在煤矿做过一个实验。在这个煤矿中，工人们过去习惯自行组织成一个团队，完成从深井中挖煤到把煤炭运输出来的所有工作。基于泰勒科学管理思想，要提升工作效率，就需要提升工作的专门化，让挖煤的矿工只负责挖煤，运输的矿工只负责煤炭运输。煤矿也按照这一方法做了。但奇怪地发现，煤矿的产能非但没有提升，反而下降了。分析后发现，工作专门化后，工人们相互之间的联系变少了，他们对这样的分工方式非常反感，他们更喜欢原有的彼此紧密合作模式，更倾向于全链条地去做从挖煤到把煤炭运输出来过程中的所有事情。这一研究再次说明：

所有组织，只要存在的时间足够长，都无一例外地会逐渐形成独特的组织文化，这也正是组织社会性存在的最好例证。还是那句话，有人的地方就有江湖，而有江湖的地方，就有文化。

文化的三层结构

一般意义上，文化由三个层次构成，底层是理念层，中间层是制度层，表层是器物层。

理念层表明企业的深层文化假设是什么，企业究竟要什么和不要什么。通常企业都会将其深层假设用核心价值观的形式做出表述，在阿里巴巴是用阿里巴巴土话表述的"新六脉神剑"，在华为是"以客户为中心，以奋斗者为本，长期坚持艰苦奋斗"，在腾讯是"正直、进取、协作、创造"。除核心价值观外，企业通常还会用其他方式扩充其深层文化假设，例如，华为是《华为基本法》，阿里巴巴是102句阿里巴巴土话。

制度层指的是企业的一系列规章制度，通过这一系列规章制度来确保其深层文化假设得以贯彻落地。华为建立了一系列激励举措来确保其核心价值观的落地。例如，华为对其要外派去的海外国家进行了艰苦程度区分，分为特别艰苦地区、艰苦地区、一般地区和发达地区，像阿富汗、尼日利亚就属于特别艰苦地区，卢旺达、柬埔寨等属于艰苦地区，欧美日属于发达地区。艰苦地区的外派艰苦补助每日可达50美元/天，发达地区则没有外派艰苦补助，这种激励政策的差异，正是华为对"以奋斗者为本"核心价值观的体现。阿里巴巴则实行"业绩+价值观"双轨制考核，通过对员工进行例行的价值观审视，确保价值观不流于形式，内化成员工的日常行为。此外，阿里巴巴的合伙人制度，其出发点也是为了有一个文化传承的坚强班底。

器物层则指企业的建筑装潢、办公环境布置等一系列通过外显的器物承载的文化形象。你无须走进华为的园区，你只需一瞥其建筑，就能感受到华为严谨、低调的特点。当你走进办公区，你更可以从员工的办公位的布置、公司墙上的各类标语，体会到这家企业严肃、正经、奖惩分明的文化特点。而走到阿里巴巴的 5 号楼，看到楼中间放置的两个大大的橙色淘公仔形象时，你立马能感受到这家企业年轻、有活力、有趣好玩的特点。华为办公区整体呈冷色调的灰色，阿里巴巴园区整体呈暖色调的橙色，这一办公区色调的差异也体现了企业的深层文化假设。华为早期面向的是运营商客户，提倡一次性把事情做对，强调严谨；阿里巴巴面向的是中小商家及消费者，因而希望激起消费者心中好奇、猎趣的一面，从而极力塑造自己年轻、活泼的形象。每家成功的企业，最终都会和它的客户越来越像，正如每对恩爱的夫妻，时间长了都会有夫妻相一般。

理念层需要制度层去保障，理念层也需要器物层去外显和承载。本质上，器物层和制度层，最终都需要围绕理念层去构建。理念层就好比大树的根，制度层是枝干，器物层则是长于枝干之上的繁茂枝叶（见图 12-1）。

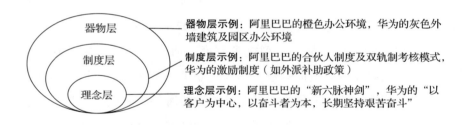

图 12-1　文化的三个层次

下面将以阿里巴巴为例，就文化的三个层次展开阐释。

理念层

阿里巴巴尤其重视文化，文化已经渗透到阿里巴巴企业治理的每一个角落。阿里人身上有着强烈的文化自信，这和其创始人马云有着密切的关系。马云的父亲是一位戏曲家，曾经担任过浙江省曲艺家协会的主席，马云身上也流淌着艺术的血液。这就是为什么马云即使在成为企业家后也要拍摄电影《功夫》，在公司 18 周年和 20 周年年会上亲自盛装进行歌舞表演。阿里巴巴的高管也深受马云的影响，每逢公司重要活动，高管们都会来一段太极表演或其他文艺类表演。这些绝不是故意策划的，马云确实很喜欢艺术活动，这是其真性情的流露。

阿里巴巴自 1999 年成立，迄今已 22 年。22 年间，阿里巴巴构筑起了庞大的文化理念体系，根深蒂固。这庞大的理念体系包括三个部分：最内核的价值观、中间的文化观、表层的人才观。

价值观

价值观是阿里巴巴最核心的深层理念，是其整个文化大厦的底座。马云说："阿里巴巴之所以是一家独一无二的公司，是因为我们的文化和价值观，是价值观让我们成为自己，而不是别人，让我们在最关键的时刻永远做出正确的决定。"现任 CEO 张勇也说："价值观能够真正激发我们内心的共鸣，是支撑我们走下去的独特文化。"阿里巴巴的管理层深信，价值观是其员工的共同相处之道，是所有人做人做事的共同约定，是阿里巴巴实现使命、愿景的重要过程指引，是阿里巴巴文化的基石，是其基业长青的保障。因此，阿里巴巴极为重视价值观，不断审视和迭代升级其价值观。

还在阿里巴巴成立仅两年的时候，阿里巴巴第一任 COO 关明生就推出了公司价值观的第一个版本，谓之"独孤九剑"。这套价值观体系从 2001 年沿用到 2004 年。"独孤九剑"是什么？顾名思义，"九剑"指价值观由九条构成，分别是：团队（teamwork）、教学相长（teach and learn）、质量（quality）、简单（simplicity）、激情（passion）、开放（open）、创新（innovation）、专注（focus）、服务与尊重（service & respect）。阿里巴巴对各条价值观有详细的解读，如表 12-1 所示。

表 12-1 "独孤九剑"详细解读

价值观	价值观解读
团队	● 我们是一群平凡的人，团结在一起做一件不平凡的事。阿里巴巴要做的事很大、很多，需要所有人的努力，每个人的贡献对阿里巴巴来说都是独特的、有价值的。我们因我们的同事而自豪 ● 彼此互信，能坦诚建言，提供良好的想法 ● 当公司出现问题的时候，能共同承担责任，所有的员工说"我们一起来解决问题"

（续）

价值观	价值观解读
教学相长	• 阿里巴巴的每一个进步和成就都来自所有阿里人的发展。学习更好的技术，学习更好的管理，学习更有效率地工作，向竞争对手学习，向同事学习，只要可以更好，就要学习 • 每个人在阿里巴巴都可以获得更成功的自我 • 帮助同事发展就是帮助阿里巴巴，就是帮助自己
质量	• 我们的工作的质量体现为"客户满意" • 没有质量的工作就是浪费。阿里巴巴的发展只能来自我们不断地给客户带来高质量的服务 • 对于今天，我们要制定出最高的标准，来检查自己工作的状态，并将自己的工作调整到最高效率。对于明天，我们要提出超越的目标，使自己的工作一天比一天进步
简单	• 做产品要简单。阿里巴巴不是为专家设计的产品，阿里巴巴是所有商人都可以使用的工具。真正的高技术把复杂留给自己，把简单带给客户，就像傻瓜相机一样简单 • 做人要简单。不以自我为中心，换位思考，学会理解别人
激情	• 守住我们的激情，永远像第一天上班，百分之一百地投入 • "Life is tough." "Never never never give up." 面对挫折和竞争，我们自信并充满必胜的信念，永不放弃
开放	• 开放是互联网的精神，是新经济企业的灵魂。我们认识到世界的多样性和复杂性，关注并去理解外部世界的变化和变动，参与并促使这个世界变化和变动的大潮中，求同存异 • 我们是全球化运作的公司，要融合不同地域、不同文化、不同习俗的人共同工作，吸收一切有利于公司发展的有益的文化，共同参与网上全球贸易市场的开发与建设 • 对同事、对客户、对一切事，一定要诚实，永远讲真话，乐于并善于沟通
创新	• 创新是企业的生命，是新经济的生存之道。赢得竞争的重要法则是比对手更快地将新产品、新服务投入市场并占领市场。因此，公司的最大敌人是自己，是自满和停止不前 • 在公司的制度建设、管理、财务运作、人力资源计划、产品开发、市场营销等各个方面，我们都要创新
专注	• 我们做公司不是因为别人也在做，不是因为别人希望我们做，我们做是因为我们相信我们能做到，知道我们什么时候、怎样才能做到 • 我们像猎人，看准了一只兔子，就千方百计抓住它，我们不会改变我们的目标 • 公司的资源是有限的，必须集中资源做正确的事，做最应该做的事，而不是成为又一个小型社会组织 • 我们知道每个人工作的时间是有限的，必须把我们的大部分的时间花在最能产生价值的事情上
服务与尊重	• 阿里巴巴是商务服务公司，我们帮助商人成功。我们今天提供的不是技术，不是产品，我们提供的是我们的经验和时间。了解客户的需求和痛苦，用我们的心来帮助他们解决问题。我们提供他们最需要的服务，不推销他们不需要的东西，要让客户真正感受到被服务的快乐 • 我们要尊重我们自己，尊重我们的公司，尊重我们的同事，尊重我们的客户，尊重我们的竞争对手 • 尊重自己，热爱自己的职业，深刻理解公司对自己的信任，个人利益服从于公司利益，为公司争取最大价值 • 尊重公司，宣传公司的使命与价值，传播公司的优秀文化 • 尊重同事，维护团队形象 • 尊重客户，想客户所想，急客户所急 • 尊重竞争对手，合理合法地开展业务

阿里巴巴成立之初，其业务主要是做中国供应商，即把国内中小商家的货卖到国外。所以"独孤九剑"是为适应这样的业务场景而提出来的，当时团队规模也不大。此后，随着阿里巴巴规模的快速扩张，淘宝诞生，业务多元化，"独孤九剑"版本过于复杂，不易理解和落地，于是阿里巴巴在2004年对"独孤九剑"价值观进行了升级，提出了"六脉神剑"价值观，这六脉分别是"客户第一、团队合作、拥抱变化、诚信、激情、敬业"，各条价值观解读如表12-2所示。

表12-2 "六脉神剑"详细解读

价值观	价值观解读
客户第一	● 客户是衣食父母 ● 尊重他人，随时随地维护阿里巴巴形象 ● 微笑面对投诉和受到的委屈，积极主动地在工作中为客户解决问题 ● 与客户交流过程中，即使不是自己的责任，也不推诿 ● 站在客户的立场思考问题，在坚持原则的基础上，最终达到客户和公司都满意 ● 具有超前服务意识，防患于未然
团队合作	● 共享共担，平凡人做非凡事 ● 积极融入团队，乐于接受同事的帮助，配合团队完成工作 ● 决策前积极发表建设性意见，充分参与团队讨论；决策后，无论个人是否有异议，必须从言行上完全予以支持 ● 积极主动分享业务知识和经验；主动给予同事必要的帮助；善于利用团队的力量解决问题和困难 ● 善于和不同类型的同事合作，不将个人喜好带入工作，充分体现"对事不对人"的原则 ● 有主人翁意识，积极正面地影响团队，改善团队士气和氛围
拥抱变化	● 迎接变化，勇于创新 ● 适应公司的日常变化，不抱怨 ● 面对变化，理性对待，充分沟通，诚意配合 ● 对变化产生的困难和挫折，能自我调整，并正面影响和带动同事 ● 在工作中有前瞻意识，建立新方法、新思路 ● 创造变化，并带来绩效突破性的提高
诚信	● 诚实正直，言出必践 ● 诚实正直，言行一致，不受利益和压力的影响 ● 通过正确的渠道和流程，准确表达自己的观点；表达批评意见的同时能提出相应建议，直言有讳 ● 不传播未经证实的消息，不背后不负责任地议论事和人，并能正面引导 ● 勇于承认错误，敢于承担责任；客观反映问题，对损害公司利益的不诚信行为严厉制止 ● 能持续一贯地执行以上标准

(续)

价值观	价值观解读
激情	● 乐观向上，永不言弃 ● 喜欢自己的工作，认同阿里巴巴企业文化 ● 热爱阿里巴巴，顾全大局，不计较个人得失 ● 以积极乐观的心态面对日常工作，不断自我激励，努力提升业绩 ● 碰到困难和挫折的时候永不放弃，不断寻求突破，并获得成功 ● 不断设定更高的目标，今天的最好表现是明天的最低要求
敬业	● 专业执着，精益求精 ● 上班时间只做与工作有关的事情；没有因工作失职而造成的重复错误 ● 今天的事不推到明天，遵循必要的工作流程 ● 持续学习，自我完善，做事情充分体现以结果为导向 ● 能根据轻重缓急来正确安排工作优先级，做正确的事 ● 遵循但不拘泥于工作流程，化繁为简，用较小的投入获得较大的工作成果

"六脉神剑"价值观从 2004 年一直沿用到 2019 年 9 月 9 日。在此期间，阿里巴巴业务急速扩张，发展为一个巨大的覆盖从电商、金融、物流、云计算、本地生活、文娱到各个新兴业务的数字经济体，组织变得更加多元、网状、灵动，需要更大的创造力和活力。基于此背景，阿里巴巴对其原有的"六脉神剑"价值观再度进行了升级。2019 年 9 月 10 日，在阿里巴巴成立 20 周年年会上，马云宣布了阿里巴巴新的价值观体系，取名"新六脉神剑"。马云在会上说：

"今年是阿里巴巴的 20 周年，从 18 个人到今天的 10 万名员工，从一个小小的公寓的梦想，到今天阿里巴巴数字经济体所承担的责任。我们所有人都明白，实现"让天下没有难做的生意"的使命，要让阿里巴巴走完 102 年，服务全球 20 亿个消费者，创造 1 亿个就业机会，帮助 1000 万家中小企业盈利的愿景，需要不断地去完善我们的价值观体系。而这个价值观体系必须传承过去、立足今天，必须是全球化的，也必须着眼于未来。"

这次价值观的升级，从想法提出到最终成型，用了近 3 年的时间，核心历程如表 12-3 所示。

表 12-3 "新六脉神剑"成型历程

时间	事件
2016	马云第一次在合伙人会议上提出经济体概念
2018/6	马云在合伙人古田会后回杭州的飞机上,提出对未来的畅想,要求合伙人群体认真讨论,伴随经济体升级,使命、愿景、价值观要整体升级
2018/8	合伙人北海道会议第 1 次讨论。在这次会上正式开启了第一轮对文化价值观的讨论,明确使命不变,确定了"2+1"的经济体愿景,提出了价值观升级的需求,由 HR 牵头落地
2018/12～2019/1	阿里巴巴集团组织文化部完成两轮摸底,覆盖了各事业群不同层级、司龄、岗位、年龄的一线员工和管理者
2019/1	合伙人会议第 2 次讨论。会前,集团 OC(组织文化)提交了调研结论;会上,合伙人经过激烈讨论,确定选择六句土话作为新版价值观;会后,由集团 OC 牵头草拟价值观的结构、诠释及行为描述
2019/4	合伙人会议第 3 次讨论。马云确认了六句土话的缘起故事,合伙人讨论了价值观的诠释和行为描述
2019/4～2019/7	组织阿里巴巴海内外 200 多名中高管广泛参与讨论、打磨文字,前后经历了 11 稿修改
2019/7/16～2019/8/12	组织 HR 中高层、海内外组织部成员进行共 10 场分组讨论,并在当年公司组织部大会上进一步听取和求大家的建议,提炼精髓,打磨文字,前后修改了 5 稿;其间,8 月 9 日合伙人会议第 4 次讨论,逐字逐句确认了使命、愿景及"新六脉神剑"文字表达
2019/8/16～2019/8/19	合伙人会议第 5 次讨论,确定最终稿

从"新六脉神剑"的生成过程可以看出,阿里巴巴极其重视价值观,愿意花大力气去打磨。"新六脉神剑"由 6 句阿里土话构成,分别是:

客户第一,员工第二,股东第三

因为信任,所以简单

唯一不变的是变化

今天最好的表现是明天最低的要求

此时此刻,非我莫属

认真生活,快乐工作

阿里巴巴对这 6 条新价值观也有详细的描述及行为解读,如表 12-4 所示。

表 12-4 "新六脉神剑"详细解读

价值观	价值观诠释	行为解读
客户第一，员工第二，股东第三	• 这就是我们的选择，是我们的优先级 • 只有持续为客户创造价值，员工才能成长，股东才能获得长远利益	• 心怀感恩，尊重客户，保持谦和 • 面对客户，即便不是自己的责任，也不推诿把客户价值当作我们最重要的 KPI • 洞察客户需求，探索创新机会
因为信任，所以简单	• 世界上最宝贵的是信任，最脆弱的也是信任 • 阿里巴巴成长的历史是建立信任、珍惜信任的历史 • 你复杂，世界便复杂；你简单，世界便简单 • 阿里人真实，互相信任，没那么多顾忌猜测，问题就简单了，做事也因此高效	• 诚实正直，言行一致，真实 • 不唯上欺下，不抢功甩锅，不能只报喜不报忧 • 善于倾听，尊重不同意见，决策前充分表达，决策后坚决执行 • 敢于把自己的后背交给伙伴，也能赢得伙伴的信任
唯一不变的是变化	• 无论你变不变化，世界在变，客户在变，竞争环境在变 • 我们要心怀敬畏和谦卑，避免"看不见、看不起、看不懂、追不上" • 改变自己，创造变化，都是最好的变化 • 拥抱变化是我们最独特的 DNA	• 面对变化不抱怨，充分沟通，全力配合 • 对变化产生的困难和挫折，能自我调整，并正面影响和带动同事 • 在工作中有前瞻意识，建立新方法、新思路 • 创造变化，带来突破性的结果
今天最好的表现是明天最低的要求	• 在阿里巴巴最困难的时候，正是这样的精神，帮助我们渡过难关，活了下来 • 逆境时，我们懂得自我激励；顺境时，我们敢于设定理想目标 • 面对未来，不进则退，我们仍要敢想敢拼，自我挑战，自我超越	• 认真踏实，完成本职工作 • 保持好奇，持续学习，学以致用 • 不为失败找借口，只为成功找方法，全力以赴拿结果 • 不满足现状，不自我设限，打破"不可能"的边界
此时此刻，非我莫属	• 这是阿里巴巴的第一个招聘广告，也是阿里巴巴第一句土话，是阿里人对使命的相信和"舍我其谁"的担当	• 独立思考，独立判断，不随波逐流 • 工作中敢于做取舍，敢于担责任 • 打破边界，主动补位，坚持做正确的事 • 在需要的时候，不计较个人得失，挺身而出，勇于担当
认真生活，快乐工作	• 工作只是一阵子，生活才是一辈子；工作属于你，而你属于生活，属于家人 • 像享受生活一样快乐工作，像对待工作一样认真地生活；只有认真地对待生活，生活才会公平地对待你 • 阿里巴巴因你而不同，家人因你而骄傲 • 我们每个人都有自己的工作和生活态度，我们尊重每个阿里人的选择	• 这条价值观的考核，留给生活本身

在结构上，"新六脉神剑"沿用了老"六脉神剑"的金字塔结构，最顶端是"客户第一，员工第二，股东第三"，中间是"因为信任，所以简单""唯一不变的是变化"，底端是"今天最好的表现是明天最低的要求"

"此时此刻，非我莫属""认真生活，快乐工作"。正如马云在阿里巴巴20周年年会上所说的那样，价值观是使命、愿景体系之下的价值观，价值观是为了达成使命和愿景服务的。也就是说，阿里巴巴的"新六脉神剑"价值观，只有放在阿里巴巴的使命、愿景体系之下，才是完整的价值观体系，如图12-2所示。

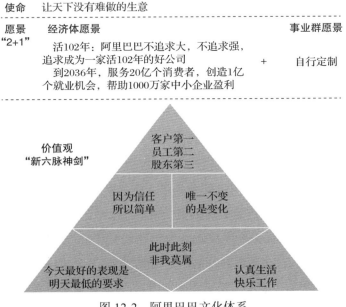

图12-2　阿里巴巴文化体系

使命是一群人为什么要在一起的初心，是一个组织最重要的东西。没有使命的组织，是一群乌合之众，没有使命，组织走着走着，一定会累，一定会迷茫，会失去方向。

使命是虚的，业务是实的。阿里巴巴的哲学是虚事实做，实事虚做。指导"实"的业务的，是"虚"的使命。变的业务背后，是不变的使命。

而愿景，则是要去往的方向和未来的画面。愿景一定是非常实在、明确和具体的。如果使命是天马行空的，愿景就要脚踏实地。愿景是组织基于未来，对市场、对政策环境、对竞争对手、对员工整体判断后得出的，因此会不断进行阶段性更新。

阿里巴巴价值观的故事

1. 客户第一，员工第二，股东第三

大部分企业都会把"客户第一"作为自己的核心价值观，比如亚马逊的使命是"做地球上最以客户为中心的企业"，华为的核心价值观叫"以客户为中心"，本质上都是一个意思，但只有阿里巴巴的"客户第一"价值观表达得最立体。"客户第一"，是在"员工第二，股东第三"的背景下映衬出来的。当单纯面对客户场景时，很多企业的员工都能做到"客户第一"，因为客户是衣食父母。阿里巴巴的员工自称"小二"，也是在时刻提醒自己，在客户面前，自己应当谦卑。那么，当客户利益和股东利益发生冲突时呢？这时要做到"股东第三"，并不那么容易。

阿里巴巴就发生过这样一个故事。

2008年，全球股市一片哀号，阿里巴巴的股价此时已经跌破4港元。为谋求更多资金，支持公司更好地发展，阿里巴巴也在积极地向投资人进行融资。由于受美国次贷危机的影响，阿里巴巴平台上的客户的生意也日渐艰难，当时阿里巴巴向平台商家收取的年费是6万元。公司做过估算，要保持最低利润，阿里巴巴至多可以把年费降低到5万元。但马云坚持认为：客户现在的日子都这么难了，阿里巴巴如果不为客户着想，赚再多钱有什么用？马云坚持要继续降低年费，这在当时的公司高层中发生了激烈争执，有人赞同马云的提议，但也有高管担心，如此一来，阿里巴巴就失去了支撑公司发展的最基本的粮食。最后，在马云的坚持下，把年费降低到了1.9万元，按当时的用户基数，阿里巴巴作为一个平台，非但不赚钱，还要亏钱。什么是"客户第一，股东第三"？这就是"客户第一，股东第三"。当客户利益与股东利益发生冲突时，优先从客户利益考虑问题。

2. 因为信任，所以简单

一直以来，在用户心中，淘宝是卖便宜货的地方。为了升级用户心智，提升消费者对阿里巴巴平台的品质感知，阿里巴巴决定分拆淘宝，将真正有实力的大商家留在天猫，没有实力的小商家继续在淘宝里面孵化。

2011年10月10日，淘宝商城发布新规，调整对商家的技术服务费和违约保证金，引发了淘宝中小卖家的抗议。阿里巴巴希望借此建立一个非常严格的入驻门槛，于是在一夜之间宣布将淘宝商城入驻费用从一年6000元提升到6万元，保证金从1万元提升到10万元。还有一个条件，如果商家当年的销售额没有超过15万元，无论如何第二年要被清退出去。这个标准的制定人就是今天阿里巴巴的总裁张勇。

此举在当年引发了"十月围城"事件，3000多个中小卖家围攻淘宝商城，而且发动了一波又一波对大商家的攻击。它们恶意在天猫平台上购买商品，买完以后商家会安排送货上门，然后当快递送货上门时买家拒收，这样天猫平台上的商家就白折腾了一大圈，最后还要自己支付运费。淘宝小商家希望用这种方式抵制阿里巴巴提高服务费的做法，把天猫平台上的东西买下架。

应该说，张勇那时在做出这个决定时，是缺乏深思熟虑的。这件事造成了极大的社会影响。但阿里巴巴并没有因为这件事而处罚张勇，2015年张勇成为阿里巴巴CEO，2019年9月10日董事局主席的位置也交给了他，足见阿里巴巴对他的信任。所以张勇说"唯梦想与信任不可辜负"，这于他而言是有切身感受的。

文化观

公司文化观

除内核的价值观外，阿里巴巴在其长期的发展历程中，形成了独有的语言体系，称为"阿里巴巴土话"。目前公司内部共有102句阿里巴巴土话，它们是阿里巴巴发展过程的结晶，是在价值观之上的文化萃取。要理解阿里巴巴的文化，除了价值观，最重要的就是要理解它的102句土话。这102句土话涵盖了梦想篇、敬业篇、压力篇、困惑篇、团队篇、管理篇共6个篇章，几乎涵盖了员工在公司工作的方方面面。这些土话简单易记又充满智慧，很容易成为指导员工日常工作的行为准则。事实上，阿里巴巴新版的 6 条核心价值观，正是来源于这 102 句土话，足见阿里巴巴土话的影响力和魅力，它们是阿里巴巴文化的宝藏。

第一篇　梦想篇：同学，这块砖头是你掉的吗

说明：阿里巴巴的梦想源自长城上的一块砖头，阿里巴巴相信，每个阿里人的心海里都曾落下过一块砖头，或大或小。心有多大，舞台就有多大。

1. If not now, when? If not me, who?（此时此刻，非我莫属！）

这句话透露出舍我其谁的担当，以及揭竿而起的豪气，透露着身为阿里人的胸怀和斗志！

1999 年 11 月 11 日，阿里巴巴高调发布人才招聘信息。当天阿里巴巴在《钱江晚报》第八版发布招聘广告，虽然这并不是阿里巴巴第一次刊登招聘广告，却是第一次发出"If not now, when? If not me, who?"（此时此刻，非我莫属）英雄帖。这句豪言壮语响当当地说出了"舍我其谁"的使命感和责任感，至今听来依旧热血沸腾，成为阿里人的经典土话。

这句话已成为阿里巴巴"新六脉神剑"核心价值观之一。

2. 心有多大，舞台就有多大！

3. 今天最好的表现是明天最低的要求！

阿里人常用这句话鼓励自己和团队，这既是进取的表现，也是自信的表现。既做好当下，也相信明天会更好！

这句话已成为阿里巴巴"新六脉神剑"核心价值观之一。

4. 蹲下来是为了跳得更高！

5. 生命在于折腾，不在折腾中崩溃，就在折腾中涅槃！

6. 快乐工作，认真生活！

2009 年 2 月，内网一员工家属抱怨加班问题的热帖引出了马云对阿里人的如此号召。工作和生活是分不开的，阿里人在工作的同时也要认真去生活。阿里人是一群有梦想、有激情，能实干但很会生活的人！他们能每天把工作后的笑脸带回家，第二天能把生活的快乐和智慧带回阿里巴巴！时间是挤出来的，把握好工作和生活的平衡，给生活时间越多的人，工作也会做得越好。

7. 梦想不足以让你到达远方，但是到达远方的人一定有梦想！

8. 想不等于做，做不等于做到，做到不等于得到，更不等于成功！

想清楚了就要去做，不做永远不会有结果；做了就要尽量做到最好，做到满足期望；做到了还要有所领悟，有所收获，并总结经验教训以供他人学习。

9. 听到，知道，悟到，做到！

从小到大，很多话我们听到很多遍，我们会说："烦死了，早知道了！"可是我们却从来没做到。要做到，先要"悟到"，悟到才是真懂，才会动手去做。可惜我们绝大部分时候停留在自以为是的听到。用心去倾听，去感悟，"悟后起修"！

10. 定位"有什么，要什么，放弃什么"，关键的要素是"要去做"！

11. 没有过程的结果是垃圾，没有结果的过程是做无用功！

过程和结果都很重要，而且这两者密不可分，好的过程带来好的结果，而好的结果源于好的过程。

12. 做发动机，不要做飞轮！

飞轮靠别人推动，发动机推动别人。所以曾经有过一个"推车"项目，把飞轮变成发动机。

13. 公司要为员工创造环境，但员工的成长最终靠自己！

14. 今日因，明日果！

今天的结果不是今天造成的，只有未来的结果才是当下决定的。不要纠结于已成的事实，或追究过去的缘由，更应该重视今天的每一个过程和决定，把握现在。

15. 马上做，做精彩！

消灭拖延现象，追求卓越品质！

第二篇 敬业篇：心脏肥大？好事啊，脚稳就更好了

引语：我们不缺战略、不缺想法，缺的是将之变现的人，因此心要大，脚要实，而急于证明自己，就不会有投入的心态。

16. 心要大，脚要实！

梦想要远大，目标要高，但一定得脚踏实地，否则一样走不远。

17. 再大的愿景都是从小处着手的，越大的图越要从小处搞，越小的东西越要从大处着眼！

凡事先想想愿景，定好目标，列好计划，整合资源，多思考几套方法，暂时忘掉结果，用心专注去做好每一件事，讲究循序渐进，深知欲速不达，过程中不断去跟进、辅导、鼓励和推动，持续总结并及时完善，永不放弃就一定可以成功！

18. 士兵需要的不是望远镜，而是地图！

想成为将军的士兵，按地图行动，打下一个山头是他成为未来将军的第一步，不积跬步无以至千里。不能好高骛远、眼高手低。

19. 说出来的是你想的，做出来的是你说的，交出来的是你做的！

我们不要言不由衷，不要说归说、做归做。说了做不出来，也不要做了却没结果。

20. 一个方案是一流的创意加三流的实施，另一个方案是一流的实施加三流的创意，哪个好？我选一流的实施加三流的创意！

1999 年至今，在杭州设立研究开发中心，创办阿里巴巴网站……马云说他和孙正义都有这样一个共同的观点。

21. 与其等待与能力匹配的机会，不如培养与机会匹配的能力！

机会来时，准备好了才是机会，否则是别人的机会、你的后悔。准备好了，本来不是你的机会也会被你拿到。

22. Don't Complain. If you do want to complain, please complain with suggestion.（不要抱怨。当你想抱怨时，请带着建议抱怨！）

23. 没有坑，就先让自己成为萝卜！

"晋升首先得有这么一个坑，然后你刚好优秀，适合这个坑，就可能晋升。换句话说，并不是你优秀就一定能晋升，如果没有这个坑也没用。"但同时，如果没有坑，就让自己先成为萝卜吧！是萝卜，得到那个坑就是迟早的事情了。

24. 总是想要证明自己的，就没有了投入工作的心态！

工作不是为了证明自己，是为了让自己有满足感。成绩是大家有目共睹的，不用担心公司看不见。心态不对了，结果也好不起来。

25. 不要让事情找你，而要你找事情！

做事有两种方式。①事情找你：每天上班等着别人安排事情给自己做。你会发现事情很多，应接不暇，忙都忙不过来，一天下来人很疲劳，事情还有很多未完成。②你找事情：每天早上安排好自己要做的事情，根据重要性和实际情况一个一个完成，一天下来，看到已经完成的工作，会有种成就感，心情也会很好，越做越享受。

26. 加班是应该的，不加班也是应该的，只有完不成工作是不应该的！

有员工提出"是否应该加班"的疑惑，马云给出了答案。做好时间管理，积极改进工作方法，提高工作效率，完成工作，做好工作，至于是否加班，它只是一个表现。

27. 很傻很天真，又猛又持久！

对于梦想、目标和愿景我们傻傻地坚持，对于业绩我们迅速猛烈并且持久，"Double-digit growth every month"（确保每月实现两位数的增长）。

28. 勇敢向上，坚决向左！

曾鸣教授某一次分享他个人这几年的体会："勇敢向上"指的是要敢于向上承担，承担似乎远远超出自己能力的责任，这样才有大发展的可能。不要害怕失败，要有勇气挑战自己的极限！"坚决向左"指的是不要过于依赖自己的核心能力，要不时地走走不同的路。走常规的路，只会有常规的结果。

29. 剥洋葱，刨根问底！

我们都需要这种精神。最忌不求甚解，得过且过。时间紧、没机会等，都不是不求甚解的借口。一个自动自发的人，会找一切机会去深入理解他所接触的事物。

30. 刚工作的几年比谁更踏实，再过几年比谁更有激情！

新人忌讳浮躁、好高骛远和懒惰，老人忌讳麻木和悲观。试着常常告诉自己要像第一天那样去工作，保持激情，保持乐观、积极，充满希望。

31. 100米赛跑的时候你是没有时间去看你的对手的，跑得最快的方法就是盯着终点的白线拼命跑！

面对竞争，不要死盯着对手，只要盯着你们共同的目标努力，自然会赢。

32. 永远不要跟别人比幸运，我从来没想过我比别人幸运，我也许比他们更有毅力。在最困难的时候，他们熬不住了，我可以多熬一秒钟、二秒钟。

33. 如果你惧怕或计较KPI，那你还不是在创业！

在制定和接受KPI的时候，就一些数字或文字计较，而出发点是为了容易完成、得高分。如果把自己定位为创业的人，必定不会这样，反倒希望目标高一点，再高一点，因为你知道那可以激发你的潜力，减除你的惰性，早日获取成功。

第三篇　压力篇：So what（那又怎么样呢）

引言：只要工作就会有挫折，但那又怎么样呢！即使第一百次跌倒，还可以第一百零一次站起来。

34. So what！！！

这是当年很流行的一句话。碰到挫折和暂时的失败，阿里人会豪情地说一声"So what"，然后继续前行！很管用的，你心情不好的时候，试着大声说说看，大声喊出来的感觉很好。

35. 不怕输才会赢！

如果你输不起百万，你就做不到千万！不要因为害怕犯错或害怕失败，而失去博取成功的斗志和机会。

36. 与其怕失败，不如狠狠地失败一次！

有一种人做事，怕这，怕那，总要想了又想。想是好的，但想了又不去做就没意思了。怕啥？在失败中总结，再来过。狠狠地在失败中成长！

37. 有功无过是短暂的，无功有过是行不通的，有功有过是最好的！

有功无过是短暂的，短期内或许可以，但一直这样则肯定是虚假的繁荣，经不起推敲，也不可能持久；无功有过是行不通的，要么是放错了位置，要么是能力有问题，需要立刻改变；有功有过是最好的，不惧怕犯错，在错误中成长，所有的经历尤其是挫折最终都转化为蜕变的力量，那是真正的牛人；最不可接受的是无功无过，随波逐流浑浑噩噩混日子，心态麻木不求甚解，不求有功但求无过。如果这样的风气在我们的组织中滋生，又因为极具隐蔽性，那是很危险的。

38. 今天很残酷，明天更残酷，后天很美好。但是绝大部分人死在明天晚上，只有那些真正的英雄，才能见到后天的太阳！

要坚持，坚持者必胜！

39. Never never give up！（永远不要放弃！）

40. 即使第一百次跌倒，我还可以第一百零一次站起来！

失败并不可怕，关键是要有面对失败的勇气、从失败中总结教训的智慧，以及重新站起来的坚持。

41. 不难，要你干吗？

当接到一个感到有点难度的工作时，你可以这样激励自己。不要有畏难情绪，正是因为难，我们的工作才有价值！

42. 事做不做得到，有的时候是听天由命，但是做不做、怎么做那是关键！

马云：我现在天天在想怎么整出一千万家小企业生存的平台、一亿个就业机会。假如是十年以前，这样的想法肯定没戏，按照传统方式思考也肯定没戏，所以我必须思考得不一样。我们必须用不同的方法，用人类可能创造出的无数智慧、勇气、胆略去做，这是我现在在想的十年以后的理想。从今天开始做，我相信我们还是有办法、有戏的。

43. 不要给失败找理由，要为成功找方向！

44. 不要再纠缠于"长期"和"短期"，很多时候长期已经成为现在不做事情的借口。

重要的是你要解决什么问题，如果这个问题是一个 2 个月可以解决的问题，那就用 2 个月去解决，不用纠结于 2 个月是否过于"短期"；如果这个问题是一个需要2年才能解决的问题，那就用2年去解决，不用纠结于2年是否过于"长期"。

45. 与其抱怨老板关注细节，不如比老板更关注细节！

有些时候，我们不经意间会抱怨老板太关注细节导致自己没有空间。其实可以反过来想想，为什么老板会关注细节呢？当老板对过程不可控的时候就会关注细节，当你不够关注细节的时候，你就会被动。记住，无论你是什么位置或者角色，一定要比你的老板更关注细节！

46. 有些事情想想难，其实只要行动起来，也就解决了！

47. 把你手头的工作当作吃饭来对待，你一定可以做好！

不把工作当作任务，而是生活必需，而且按时、定点、定量，按部就班做下去，并享受过程。做过知回味。

48. 要么是态度问题，要么是能力问题，要么两者都有问题！

这是结果不好时，我们需要自我反思的。

49. 心中无敌，方能无敌于天下！

这是在2006年年会上，马云讲竞争的智慧时提到的。这也是阿里巴巴成为伟大公司的秘诀！

50. 人的胸怀是被冤枉撑大的！

马云曾对大家说："加入阿里巴巴，我不承诺丰厚的报酬，但承诺一肚子的委屈。"在逆境中成长，把压力转化为动力，是一份宝贵的经验。

第四篇 困惑篇：每个月总有些日子不舒服，但痛并成长着

引语：待久了，面对重复、面对压力、面对外面的机会，总会倦怠，总会烦躁，总会迷惘，总会有这样那样的不舒服，但这就是你成长的时刻。

51. 合理的要求叫作锻炼，不合理的要求叫作磨炼！

假如上级很难应对，就把它当成锻炼，反正今天不过这个关，明天还得过，周围的生活、社会的压力，比这些难得多的还有。合理的要求叫作锻炼，不合理的要求叫作磨炼，自己心里很好地去释放这种所谓的压力。

在这个过程中，不断把自己能够承受的压力再扩展、放大，今天其实没有什么压力是过不去的，但是需要有时间安静。

52. 看不出问题就是最大的问题！

不可能存在完美的状态，实际上存在的问题远远比我们看到的还要多。

53. 打不死的是信念，绕不开的是变化！

54. 为过程鼓掌，为结果付酬！

这要求我们做事要以结果为导向，要清楚我们的目标和方向，然后努力去达到那个目标。

55. 高效做好重要和紧急的事情，腾出大量时间做重要不紧要的事情，尽快做好紧急不重要的事情，避免不重要不紧急的事情。

56. 最大的错误就是停在原地不动，就是不犯错误。关键在于总结、反思，错误还得犯，关键是不要犯同样的错误！

57. 机会太多，只能抓一个。抓多了，什么都会丢掉！

58. 说了不一定有机会，但不说一定没机会！

有表现才会被发现，被发现才有可能实现。有想法没有说出来和没有想法，在别人看来是一样的。所以当有人总说自己"怀才不遇"时，也要先反省一下自己。

59. 你感觉不舒服的时候，就是成长的时候！

感觉不舒服的时候，人都希望通过某些途径和方法让自己舒服，于是不舒服成了驱动人进步和成长的动力！有了不舒服，关键是要学会对症下药。

60. Back to basic！（回到根本！）

这是2001年遭遇互联网寒冬时马云提出的口号。当时阿里巴巴不但坚持了下来，而且在寒冬过后迅速实现盈利。此后，这句话经常出现在公司的年度会议或各大讨论中。实际上它是面对困难、挫折、瓶颈、不知该如何办时采用的一种有效方法，就是回到我们最基本的原则、根本上来。当你遇到困难、不知所措的时候，你的法宝就是"回到根本"。

61. 对你工作的头衔、你承担的职责，不是要把它看"轻"，而是要看"清"！

要看得更清楚，只有看得更清楚以后，你才知道它什么时候为你所用，你是不能为它所累的。如果你对得起这个头衔，那你就看清了，而不是绕到这个事情本身上，无外乎在不同的位置上干的事情不一样。有些时候别人晋升了，而自己没有轮到机会，心里面会有这样那样的纠结，或者被不公正对待的时候，也会有这样那样的纠结，这非常正常。很多事情一定要自己经历过以后，才会看得更清楚。

62. 当你只是需要一根针时，千万不要去磨铁棒！

清晰了解目标，合理利用资源，时刻记得自己想要的是什么。

63. 别把沙子放大为绊脚石！

不要试图取悦所有人，一定有天生就喜欢你的人，也得允许有不待见你的人。关键别忘了自己想做成什么事，想成为什么样的人，别自个儿把沙子放大为绊脚石。

64. 不要把自己太当回事儿，也别把自己太不当回事儿！

谦虚地对待自己的优势，自信地正视自己的弱势。要学会放下，但同时不能太小看自己。

65. 你自己觉得有，别人感觉不到你有，你就是没有！

人要经常跳出来看自己，要学会从别人那里照镜子，并且要做到所思所言所行一致，则别人所见才将趋于一致。

66. 有勇气去改变可以改变的事，有胸怀去接受不可改变的事，用智慧去分辨两者的不同！

这是行动力，更是良好的心态。

67. 自得其乐是一种能力！

无论工作还是生活，都要投入。你要跟那个事情合而为一，千万不要把自己跟它对立开，割裂开，然后让自己处于一种挣扎和矛盾当中，那是非常耗费能量的一件事。

68. 快乐和烦恼都是自己给的!

不要拿别人的错误来惩罚自己。让自己开心些,要爱自己,而且只有爱自己了,才能爱别人。

第五篇　团队篇:亲,你不是一个人在战斗,不是一个人

引语:你我皆凡人,团队才是那个点石成金、成就非凡的魔术师。亲,你不是一个人在战斗,你也没法一个人战斗。

69. $1\times1\times1\times1\times\cdots\times1=1$,$1.1\times1.1\times1.1\times\cdots\times1.1\approx3$,$0.9\times0.9\times0.9\times\cdots\times0.9\approx1/3$!

用数学来说明价值观的价值。每个人都做好本分,那仅仅是一个合格的团队;每个人多做一点,这个团队就有可能获得数倍于现在的成就;如果有人少做一点,就会影响全部,如果每个人都少做一点,这个团队将缺失很大一部分,结果会越来越差。

70. 分享是学习她姥姥!

教别人是我们最好的学习方法,因为分享让我们精心准备、科学总结、重新思考……

71. 创新的实质是理想,总是盘算着心里的小九九是不会有真正的创新的!

创新需要完全突破过去、突破当下,所以只管往前看,只管为实现理想而努力!

72. 必须高调地把目标喊出来,让别人帮你,让别人来监督你!

必须高调地把目标喊出来,让别人帮你,让别人来监督你。学会高调的第一步是行动!一开始高调一定不会习惯,一定会很紧张,慢慢就会适应!

73. 不要害怕把自己的弱项暴露给他人!

如果为了自己的弱点刻意去逃避,或者为了自己的弱点刻意去隐藏,终究受累的是自己,并且会影响你的速度!

74. 平凡人做非凡事!

其实我们很平凡,但我们团结在一起就能干出一项非凡的事业!

75. 认真做事，大度做人！

2005年5月，马云发现公司内网论坛上出现了一些抱怨的话题，于是说出了这句话。"阿里巴巴还很年轻，它正在高速发展中。我们需要的不是抱怨，而是理解、支持、建议，我们需要每个阿里人用自己一点一滴的努力去完善它。我们一起来创造公司的每一个进步，让每一个进步给我们带来快乐和成果！我们团队精神的真正含义是我们一起去学习，一起去成长。我们要在做好自己工作的同时尽自己最大的努力，尊重、帮助和爱护我们的队友。阿里人，我们有着伟大的目标和使命，我们只有改变自己才能改变我们的未来。从今天起，我们就要学会欣赏和支持我们身边的人，因为总有一天我们将会一起面对世界上最大的挑战！"

76. 己所欲，施于人！

与人相处如照镜子，你怎样对待别人，也在怎样对待自己，你希望别人怎么对你，你要首先怎么对别人。而且，这个观念比"己所不欲，勿施于人"更积极。

77. 我说你听，我做你看，你说我听，你做我看！

78. 管理要外圆内方，做人也要外圆内方！

彭蕾在2008年HR年会上提出，HR待人接物上要圆，即柔和；内心要方，即有原则。这同样适用于其他岗位，而且不仅适用于管理，适用于工作，做人也适用。

79. 假话全不说，真话不全说！

直言有讳。

80. 不要总认为自己比别人聪明！

谦虚没什么坏处，不要总把对方当傻瓜，其实谁都看得明白。

81. 改变别人之前，先改变自己！

以身作则，自己想要别人做的，先令自己做到。

82. 乐于"揪头发"，勇于"照镜子"！

83. 不要让自己的队友失败！

84. 当你的伙伴需要你伸出一只手时，不妨把肩膀也给他！

相信世界是圆的，自己也有需要被帮助的时候！付出和给予多一些，不仅自己可能得到的会更多，更是一种无私的大爱。

第六篇　管理篇：这是什么活？需要捧着，需要技巧，还要负责

引语：管理不易，管理一群聪明人更难，需要技巧，更需要舍我其谁的魄力。

85. 当你有一个傻瓜时，你会很痛苦；你有 50 个傻瓜时是最幸福的，他们吃饭、睡觉、上厕所排着队去；你有一个聪明人时很带劲；你有 50 个聪明人时实际上是最痛苦的，他们谁都不服谁。我在公司里的作用就像水泥，把许多优秀的人才黏合起来，使他们的力气往一个地方使。

86. 让你的员工为共同的目标工作，绝不要为你的人格魅力工作！

87. 重复等于强调！

作为管理者，要承担上传下达的角色。在这个过程中，不断重复是很重要的。作为员工，如果听到管理者对你重复某件事情，那证明他在强调这件事的重要性。

88. 不要以"为别人考虑"为理由，其实丢弃了"舍我其谁"的使命感！

有时候作为领导者首先需要一种气势，还要承担，把大家的涓涓细流汇聚成滚滚洪流！

89. 错误的决定比没有决定要好！

乍听很刺耳，但是仔细想想很有意思。领导人的决断、责任、勇气，机会的稍纵即逝……

90. 开会不能总讲和气，越和气就越微妙！

讨论事情，虽然难免主观，但在"理"字上，总是可以逐步融合并达成理解的。有不同的想法，总要碰撞了才知道差异在哪里，即使求同存异，也要明白地知道同是哪里同，异是哪里异。否则，害怕冒犯了别人，也害怕别人让自己没面子，表面是和谐了，可实际上大家的心却越来越生疏。有了观念的碰撞，最终达成理解，表面很激烈，可大家的心却越来越近了。

91. 管理者要学会自己舔伤口，舔完自己的伤口还要去舔别人的伤口！

这句话对于一些容易受伤的人很受用，话糙理不糙。生活充满挫折，如果没有一点自我调节能力，可要郁闷死了。尤其管理者，除了调节自我，还要调节团队。

92. 任何人的错都是我的错！

任何一个负责任的同学，出现问题时都有必要这样想：凡事先反省自己，不要一味埋怨他人，甚至理所当然地以为肯定是别人的问题，与自己无关。

93. 你刚来可以抱怨你的手下是一群混蛋，但是如果过了一年你还在抱怨，那么你才是一个真正的混蛋。

马云告诫管理者不要只看到员工的缺点和不足，而更应该想办法让他们提高，这是领导的作用。

94. 没有愚蠢的问题，只有愚蠢的回答！

2004年7月的"百年阿里"培训上，在问答环节，马云鼓励大家提问。这句话既是在鼓励普通的员工，也是在督促管理者。

95. 管理不是为了方便自己，而是为了方便别人！

2009年10月14日，员工满意度调查汇报会上，马云提出对管理者的这一要求。

96. 员工为自己的发展负责，管理者为下属的发展负责！

97. No surprise（没有惊喜/惊怒）原则。

如果你的绩效考核结果让你吃惊了，那么你的主管有问题：你惊喜——他/她平时表扬你不够；你惊怒——他/她平时批评你太少。从管理角度而言，不管是惊喜或是惊怒都不是好事。

98. 主管要学会三个方向的沟通：向上沟通，要有胆量；平行沟通，要发自肺腑；向下沟通，要有心肝。

简单、开放、真诚的沟通很重要！管理者的提升，是团队最大的提升。主管向这三个方向去做，团队必定齐心合力，事半功倍。

99. 对自己要以身作则，对团队要将心比心，对业务要身先士卒！

100. 团队的成长是管理者最大的成功！

团队只有不断地在专业领域的深度和广度拓展，才能在规模不断扩展的情况下让大家拥有激情、充满希望。团队的脊梁，必须承担着团队发展的责任，不断地提高自己的同时教会别人，否则就无形中抑制了后来者的发展空间，人才梯队发展受阻。

101. 最好的领导是做心灵的导航仪，而不是做赶车人！

管理者不能只顾追着任务，把员工当机器，而要给他方向和指引，教他方法，给他资源的支持，帮助他解决困惑，让他宽心、开心。

102. 不忘初心，保持好奇，坚持不懈，做好自己！

业务子文化观

对一个公司来说，它的核心价值观是普适的，原则上所有的业务板块均应遵循，这是一个公司共同的底层假设。价值观的外层，还包裹着公司层的文化观。但各个业务又有自己的独特性，所以在共同的核心价值观、文化观之上，又衍生了业务的子文化。

例如，在阿里巴巴，有淘宝、天猫、B2B、客户体验等业务板块，淘宝和天猫通称淘系，它的子文化是武侠文化；B2B通称B系，也就是大名鼎鼎的中供铁军，它的子文化是铁军文化；与铁军相对，阿里巴巴还有一支柔军——客户体验事业群。马云对柔军的诠释如下。

柔：我们是一群对客户温暖相待的人，是阿里巴巴里爱商、情商、智商兼具，最坚持客户第一的人。

军：我们也是一群训练有素、由智能技术产品驱动的有战斗力的军队。

马云还说，阿里铁军让他感动，阿里柔军让他感恩。阿里巴巴对客户体验事业群（COO）有清晰的定位，它主要是向客户提供更高效的一体化的服务体验，它是阿里巴巴"客户第一"文化的捍卫者。我曾经在该事业群负责组织文化和组织发展工作，帮助事业群系统生成了它的服务文化。它主要通过下面几个步骤来生成：

（1）员工层访谈。

（2）管理层访谈。

（3）总裁对焦。

（4）管理层征求意见。

（5）员工层面征求意见。

（6）全员发布。

下面简要回顾这一生成过程。

1. 员工层访谈

为了了解员工心目中的文化关键词，我们采访了近100位一线员工。采访过程中问了他们一个问题：最能体现阿里柔军特质的三个词是什么？一线员工反馈了很多，提及占比最多的10个关键词是："温暖""客户第一""温柔""有力量""相信服务""专业""坚持""亲切""敬业""解决问题"，各关键词的提及占比如表12-5所示。

表12-5 各关键词的提及占比

序号	关键词	占比
1	温暖	17.84%
2	客户第一	11.74%
3	温柔	6.57%
4	有力量	6.57%
5	相信服务	6.10%
6	专业	4.23%
7	坚持	2.82%
8	亲切	1.41%
9	敬业	1.41%
10	解决问题	1.41%

从这些关键词的占比来看，大家眼中的阿里柔军，首先是温暖的，其次要坚持"客户第一"的价值观，然后在面对客户时要做到温柔和有力量。

2. 管理层访谈

一线员工心中的文化，是他们眼中当下的文化，管理者代表的是组织，既需要做好当下，也需要把组织牵引向未来。所以，在生成文化关键词阶段，我们也访谈了近60名管理者。他们眼中的关键词及提及占比如表12-6所示。

表 12-6　各关键词的提及占比

序号	关键词	占比
1	相信服务	11.43%
2	同理心	10.00%
3	客户思维	9.29%
4	数据分析	5.00%
5	好奇心	5.00%
6	皮实	4.29%
7	问题解决能力	4.29%
8	客户坚持	3.57%
9	责任心	2.86%
10	创新	2.86%

也就是说，在管理者眼中，服务人首先要相信服务能够为客户创造大价值，然后要有同理心，要有客户思维，这些是提及最多的三个关键词，当然，大家也提到了"好奇心""创新"这样有未来感的词语。

3. 总裁对焦

在征集完一线小二、管理者对阿里柔军文化关键词的意见后，我们整合生成了一个初步的文化关键词版本，它包括三个词：客户第一、相信服务和利他，并做了如表 12-7 所示的解读。

表 12-7　各关键词解读

关键词	一句话解释	详细解读
客户第一	阿里柔军是阿里巴巴"客户第一"的首席代言人	●客户体验的守护者，真正以客户体验为准，有坚定的立场、服务准绳和信念，坚韧不妥协，"就这样算了"的反面 ●联动业务共同设计体验流程，做体验的设计者 ●做客户体验的布道者，引领"客户第一"文化
相信服务	在服务方面，尤其因为相信，所以看见	●相信服务能成为商业的核心竞争力 ●内心真正认同服务价值，相信自己在服务方面能获得价值 ●对服务保有热爱，相信微小的改变也能带来价值
利他	利他是要有成就他人的心	●利他既有意愿，要真心为对方考虑，以互利双赢为基准做事情，不要只顾着自己眼前的"两亩三分地"；也有理解和实现客户价值的能力 ●赋能的过程就是利他，用利他的心，成就客户、成就伙伴，最终成就自己 ●客户价值和平台价值有冲突的时候，利他就是智慧和选择

对焦下来，文化关键词进行了升级，变成了爱、担当和创造。犹如一线员工所说的那样，服务人最大的特色是温暖，比温暖更进一步则是爱，爱服务、爱客户，"爱"让我们成为同路人。同时，由于很多客户求助问题牵涉到复杂的多方协同，在这种情况下，服务人需要勇于担当，主动推动直到问题解决。最后，服务要走向未来，需要不断地去创新创造，开辟新的赛道，用数据、技术、智能的方式快速识别用户问题和解决用户问题。

4. 管理层征求意见

文化更多的是自上而下的文化，所以在同总裁对焦之后，文化关键词就基本上算是生成了。但阿里巴巴是一家视人为人的公司，在同总裁对焦之后，总裁还希望让他的直接下属也一起来看看这几个关键词是否足够代表阿里柔军的特质，足够把组织引向未来。所以我们又在总裁的管理例会上做了一次汇报，大家各抒己见给了各自的理解和输入，最后就这几个关键词达成高度共识，同时对文化关键词给出了新的诠释（见表12-8）。

表12-8 各关键词诠释

关键词	一句话解释	详细解读
爱	爱服务、爱客户，"爱"让我们成为同路人	● 爱是化解一切的力量，拥有温暖有力量的爱，有热情和相信，服务的布道者 ● 爱客户，心怀客户，客户体验是第一优先级 ● 爱是服务人的底层假设，拥有利他和同理心是每个服务人的基本属性
担当	解决者、共建者、客户第一的担当者	● 客户问题的终结者，问题到我为止 ● 客户体验的共建者，打破边界，推动业务，体验共建 ● 用结果诠释CCO是"客户第一"价值观落地的组织保障
创造	破常规、勇探索，做服务的"造"风者	● 敢于突破常规、创造令人尖叫的服务 ● 勇于探索，自我革命，敢试错，创造新的体验 ● 新赛道，颠覆旧模式，做服务的"造"风者

5. 员工层面征求意见

在完成管理层意见征集之后，文化关键词基本就定稿了，包括关键词以及关键词的解读。但为了不让员工觉得这是管理者心血来潮拍脑袋拍出来的，我们又通过在线方式在阿里巴巴内部论坛上发起了一个"橙TALK"活动，邀请事业群所有员工用一句话或一张照片诠释CCO的文化关键词，该活动得到了1051名员工的参与，一共贡献了72条解释，收到了非常多的金句。例如，与关键词"爱"相关的金句有：

- 爱是CCO存在的理由，是客户视角下的客户价值。
- 爱是"眼里是人，心里是善，脑里是智"，爱不是多情却是有义。
- 爱是服务人的DNA，是服务的灵魂。
- 爱是对客户对伙伴对服务的爱，是这些爱的共振。
- 将心比心，以心换心。
- 爱是温暖的力量感，是彼此帮助的社会责任感。
- 爱是生而为人，心怀善良。客户是亲人，更是朋友。
- 爱是未来可期，不忘初心。
- 爱是包容理解，换位思考。
- 不仅用心去爱，也要用脑去爱。
- 心中有爱，眼中有光。
- 爱是让我快乐的事情，只有你乐在其中，你才能坚持下来，参与到别人的生活中，见证不同人的人生阶段，快乐和成就是不一样的。
- 爱是从自我出发，成为爱的光源。
- 爱很简单，多付出一点。
- 爱是客户第一的升华。
- 爱是把麻烦留给自己，把方便留给他人。
- 爱是服务人的基本属性。
- 爱——有爱的心，充满温度；有爱的服务，更懂客户。

与关键词"担当"相关的金句有：

- 担当是问题到我为止。

- 担当是服务人的血液，是一种油然而生的使命。
- 担当是我愿意的勇气和我可以的自信。
- 担当是对创造客户价值的坚信和笃定。
- 所有热爱服务的人都有一个特征——会做一些与绩效无关的事儿。
- 担当是只来一次，只说一次。
- 担当是"此时此刻非我莫属"的勇敢和坚定。
- 最大的担当就是"我是阿里员工，我代表整个阿里经济体"。
- 担当是"明知山有虎，偏向虎山行"的无畏勇气。
- 担当是坚持到底，突破规则。
- 担当是一夫当关的勇气和信念。
- 担当是跨越边界，愿意献出自己的肩膀。
- 敢于跨界，敢于拍板。
- CCO 是阿里最后的底线，CCO 是整个集团的担当。
- 您好，这里是阿里巴巴，就是担当。
- 成熟的担当就是成就他人。
- 担当是顺境中的彼此成就，逆境中的舍我其谁。
- 担当——遇事有我，同进共退。
- 担当是决心，不破楼兰终不还的决心。

与关键词"创造"相关的金句有：

- 造风口，创造新的赛道、商业模式和可能性。专业自信就需要创造！
- 创造可以是从 0 到 1，从 1 到 1.1 亦是创造。
- 创造是相信世界因我不同。
- 创造为服务人插上翅膀。
- 创造是服务走向极致的通路。
- 不忘初心，心怀好奇，换个角度看世界。
- 创造是要去追风口，去带来真的业务上的创新。

- ▶ 服务就是生产力。体验会成为未来商业核心竞争力。
- ▶ 首先要敬畏规则，也要有突破规则的心。
- ▶ 创造的背后是像海绵一样去吸收，吸收的过程中要保持好奇心去思考。
- ▶ 创造是不自我设限。
- ▶ 逆风前行，面向未来布局。
- ▶ 创造就是未来，服务最有爱、最有担当，体验创造无限可能。
- ▶ 在爱与担当的基础上创造一个又一个敢想敢做的事迹！
- ▶ 创造——更好，更新，更敢想，一切皆有可能。
- ▶ 创造是行动，是诗酒趁年华的行动。

这些都是非常宝贵的素材，是员工心中的文化关键词的含义。通过全员参与关键词的诠释，文化关键词彻底传到了所有一线员工，真正变成了所有人共同的文化关键词。

6. 全员发布

为了凸显文化关键词的重要性，事业群召开了一个大会，邀请能代表这些文化关键词的一线员工首先分享了他们的文化故事，然后由总裁上台正式发布三个文化关键词，最终正式版本如下。

爱，是我们最独特的文化，是我们的特色。爱是化解一切的力量，是"客户第一"的升华。阿里巴巴就是一群有情有义有爱的人，在一起做有价值有意义的事。今天我们要让客户、让伙伴、让小二感受到爱，而不是只想着自己的KPI。当我们真正从爱出发，组织里的内耗就会抵消很多。爱就是有这样的魔力。

担当，CCO小二是非常有担当的，因为我们今天就是要捍卫客户体验！我们承接客户咨询，这是担当；我们推动体验优化，这也是担当！正是有这样一夫当关的勇气和勇于承担的魄力，就算过程中遇到再多的困难和挑战，我们也可以很有勇气和底气地说："你好，这里是阿里巴巴，我来帮你!"

创造,就是要做服务的造风者,一切皆有可能。创造也是阿里巴巴的特质。从阿里巴巴诞生的第一天起,我们就在做别人没有做的事。阿里巴巴一直在做"造风者"。我们在服务行业也要成为造风者,而且我们已经在路上了。我们做衢州模式、做小蜜、做 MINI CCO(浓缩版首席客户体验官)、做 FBT(天猫直营),都是创造性地以服务体验去驱动业务。我相信大家也会为此自豪,因为我们在创造不同。未来各行各业的 CCO,包括经济体、商家甚至外面的行业,都应该是从 2 号楼走出去的,这条路是我们一起手拉手走出来、创造出来的。

爱、担当、创造是我们共同的文化。文化不是挂在墙上的,是我们每日去践行的。希望我们每个人都能有爱有担当,未来我们一起创造!

人才观

阿里巴巴的人才观,由两部分构成,一部分是"非平非",即"非凡人、平凡心、非凡事";另一部分是"聪明、乐观、皮实、自省"。阿里巴巴早年原本提的是"平凡人、平凡心、非凡事",发展到后来,阿里巴巴提高了人才获取的门槛,同时也大浪淘沙淘剩下了愿意和阿里巴巴走102年的真正的阿里人,因此有了"非凡人"的提法,希望阿里巴巴更多引进"非凡人",继续拥有平凡心,一起成就非凡事。

在"非凡人、平凡心、非凡事"的理念之下,阿里巴巴对人才的要求由 4 词 8 字构成,即"聪明、乐观、皮实、自省"。

- **聪明**:专业的能力和开放的思维,智商与情商都高。
- **皮实**:经得起折腾,棒杀和捧杀都没关系,能抗压不骄傲。
- **乐观**:充分、客观、理性了解当下真实情况之后仍充满好奇心和乐趣,爱折腾。
- **自省**:经常反省自身,建议采用团队自省的方式,不自大傲慢。

阿里巴巴前CPO彭蕾2017年在湖畔大学上做了一次分享，对这8个字做了详细的解读。读其原文，可以更好地理解这四个词的具体含义以及其背后的思考。

阿里巴巴需要什么样的人？我们说的心力、脑力、体力，这是一个框架性的结构，在这个框架下面，我们去找到什么样的人来组成和构成什么样的群体。这也是我们每天都在发生的事情，后来我们就总结出了4个词、8个字。

聪明

我刚开始说的时候，听上去会觉得特别不客气，好像没有进入我们的视野的人就是不聪明，但是后来你客气也没用，就是这样的。今天环境变化如此之快，局面变化如此之复杂，大家对于你的期待越来越高，不是说好人不重要，但是聪明人更重要。这个聪明是不是我们理解的聪明呢？我觉得它包括两个方面：智商和情商。

智商：智商是什么？不难理解，就是你今天做这个，你总要有两把刷子，你做娱乐产业、餐饮、O2O、生物产业，你总要有些专业知识，否则你就是瞎掰。

情商：情商也是聪明非常重要的部分，尤其是今天对于在座的同学，或者你们下面的核心团队。有些人说，有些技术人员情商就是低，可我不这样认为。你平常难得听到他讲两句话，每次一开会他就在那儿奋笔疾书，他的天灵盖是打开的。

我想说的情商不是说这个人跟别人见面自来熟。所谓的"情商"是说他很容易走进别人的内心，去感同身受，他同样是一个很开放的人，别人不会觉得他只是颐指气使，这个才是对情商真正重要的理解，不要片面地觉得"情商"就是这个人很会来事。所谓的"情商"是说这个人足够开放，足够有来有往，他不会拒人于千里之外，同时他也知道用怎样合适的方式去跟别人建立连接，这种能力是情商的一种。

所以聪明包括两个方面：一个是硬的，你在专业方面得有两把刷子；一个是软的，开放，与人交流，能够互通有无。

皮实

皮实，文雅的词叫"抗击打能力""抗挫折能力"，我觉得"皮实"就很好，意思是经得起折腾。这个折腾是什么？不但要能经得起棒杀，还经得起捧杀，这就叫"皮实"。

我们最开始讲皮实的时候，很多人就把它理解为要经得起摔打，经得起锻炼，让他受尽磨难。"天将降大任于斯人也，必将苦其心志，劳其筋骨"，这确实是皮实的一种。但另外还有一种，就是关于捧杀，今天我们作为创业者出去，很多人就会对你很崇拜，会觉得你好厉害，在你的行业你是专家，你是老大。

包括你的团队下面有人也是一样的，他的能力特别好，晋升特别快，或者他不断地拿到最难的任务，完成得都特别好。我从来不相信常胜将军，我看团队的时候，情愿选择那种真的经过很多挫折的（当然，不能一次成功都没有，那种也不行）。如果他从来都没有失败过，我就很担心，你甚至都不知道你怎么就把他给伤害了。这两种情况就构成了皮实很重要的特点。

回过头来，"皮实"的一个反义词就是"玻璃心"。你的团队里有时候也会有这样的人，你话也怕说重了，更不用说让他去做什么样的调整。比如觉得他不太靠谱，你想让他挪个位子，他恨不得就跟你哭天抹泪，这种也会让人很头痛。

这个皮实的画风，有点像《射雕英雄传》里面的"铜尸"陈玄风，他浑身上下练得所有命门都没了，后来7岁的郭靖拿匕首捅他的肚脐眼，把他给捅死了。人生就是你不断地在练，你把你所有的命门都给练没了，说得雅一点就是"宠辱不惊"。

不管别人怎么赞扬你也好，或者羞辱你也好，你内心知道你自己是谁，自己内心是很稳定的。无论是捧你还是打你，外界的状况都不会伤害到你，这才是真正皮实的状态。对于创业者或者我们组建团队的时候，这个能力蛮重要的。

乐观

乐观也被说到很多，我觉得它是真的特别重要。一个乐观的人和一个悲观的人，对团队价值产生的影响，重要性简直就是不可说。

为什么呢？

现在有些人，你不管跟他说什么，他都先把困难摆出来，说这个做不来。我们团队现在也有这样的人，他的开场白永远是"嗯……"。我说我一听到你哑巴嘴，我就知道后面的"但是"就要来了。

你身边永远会有这样一群人，他们永远只看到坏的，永远都在抱怨。生活当中，也有这样的朋友，一见面不是说"婆媳关系不好，跟老公关系不好，孩子不听话"，就是说"在公司又被谁为难了，应收款收不回来"。我觉得生活肯定不止这些东西，你怎么去从困难中发现光明和希望？

如果你日复一日、年复一年地生活，好像都很平淡无奇，那你活得还有什么劲？有些人，他总能够在生活中找到新的东西，他总是在折腾，比如阿里巴巴，尤其是马云，他是最能折腾的。

我觉得对生活保持开放的好奇心和充满乐趣非常重要，不然你就会未老先衰。最难得的一种人生状态和境界就是历久弥新，这样的人永远有新的东西，愿意看到新的机会，别人看来再糟糕的东西，他都会觉得这里可以突破一下，那里可以突破一下。我觉得这是让我们整个组织、整个业务充满了推动力的人。

但是我也要说，我们推崇乐观，但也要警惕讳疾忌医，生活永远都有阴阳两面。如果我们只是乐观，当有人说今天可能会有一个什么样的状况时，我们心里就特别不高兴，觉得今天大家都很开心，你怎么说这么败兴的话！然后久而久之，就没有人敢在你面前说真实的情况。

所以，这个乐观的定义是什么？我们在充分、客观、理性地了解当下真实情况之后，仍然充满了好奇心和乐观向上的精神。这才是对于乐观的完整解释，尤其是怎么做好这两者的平衡，是特别有智慧、有方法的，而不是单纯地倡导。

自省

我们的老祖宗说了：吾日三省吾身。

我们看到身边有很多优秀的人，但是他的优秀就像手电筒，永远只照别人，不照自己，永远都觉得是别人的错，永远都不会觉得自己哪里做得不够，哪里需要提高。他叫作"永远对"先生，你跟他讲什么，他永远不会反省自己，会越来越自大，越来越傲慢，越来越自以为是。等于把他的门全部给关死了，别人看不到他，他自己也看不到他自己，他自己丧失了自我感知的能力。

他觉得他已经足够好了，但他有那么好吗？其实不是的。一定要每天自省一下，哪些地方做得还不够好，哪些地方还有待进步？

组织怎么才能具备这样一种能力，我觉得是很重要的。

中国共产党有这样一个优良传统，就是进行批评与自我批评。我跟大家分享一个团队的自我反省能力，我们每年做review，就是绩效面谈，我们不是一对一，都是做群review。

比如我是一个CEO，下面有10个下属，我们可能花半天的时间，共同做群review。怎么谈呢？比如郑总先讲自己的问题，他一年下来有哪些方面做得好，哪些方面做得不好。然后进行自我批评，自我批评完了再由别人批评。

每个人再给他反馈：我觉得你哪个地方说的是对的，你做得不对的地方是什么，你这一年做得怎么样，你这一年是3.5分还是3.75分，是满足期望，还是超出期望，是达标还是不达标。

这是一个残酷的过程，我们每年都会做，而且我会在这十几人中，当面告诉他你就是3.5分，你就是3.25分，你就是没有满足我的期望。我们一般都会控制在十几个人以内的核心团队，也就是跟我这边直线汇报的。阿里巴巴有十几个总裁，他们可能也会用这样的方法。

这个过程确实很有挑战，因为当你的团队没有建立足够信任的时候，大家要么不敢说，要么说完了就崩盘，大家分道扬镳了，这就是 CEO 的责任：要让有情有义的人，共同做一件有价值有意义的事，大家基于共同的愿景和共同的理想、使命。在这样一个背景下，我们彼此之间是有机会变得非常通透的。

另外，这对于各位 CEO 和总裁的个性或者风格，也提出了一些挑战，因为当你有很多事情处理得对方不一定完全心服，他们对你没有足够信任的时候，去做这样的事也会很有挑战。一旦信任建立起来之后，这个方法对建立团队的自我反省能力是非常有价值的。

其实它不是什么新鲜的东西，但我觉得我们做得非常真实。如果我来主持这个会的话，没有人可以逃脱。我也会说，我会有看你看走眼的时候，但是为什么我只看到你这一面？你为什么就只让我们周围的人看到你这一面？为什么没有让别人看到你别的东西？

制度层

如果没有制度做依托，理念必将变成空谈，变成一无是处的口号。所以当文化理念明确后，如何制定落地保障制度就变得十分重要了。

阿里巴巴的文化保障制度主要体现在如下三个方面：

（1）合伙人制度。

（2）年陈文化。

（3）双轨制考核。

合伙人制度保证了阿里巴巴文化从本源上不变味，合伙人是阿里巴巴文化传承的第一梯队。阿里巴巴计划选拔出 102 位合伙人，寓意通过他们，让阿里巴巴活 102 年。

年陈文化则用鲜活的方式识别出在阿里巴巴工作满一年、三年、五年的阿里人，尤其是工作满五年的"老阿里人"，他们的一言一行已完全阿里化，他们更可能帮助公司一起传播价值观和文化。通过年陈文化，阿里巴巴事实上识别出了文化传承的第二梯队。马云曾说，五年陈的员工是阿里巴巴最好的导师，是公司未来的组织文化建设的强大基石，足见公司对入职阿里巴巴年满五年员工的文化期许。

双轨制考核模式是阿里巴巴的又一落地保障。双轨制考核即考核"业绩+价值观"。组织每隔半年例行审视员工的价值观表现，确保员工的日常行为符合公司的价值观要求。对于价值观不合格的员工，不能参与晋升，也没有股权分配，而对于价值观优秀的员工，公司会在股权激励、关键岗位任用上进行倾斜。通过双轨制考核以及与之相应的激励措施，实际上识别出了文化传承的第三梯队，也是更为动态和基数更大的一个梯队。

合伙人制度

2014 年，阿里巴巴首次对外公布了 27 位合伙人名单，自此，阿里巴巴合伙人机制正式为外界所知。阿里巴巴的合伙人是做什么的？阿里巴巴为什么要设置合伙人机制呢？这些一直以来都是外界关注的话题。

"合伙人"在法律上有其明确定义。在中国或其他主要国家的合伙企业法中，普通合伙人是指共同出资、共同管理企业，并对企业债务承担无限连带责任的人。合伙人既是企业的所有者，又是企业的管理者，还是企业债务和责任不可推卸的负责人。阿里巴巴的合伙人虽然在文字和内涵上借鉴了这个概念，但实质上根本不同。

阿里巴巴的合伙人身份不等同于股东，虽然阿里巴巴要求合伙人必须持有公司一定的股份，但是合伙人要在 60 岁退休时或离开阿里巴巴时同时退出合伙人（永久合伙人除外），这与只要持有公司股份就能保持股东身份不同。

阿里巴巴的合伙人身份不等同于公司董事，在阿里巴巴集团内部，董事会拥有极高的权力。阿里巴巴合伙人会议并没有取代董事会来管理公司，合伙人会议的主要权力是拥有董事会成员候选人的提名权。也就是说，合伙人拥有人事控制权，而非公司运营的直接管理权。

阿里巴巴的合伙人不需要承担无限连带责任。阿里巴巴合伙人的职责是体现和推广阿里巴巴的使命、愿景和价值观。至于财产经济责任，合伙人有别于通常所说的创始合伙人概念，也就是说，阿里巴巴合伙人履职的责任主要是精神和身份层面的，没有具体财产赔偿责任。

阿里巴巴前 CPO、阿里巴巴合伙人之一的彭蕾曾在内部讲话上称：

公司要发展 102 年，必须要有组织保障，合伙人机制就是公司下一个阶段成功的基础。我们的合伙人是弘扬阿里精神、承担使命最核心的一群人，他们会共同传承文化、坚守价值观，从而保证组织的持久发展。

公司会有 102 名合伙人，这不是一个经济利益体，他们要忠诚于合伙人组织，为阿里巴巴的 102 年负责。

合伙人实行同类相邀，新的合伙人要由现任合伙人邀请，经过考察、表决，才能获得资格。

我们的合伙人也不会完全相同，正因为不同，才能形成我们的大同，让我们整个组织变得有阿里味。

这段话非常清晰地阐明了阿里巴巴设置合伙人制度的初衷，是要传承和弘扬阿里巴巴的文化与价值观。当阿里巴巴在成立 20 周年后升级其原有的价值观为"新六脉神剑"时，合伙人自动变身为文化传承官，公司要求每位文化传承官至少参与 10 场以上的文化传承沟通，合伙人在这次文化价值观升级过程中发挥着重要作用，是阿里巴巴价值观得以顺利升级的重要组织保障。

阿里巴巴对合伙人的选择有一系列程序，只有通过系列考察之后，才会被接纳为合伙人。

（1）新合伙人需要由 3 名以上（含 3 名）现任合伙人联名推荐。

（2）新合伙人在阿里巴巴集团或关联公司的服务时间应年满 5 年，主要理由：

▶ 设合伙人组织是为了在 102 年间，公司创始人的影响力能持续存在，促使大家思考公司的长期利益。
- 如果把时间限制在 5 年及以上，就必须很早开始考虑接班人，这样才能产生真正能跟上时代变化的接班人。
- 对很多人来说，职场上 3～4 年通常是一个阶段，跨过 5 年就跨过了一个比较自然的筛选线，表明他认同这家公司，愿意长期待在这家公司。

（3）合伙人主要考察因素：
- 对阿里巴巴集团或关联公司有重大贡献。
- 热衷于传承阿里巴巴的价值观和文化。
- 不计较个人利益，乐于分享。
- 有责任感和主人翁心态。
- 有胸怀、气度，站在一定的高度考虑事情。
- 个人品德、价值观。

（4）被提名候选人须经全体合伙人投票表决，75% 以上（含 75%）的合伙人表决同意后方可成为新合伙人。

合伙人制度确保了阿里巴巴的核心领导层首先是文化共同体，有共同的文化认知，从而将阿里巴巴的文化原浆保留下来，持续具有他们所称的"阿里味"。事实上，阿里巴巴员工都非常看重自己身上是否具有"阿里味"，当一个员工被同事夸赞非常有"阿里味"时，代表的是非常高的精神礼赞。

年陈文化

阿里巴巴把员工在阿里巴巴的时光比作酿酒，从而按员工入职时间不同，会给他们不同的称谓。

- 入职满一周年的员工被称为"一年香"，寓意一年坛发，酒香四溢；初心不改，方得始终。

- ▶ 入职满三周年的员工被称为"三年醇",寓意由外而内,酒味醇厚;融入阿里巴巴,三年"成人"。
- ▶ 入职满五周年的员工被称为"五年陈",寓意内制外化,沉醉他人;传承是最好的感恩。

阿里巴巴认为,一年代表认同,三年代表融入,五年才代表传承。一年香、三年醇、五年陈会有规制不同的仪式。新满一年的员工通常由员工所在团队的主管和 HR 策划一年香仪式,团队成员会一起来庆祝员工加入阿里巴巴满一年,会一起吃蛋糕,还会由主管亲手为员工在衣服上别上一年香的徽章。新满三年的员工则通常由员工所在事业群策划三年醇仪式,在该仪式上,事业群总裁(通常是合伙人)和事业群人力资源总监会亲自参加,一起倾听员工在阿里巴巴这三年的成长故事,并解答他们的疑惑,最后会由总裁赠送他们三年醇礼物,是一个用白玉雕琢而成的吊坠,形若阿里巴巴成立 10 周年过江接力赛的阿里巴巴真棒,寓意阿里人的精气神,表明员工已经融入阿里巴巴,正式"成人"。新满五年的员工的礼节等级是最高的,会由公司统一策划五年陈仪式,在该仪式上,会由公司 CEO、CPO 等系列 CXO(CXO 是对 CEO、CPO、CFO 等的统称,X 代表 E、P、F 等字母,类似数学中的 x 变量,是企业中约定俗成的叫法)级别的高管参会,亲手为五年陈员工授戒。这枚戒指融入了阿里巴巴的笑脸 logo,也允许员工铭刻最多 5 个字符的个人标签,可以是自己姓名的拼音,也可以是入职日期等,戒指分为玫瑰金、白金男女两款。很多阿里人都把五年醇视作一个里程碑节点。五年之后,员工身上多了一份文化传承的责任,也真正意味着自己成了一名经得起考验的阿里人。截至 2019 年年底,阿里巴巴累计为约 2 万名员工授戒。

年陈文化实际上是对员工的一种文化等级认证,一年是入门级,三年是基础级,五年是完全合格,达到民间文化传承官级别(相对于阿里巴巴合伙人的"官方文化传承官"而言)。阿里巴巴通过这种机制,事实上建立起了一个全员文化传承体系,同时还让员工感受到了加入阿里巴巴的荣誉,一举两得。

双轨制考核

大多数企业的绩效考核只考核员工的业绩，但阿里巴巴既考核业绩，也考核价值观，叫双轨制考核模式。在阿里巴巴于2019年推出"新六脉神剑"价值观后，无论管理者还是员工，均须参加半年一次的价值观考核，价值观考核结果影响晋升和股权分配。

阿里巴巴认为，价值观是阿里巴巴文化的根本，是价值观让阿里巴巴与众不同和基业长青。因此，所有人都必须逐条考核价值观。价值观考核的目的，是促进考核双方对话、对焦、沟通并达成共识，最终促进个体成长，帮助每个人成为一个真正的阿里人。

在考核价值观时，除"快乐工作，认真生活"不考核外，其余五条价值观都要考核。这五条价值观每条都有四个行为要求，管理者需要对其逐一打分，打分实行0/1打分制，做到了得1分，没有做到得0分。最后总得分会换算成A、B、C三档，如表12-9所示。

表12-9 价值观考核档位划分

档位	总得分	含义说明
A	大于等于16分	表现优秀，是值得阿里人学习和追求的榜样
B	10（含）～15（含）分	符合价值观基本要求，是合格的阿里人
C	小于等于9分	和阿里巴巴价值观的行为要求有明显差距，需要有明确的改进计划
	主管评定	若出现违规违纪现象，无论总得分多少，主管可根据其与价值观的相关性直接打C

打分要遵循一致性、一贯性、显著性原则。

- **一致性**：周围的人大致也都这么看，有公信力。
- **一贯性**：非单次事件。
- **显著性**：产生重大影响。

一致性为必须满足的条件，一贯性和显著性二者只要符合其一即可。价值观考核A、B、C三档有相应的激励应用（见表12-10）。

表 12-10　价值观考核档位对应的激励

档位	激励
A	股权激励、关键岗位任用等决定的考虑因素之一，适度倾斜
B	和激励不直接相关
C	不可以提名晋升、无股权，是否参与调薪和奖金分配，由主管做决定

器物层

理念层比较抽象，看不见，摸不着。制度层又比较刚性，缺了点趣味和人情味。而它们两者所缺的，正是器物层要去弥补的。器物层通过显性、外化、看得见、摸得着的硬件办公环境、各种企业吉祥物、纪念品等，去表征企业文化和传承企业文化。

阿里巴巴在器物层做了如下这些事情。

- ▶ **橙色办公园区**：阿里巴巴把橙色称为"阿里橙"，它是阿里巴巴的主色调。因此，在这里，文化传承不叫传"承"，叫传"橙"。办公区会装饰以橙色，办公位会被涂成橙色，汇报用的PPT也是以橙色为默认色调。

- ▶ **人物雕塑**：阿里巴巴园区还有各种石雕，其中最引人注目的是三尊低着头、赤裸全身的少年石雕。这些少年与阿里巴巴年龄相仿，虽然青春稚嫩，但脚下却是厚重、稳固的坚石，他们低头思索，迈开双腿、阔步向前。阿里巴巴通过这三尊少年的雕塑，寓意阿里人执着、思索、青春、成长和坚定，而员工通常将少年的一丝不挂解读为阿里人的真实。在这三尊石雕的背后，是阿里巴巴的年陈文化墙，墙上挂满了一年香、三年醇、五年陈员工的照片，上面写着一句话"谢谢曾经努力的自己"，每每从这下面经过，都能感受到浓浓的文化气息。阿里巴巴在其杭州西溪园区还有两尊人物雕塑，它们都有各自的花名。位于展厅附近的那尊叫"转化之夜"，其坐在草坪上，双手趴在双膝上，好似在埋头小憩，又似在沉思。不管斗转星移，它依旧在那里。这尊雕塑寓意的是人与自然融为一体，体现的是太极阴阳和谐的理念。园区还有一尊石雕坐落于 3 号楼与 4 号楼之间，是一位手拎公文包的 20 世纪五六十年代的人物形象，它的花名叫"过客"。阿里巴巴试图通过这尊石雕展现活着不仅仅是为了工作，工作也不仅仅是为了活着，要快乐工作，认真生活，带着梦想在路上快乐奋斗。

▶ **阿里家书**：每年即将过春节之际，阿里巴巴会为每位员工及亲友寄出一份"阿里家书"，在这份家书里，会对公司过去一年所取得的成绩做一个扼要介绍，会感谢家人和亲友的支持。阿里巴巴通过"阿里家书"，连接着阿里人与更广的亲友之间的文化纽带。

▶ **阿里吉祥物**：很多事业群都有自己的公仔，作为摆在桌上的物件，如淘宝有淘公仔，阿里云有云公仔，饿了么有饿小宝，客户体验事业群有阿里小蜜等。这些吉祥物形象可人，非常受员工欢迎，常被放置于办公桌上。当员工把玩这些公仔时，在他内心会潜移默化地升腾着对其背后文化的喜欢，如淘公仔的武侠文化，阿里小蜜的暖心服务文化。

▶ **花名文化**：阿里巴巴的花名文化源于其创始人马云的武侠情节。马云有一种武侠情怀，"穷则独善其身，达则兼济天下"，希望员工有社会责任感。每个加入阿里巴巴的员工，在入职之前都会收到一封邮件，要求员工给自己起一个花名。花名区别于真名，由 2~3 个汉字构成，员工可以根据自己心目中想要活成的样子给自己重新起个名字，这个名字在阿里巴巴内部是唯一的，员工此后会以花名相称。比如马云的花名为"风清扬"，现任阿里巴巴集团 CEO 张勇的花名为"逍遥子"，蚂蚁金服前任 CEO 胡晓明的花名为"孙权"，阿里云智能总裁张建锋的花名为"行癫"。通过重新定义自己的名字，员工可以活成自己想要的样子，重塑自己的形象。同时，通过以花名相称，阿里巴巴有效避免了把管理者称为"××总"，避免了组织内的层级感，可以更有效地打造扁平化、网络化组织。阿里巴巴内部从不会将现任 CEO 张勇称为张总，而只会叫他的花名"逍遥子"，或者称呼他为"老逍"。花名会印在员工的工卡上，会出现在内部通讯录上，一声花名拉近了彼此的距离。

除这些看得见、摸得着的真实物体承载以外，阿里巴巴每年还有 3 个节日，分别是 5 月 10 日阿里日、9 月 10 日阿里客户日、11 月 11 日"双十一"。这 3 个节日也各自承载着不同的文化内涵。

5 月 10 日阿里日：这是为了纪念 2003 年 5 月"非典"时期阿里人的激情和信念而设置的一个节日。2003 年非典时期，阿里巴巴一名同事被确诊为非典疑似病人，导致在杭州的四百多名阿里巴巴员工及其家人朋友近千人从 5 月 7 日起开始了为期一周的隔离生活。这是阿里人第一次全部在家办公。在隔离期间，阿里人用尽各种方式在家办公，其业绩并没有受到影响，反而节节攀升，突破历史新高。为了纪念阿里人的这种奋斗精神，马云于 2005 年决定将这一天设立为阿里日。在这一天，阿里巴巴会举行集体婚礼、亲友见面会、离职校友返校（阿里巴巴把离职人员称为离职校友）、阿里日嘉年华等喜庆的活动，意在感恩家人、朋友对阿里巴巴的支持。

9 月 10 日阿里客户日：阿里巴巴成立于 1999 年 9 月 10 日，所以 9 月 10 日是阿里巴巴的生日。2014 年 9 月 19 日，阿里巴巴在香港上市。然而 2015 年受全球股市波动的影响，阿里巴巴的股价一度低迷，当时不少阿里巴巴员工都持有阿里巴巴的股票，股价的波动影响了不少员工的心情。时任阿里巴巴 CEO 张勇于当年 8 月 23 日发送了一封名为《把眼光从股价转回到客户身上》的全员邮件，强调"阿里巴巴的价值，体现在我们对理想的追求和为客户创造的价值上，这个价值不会因为股价的变化而变化"。为了保持阿里巴巴"客户第一"的初衷，阿里巴巴从 2015 年起，将 9 月 10 日定为阿里巴巴客户日，意在提醒所有员工要保持对客户的初心。

11 月 11 日"双十一"："双十一"是阿里巴巴打造的一个天猫全球购物狂欢节，始于 2009 年。在这一天，阿里巴巴购物平台上会有很多优惠活动，以吸引全球消费者在这一天大肆消费。对阿里巴巴员工来说，"双十一"是一个盛大的庆典，园区跟过年似的，布置得非常喜庆、隆重，会有各种拍照活动。一边是消费者的购物狂欢，一边是阿里巴巴员工的节日喜庆。阿里巴巴把"双十一"做成了一次全公司范围内的大练兵。为了支持消费者的购物狂欢，阿里巴巴内部很多部门需要整合、联动，例如支付环节需要卷入蚂蚁金服，物流环节需要卷入菜鸟网络，售后服务支持需要卷入客户体验事业群，而阿里巴巴云则承载了洪峰般的网络服务……阿里巴巴把"双十一"做成了一场大团建，通过一起打一场大仗，模糊了部门墙，凝聚了团队士气。所以很大程度上，"双十一"是阿里巴巴最大规模的团建活动。在阿里巴巴有一种说法，叫"没有一起经历过'双十一'的叫同事，经历了'双十一'的叫战友"，这句话充分体现了"双十一"这场业务大练兵对组织士气的拉动作用。

文化的评估

进化论生物学家、牛津大学教授理查德·道金斯一语道破文化的力量："有什么证明我们这个物种独一无二的好理由吗？我想是有的。人类的独特之处可以用一个词来归纳，那就是——文化！"有研究表明，基因对人类长寿的影响度约有10%～25%，[85] 虽然基因并不会成为决定人是否长寿的关键，但它对人长寿与否产生了很重要的影响。企业都希望自己基业长青。对企业而言，文化正是其代代相传的DNA，文化在影响企业未来成败上具备很强的影响力，文化是企业是否可以持续走向未来的重要决定性力量。恰如任正非所言："资源是会枯竭的，唯有文化生生不息。"

20世纪80年代初期，时任通用汽车CEO的罗杰·史密斯（Roger Smith）和时任福特汽车CEO的唐·彼得森（Don Petersen）分别在自己的组织内发起了质量提升行动。当时，福特的质量在美国是最差的，比日本公司差3倍之多。[86] 然而，经过短短6年时间，福特的质量就成了美国汽车制造商的标杆。这一切是如何做到的？福特没有借助重组，也没有借助外部咨询，福特经历了一场由 CEO 唐·彼得森发起的文化革新活动。事实上，在福特的质量改进中，有超过 80% 的改进源自人的方面，而非技术等其他方面。与之相反，通用汽车的质量改进则一败涂地，因为它缺乏对与质量改进相关的文化的重视，过度依赖技术和财务方面。可见，文化对企业而言至关重要。

托尼·彼得雷拉曾给玛氏公司做过一个咨询项目。玛氏公司是一家生产高品质产品的公司。在采购方面，玛氏公司有 3 条原则：只买最好的原料，供应商的可靠性至关重要，愿意为优质原料和服务支付溢价。这导致玛氏公司的原料成本显著升高。彼得雷拉当时好奇地问公司的采购人员：如果略微降低原料标准，消费者是否能够识别出来？采购人员对他能问出这个问题非常惊讶，回应说：[87]

很显然，你没有听说过逐步退化。

我们假设你是对的，消费者不能识别出其中的差别，事实上有证据支持这个观点。如果我们鼓励了一个年轻采购员的这种做法，将会发生什么？我们将有可能一直沿着这条路走下去，直到有一天消费者可以辨识出其中的差别并对我们感到失望。于是，我们就会失去消费者，这是不好的，但我们失去的其他方面更加严重，并且是不可挽回的。作为一个组织，我们失去了做出正确决定的意志、认识和能力，而且很难被改正，这就是逐步退化。

还有一个关于玛氏对高品质追求的故事。大部分北美销售的士力架都来自芝加哥附近的一家大工厂。有一段时间，工厂为了赶在万圣节之前销售更多的糖果而加紧生产。万圣节对糖果的需求量十分巨大，所以这段时间的糖果销售至关重要。如果没有产出足够多的糖果来满足需求，就很难达到全年销售额和销售利润目标。然而不幸的是，在此期间工厂的一条生产线出了问题，某种产品的成分构成达不到配方要求。注意到这一点后，一个工人把生产线给关闭了。厂长知道后，迅速集结团队解决这个问题。

在做了一系列努力之后，生产线重新启动，但是产品还是不符合要求，所以生产线又被工人关闭了。厂长担心这样会导致假期销售供货不足，于是命令工人重启生产线，但遭到了工人们的拒绝。厂长威胁他们必须重启生产线，否则就解雇他们，工人们这才不得不重启生产线，然后不符合要求的糖果就被生产出来了。

后来有一名生产线员工给总部打电话汇报了这件事。负责生产的副总裁很快知道了这件事，并迅速飞到了芝加哥工厂进行核实。当天下午，厂长就遭到了辞退。[88]

这件事彰显了玛氏公司对产品品质的高度重视。质量不是挂在墙上的，质量是在每一个生产环节的高标准和严要求，哪怕为此牺牲公司的经济收益。这就是组织强文化的体现，它融进了员工的血液之中，指导着员工的日常行为。

德鲁克说，文化把战略当早餐吃。阿里巴巴深谙此道，在企业文化上投入了非常多的人力和财力，HR 的主要工作也是文化工作。阿里巴巴管理者的考核模式曾经主要包含 3 个类别，即做业务、建团队、推文化，把文化作为管理者绩效的一个重要维度去考核，这在国内企业中不多见，彰显了阿里巴巴对文化的重视程度。阿里巴巴每年会按团队人员数分配给团队一定数量的团队经费，其中文化建设费用是人员培养费用的 5 倍之多，从这一费用分配亦可看出阿里巴巴对文化的重视。

然而，文化好似空气，当它缺少时，你会感觉到它的须臾不可缺，但在大多数时候，人们很难对它有感知。文化的这种虚无缥缈性，让文化建设和文化评估显得非常困难。美国密歇根大学罗斯商学院组织行为与人力资源管理教授金·卡梅隆（Kim S. Cameron）、罗伯特·奎因（Robert E. Quinn）开发了一个组织文化评估量表（organizational culture assessment instrument，OCAI），用以评估组织文化，这是当今世界上使用最多的组织文化测评工具，已成功在全球应用了 20 多年，涵盖了各行各业，其效度得到了广泛验证。

OCAI 主要用于对组织文化的六个维度进行测评，包括：

（1）组织的主导特征。

（2）组织领导力。

（3）员工管理。

（4）组织凝聚力。

（5）组织战略重点。

（6）组织成功标准。

每个维度包含 4 个选项，分别测评组织文化在这 4 个方面的表现。

A. 部落型文化：组织就像一个大家庭，人际关系和谐友善。组织的职责是营造人性化的工作环境，管理层的主要任务是给员工授权，提升员工参与度、敬业度和忠诚度。

B. 项目型文化：组织就像流动兵营，由一个个项目团队组成，项目结束后，团队随之解散，员工加入下一个项目。组织的主要任务是开发新产品和新服务，为未来做准备，管理者的主要任务是促进创业、创造力以及前沿性活动。组织强调形成关于未来的发展愿景、"生机勃勃的乱"胜过"死气沉沉的秩序"。

C. 市场型文化：组织像市场一样运转，组织聚焦外部环境，"眼睛盯着市场，功夫下在现场"。市场型文化的基本假设是外部环境充满了敌意而非友善，顾客很挑剔，只对价值感兴趣，组织的职责是提高其竞争地位，管理层的主要任务是驱动组织获得更高的利润。对利润的追求是其终极目标。

D. 等级型文化：这是最常见也最传统的一种组织文化形态，大多见于政府机构和传统企业，其典型特征是工作环境的正式化和结构化。企业里形成了大量繁杂的规章制度和政策文件，人们分工明确，主要是在照章办事。在等级型文化中，组织的顺畅运作至关重要。组织长期的关注点是稳定性、可预测性和效率。在这里，"稳定压倒一切"。

OCAI 认为，企业的文化通常具有多面性，它可能既关注灵活性，也关注稳定性；既关注外部，也关注内部。一个企业的文化特征，是这些看似矛盾的特征组合。所以，OCAI 所代表的文化诊断模型，又称对立价值模型,如图 12-3 所示。[89]

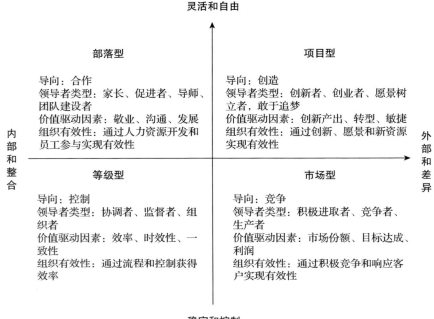

图 12-3 组织文化对立价值模型

在这 4 种类型的组织文化中,项目型文化组织最有活力,它通过灵活应变的组织导向外部客户的需要,兵来将挡、水来土掩,成为像水一样灵动的组织。

OCAI 评估量表如表 12-11 所示。

表 12-11 OCAI 评估量表

类别	题号	选项描述
1.组织的主导特征	A	组织是一个充满人性化的地方,就像一个大家庭,人们不分彼此
	B	组织充满活力和创业精神,人们乐于冒险,也愿意承担风险
	C	组织高度强调结果导向,人们主要关心工作完成情况,以成就为导向,富于竞争意识
	D	组织管理规范、结构清晰,员工必须按照制度流程办事

（续）

类别	题号	选项描述
2. 组织领导力	A	组织的领导者通常被视为导师或家长，为下属提供指导和帮助，重视对下属的培养
	B	组织领导者富有创业精神和创新精神，勇于承担风险
	C	组织的领导者比较强势，缺乏人情味，以结果为导向
	D	组织的领导者将精力主要放在协调和组织上，注重通过流程和制度确保工作的有序开展
3. 员工管理	A	组织中管理风格的主要特征为：讲究民主，少数服从多数以及广泛的参与性
	B	组织中管理风格的主要特征为：鼓励创新和冒险，崇尚自由和展现自我
	C	组织中管理风格的主要特征为：强调竞争，工作标准要求高，重视结果达成
	D	组织中管理风格的主要特征为：重视规范性、工作的可预见性以及人际关系的稳定性
4. 组织凝聚力	A	组织靠信念、忠诚黏合在一起，员工都具有较强的使命感和自豪感
	B	组织靠持续创新和发展结合在一起，强调始终处于行业前沿
	C	组织强调成功和目标的达成，不断进取和获取胜利是共同的目标
	D	组织靠正式的制度和流程在运转，维持组织的顺畅运作对组织至关重要
5. 组织战略重点	A	组织重视人才的培养、相互信任、开诚布公和员工的广泛参与
	B	组织倾向于迎接新的挑战，不断尝试新的事物和寻求机遇是员工价值的体现
	C	组织强调竞争和成功，打击对手和在市场中取得胜利是组织的主要战略
	D	组织强调稳定发展，效率、管控和顺畅地运作是工作重点
6. 组织成功标准	A	组织对成功的定义是在人才培养、团队合作和对员工关怀上获得成功
	B	组织对成功的定义是成为产品领导者和创新者
	C	组织对成功的定义是赢得市场份额并打败对手，成为市场的领导者
	D	组织视效率为成功的基础。按部就班地交付产品，顺畅地推进计划，低成本生产至关重要

测评时，对 6 个类别（组织的主导特征、组织领导力、员工管理、组织凝聚力、组织战略重点、组织成功标准）分别进行评估，每个类别包含

A、B、C、D 4 个选项，须结合企业实际将 100 分分配到这 4 个选项中。例如针对"组织的主导特征"项，如果 A 选项是企业的典型特征，B 其次，C、D 不明显，那么可以将 A 分配为 50 分，B 分配为 30 分，C 和 D 各 10 分。请注意，每个类别 A、B、C、D 4 个选项的总分必须为 100 分。

在完成测评后，分别对 6 个类别的 A、B、C、D 选项求平均分，得到组织在 4 个文化维度上的得分。

- 部落型文化：(1A+2A+3A+4A+5A+6A)/6。
- 项目型文化：(1B+2B+3B+4B+5B+6B)/6。
- 市场型文化：(1C+2C+3C+4C+5C+6C)/6。
- 等级型文化：(1D+2D+3D+4D+5D+6D)/6。

组织在哪个维度上的得分最高，这个维度就是组织的典型文化特征。

我曾采用这套问卷测评过阿里巴巴和华为，两家公司在 4 种文化方面的表现如图 12-4 所示。

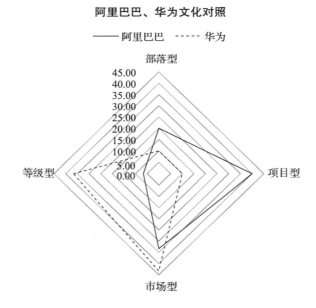

图 12-4　阿里巴巴、华为组织文化现状对照图

从图 12-4 中可以看出，华为的主导文化是市场型文化（43.3 分）和等级型文化（36.7 分），而阿里巴巴的主导文化是项目型文化（40 分）和市场型文化（33.3 分）。两家公司都极其强调客户导向和结果导向，华为的核心价值观之一是"以客户为中心"，阿里巴巴最新价值观"新六脉神剑"更是以对比修辞的手法清楚地写明了"客户第一，员工第二，股东第三"，强调客户的重要性。这是两家公司在文化层面的共同点。然而，两家公司在另外两个维度的差异极大，阿里巴巴非常不欢迎流程，强调"因为信任，所以简单"。阿里巴巴最初的价值观是"独孤九剑"，后来觉得"独孤九剑"过于复杂，大家记不住，所以简化成了"六脉神剑"，这一变化体现的也正是阿里巴巴的"简化"思维。阿里巴巴内部发文非常少，除了正式的组织架构调整、晋升公告、文化升级等重大事件，几乎看不到管理层的正式发文。而华为，则强调治理公司犹如治理国家，制定了大量的政策文件和制度规范，公司每年会有大量发文，创始人任正非的讲话也以公司文件的形式全员发布，并要求全员学习。阿里巴巴的职级体系比较扁平，新员工进入公司，一般是 P5，定义为高级专员，然后 P6 为资深专员，P7 为专家，P8 为高级专家，P9 为资深专家，P10 为研究员，P11 为资深研究员，P11 相当于副总裁级别，事业群总裁一般相当于 P12。从新员工 P5 到事业群总裁 P12，中间只隔了 7 级。而华为的新员工，进入公司时一般从 13 级起步，然后一路向上攀爬，事业群总裁一般是 26 级以上，从新员工的 13 级到事业群总裁的 26 级，中间隔了 13 级，层级远多于阿里巴巴。从这一对比可以看出，华为是一家等级森严的公司。华为强调执行和服从，而阿里巴巴则强调思辨和创新。华为在等级型文化上的得分是 36.7 分，远高于阿里巴巴的 6.7 分。两家公司在项目型文化上的表现也存在较大差异，阿里巴巴内部很少有人去绘制正式的组织架构图，因为绘制了也没用，组织调整非常频繁，而华为的管理者在汇报时，一般组织架构图都会作为第一部分内容。阿里巴巴的组织由一个个的项目组成，人员都分布在项目中，招之即来，来之即战，战之即胜，胜之即散。阿里巴巴每年都有一次全公司范围内的"双十一"项目，公司主要事业群大部分人参与其中，这是阿里巴巴内部每年一次的大阅兵和大团建，每次"双十一"之后，CEO都会对组织架构和人事做一次大调整。很多时候，员工甚至都记不住组织名称，因而大多会以管理者名字来指代其所带领的组织。阿里巴巴的组织恰如水流一般无形，业务在，组织在，人跟着业务走。华为的组织如同军队一般，你是陆军，走到哪儿都是陆军的人，哪怕你去参加了一次海军的联合行动。华为项目的敏捷性远不如阿里巴巴，这是两家公司在文化上另外一个明显的差异。一般来说，项目型文化下的组织，更灵动，成员更具创造性，组织更有活力。

第十三章

组织活力综述

———

如今,包括华为、阿里巴巴、腾讯、字节跳动在内的几乎所有头部公司,都在探讨组织活力这个话题。如何释放和激发组织活力,成为摆在管理者和人力资源从业者面前的一大难题。

可是,究竟什么是组织活力呢?组织一时的成功显然不能说明这个组织很有活力,很有可能只是机遇使然。组织活力指组织能持续存续的生命力。高活力组织拥有旺盛的生命力,能因应环境的需要适时调整自身的生存策略,从而快速适应环境变化,与环境共舞甚至影响环境朝着有利于自身利益的方向发展,确保自身的健康存续。高活力组织的底层逻辑即组织的组织观:生命观、人本观和社会观,分别对应着组织的三性:生物性、心理性和社会性。

具体到组织的运作过程，每个组织属性都有若干要素和子要素。

为了让大家看到组织活力的全景，我整理了如表 13-1 所示的组织活力全表。

表 13-1 组织活力全表

组织观	组织三性	三性要素	三性子要素	对应的企业实践
生命观	生物性	模式	网状模式	●客户为中心的全功能组织 ●内部人才流动
		结构	开放	●业务创新 ●商业模式创新 ●人才代谢
			远离平衡态	●绩效考核 ●挑战氛围
			自催化	●深度支撑业务的 HR ●团队复盘 ●360 度反馈
		过程	动态过程	●小团队 ●扁平化（少组织层级、少管理层级） ●管理流动性 ●宽带人才结构设计
人本观	心理性	组织心智	组织心智	●强组织心智
		工作动机	内在动机	●绩效使能
社会观	社会性	价值观与文化	理念层	●核心价值观 ●文化观 ●人才观
			制度层	●合伙人制度 ●年陈文化 ●价值观考核
			器物层	●办公环境 ●企业节日

组织活力全表是理解高活力组织的金钥匙。这些要素符合得越好、越全面，组织的生命活力就越强。我用组织活力全表评估了阿里巴巴、华为和字节跳动，3 分表示很好，2 分表示一般，1 分表示有差距，各公司综合 24 项典型实践得分（见表 13-2）如下：

▶ 阿里巴巴得分为 69 分，换算成百分制是 96 分，表现优异。

▶ 华为得分 45 分，换算成百分制是 63 分，表现合格。

▶ 字节跳动是 51 分，换算成百分制是 71 分，表现良好。

表 13-2 3 家公司组织活力得分

组织观	组织三性	三性要素	三性子要素	典型企业实践	阿里巴巴	华为	字节跳动
生命观	生物性	结构	模式	网状模式			
				客户为中心的全功能组织	3	2	3
				内部人才流动	3	1	3
			开放	业务创新	3	2	3
				商业模式创新	3	1	3
				人才代谢	3	1	3
			远离平衡态	绩效考核	3	3	3
				挑战氛围	3	3	3
			自催化	深度支撑业务的 HR	3	2	1
				定期复盘	3	3	1
				360 度反馈	3	3	3
		过程	动态过程	小团队	2	1	2
				扁平化	2	1	2
				管理流动性	3	3	2
				宽带人才结构设计	3	1	3
人本观	心理性	组织心智	组织心智	强组织心智	3	3	3
		工作动机	内在动机	绩效使能	2	2	2
社会观	社会性	价值观与文化	理念层	核心价值观	3	2	2
				文化观	3	1	1
				人才观	3	3	3
			制度层	合伙人制度	3	1	1
				年陈文化	3	1	1
				价值观考核	3	2	2
			器物层	办公环境	3	2	1
				企业节日	3	1	1
				合计	69	45	51

综合来看，阿里巴巴是这 3 家组织中最具组织活力的公司，其次是字节跳动，然后是华为。

你可能还记得，我在第一章中提及，华为创始人任正非把组织比作耗散结构，他的组织观处于生命观 I（耗散结构）层次；字节跳动创始人张一鸣把组织比作产品，提倡 develop a company as a product，其组织观因而处于机械物理层次；阿里巴巴创始人马云和现任 CEO 则在组织治理上强调视人为人，容许江湖门派在组织中继续存在，因而其组织观已位于社会观层次。但实际上，这几家公司在实践层面，其组织活力得分与它们所秉持的组织观似乎有些不一致。基于上面 24 项典型企业实践所反映的组织活力得分，如果反射回组织的组织观，那么这 3 家公司的组织观得分用百分制表示如图 13-1 所示。

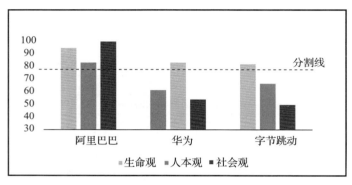

图 13-1　阿里巴巴、华为、字节跳动组织观得分

基于图 13-1，阿里巴巴管理层所认为的组织观与实际组织活力得分反射回来的组织观得分趋于一致，阿里巴巴在生命观、人本观和社会观上的表现都很优秀，且组织观中优势最明显的是社会观。华为的组织观发展阶段低于阿里巴巴，且优势最明显的是人本观，这与华为创始人任正非所认为的耗散结构（生命观）层次并不一致。字节跳动组织观的发展阶段也低于阿里巴巴，且优势最明显的是生命观，这也与字节跳动创始人张一鸣所假定的机械物理观并不一致。或许，华为和字节跳动需要重新审视自身的组织治理理念和组织实践之间的差距，要么升级公司治理理念，要么约束公司实践的发展，以保证组织治理理念与组织实践的一致性。这两家公司现在的实际情况是，组织实践已经跑到前面了，但组织治理理念仍停留在昨天的认识中。或者说，生产力已经向前发展了，但生产关系并没有配套跟上。按照生产力须与生产关系相适配的理论，未来这种落后的组织治

理理念必然会反向制约组织生产力的发展。

不妨用组织活力全表评估一下你所在的企业，看看它的组织活力如何。企业组织活力得分越高，它的生命谱线也会越长，尤其当企业在遇到大灾大难和外部突变的时候，组织活力得分越高的企业，其存活下来的可能性就越大。除此以外，也可以据此评估一下你的企业实际的组织观与管理层所期待的组织观之间的差距。

第三部分

解剖组织生态

第十四章

组织生态

单纯地从自组织的角度理解组织是不够的,这仅仅是在组织的生物性层次看问题,我们还应该看到组织更健全的三性。高活力组织不仅是自组织,具有组织的生物性,同样也具备组织的心理性和社会性。但即便你完整地理解了组织的三性,也依然是不够的。这就好比你认识一个人,和他推杯换盏,却不理解他的关系圈,认识一种动物,却不理解它的生态圈一样,对他(它)的认知比较肤浅。同理,在理解了高活力组织后,我们还需要更进一步理解高活力组织与其他组织的关系,即组织生态。只有这样,才能更完整地理解盖亚组织的全貌。高活力组织加组织生态,构成的才是完整的盖亚组织。

地球作为一个超级盖亚，首先得益于太阳的无私能量供给，这是地球盖亚取之不尽用之不竭的能量源泉。有了太阳能的眷顾，绿色植物作为直接生产者，源源不断地通过光合作用将太阳能转化成有机化学能；通过食用绿色植物，食草动物得以充分利用这些化学能，减少了对太阳能的直接依赖，从而获得了更大的机动性；其他一些初级食肉动物如狼则以羊等食草动物为食，形成进一步的食物链关系……最后，当动植物死亡之后，它们又会变成细菌的盘中餐，细菌会将它们重新分解成基本的有机物质，重返地球盖亚大循环之中，一切归于无痕。

换言之，在地球盖亚之中，除直接依靠太阳能进行生产的绿色植物之外，生物彼此之间是吃与被吃的关系。"大鱼吃小鱼，小鱼吃虾，虾吃泥巴。"沿着食物链，每进一级，可用能量都会衰减为原来的1/10，因此可供养的生物数量也相应递减。在自然界中，通常一株绿植只需它所占据的空间就可以养活自己，但要养活一只瞪羚，通常需要0.25平方公里的绿植空间，而要养活一头狮子，则通常需要20～400平方公里的领地面积。[90]一般而言，生物越处于食物链前端位置，数量越多，越处于食物链末端，数量越少。但人类是杂食动物，可以有效利用火及工具进行食物加工，凡天上飞的、地上跑的、水中游的，一切皆可为人所食，所以人类的数量得以远远超过其所食的单一肉食动物的数量。举例来说，2019年全球生猪数量为7.68亿头，但食用猪肉的人的数量则远超10亿人。如果人类仅仅食用某一种类的动物食品，人类的数量远不能达到今天的程度。食谱越广，生存空间就越大。

地球盖亚给我们的启示有哪些呢？组织生态学家Michael T. Hanna和John Freemen指出，组织间的关系，有如生物群落之间的关系，同样遵循达尔文的生物进化论，只不过，组织生态适用的是社会选择，而非自然选择。[91]换言之，组织的环境是自然环境之上的社会环境，除受自然环境的制约和影响外，更多地受社会环境的制约和影响。健康的组织生态应当具备如下四要素。

要素1：组织必须找到独特的生态位

俄罗斯人格乌司，将一种叫双小核草履虫的生物和一种叫大草履虫的生物，分别放在两个相同浓度的细菌培养基中。几天后，这两种生物的种群数量都呈现S形曲线增长，然后，他又把它们放入同一环境中培养，并控制一定的食物量。16天后，双小核草履虫仍自由地活着，而大草履虫却已死光。格乌司通过观察发现，大草履虫的死亡并非因为双小核草履虫的攻击所致，而是因为双小核草履虫在与大草履虫竞争同一食物时繁殖更快，从而快速抢占了大草履虫的生存机会，最终导致大草履虫的灭绝。格乌司的这一实验表明，在大自然中，每种生物都有自己的生态位，亲缘关系接近的、具有同样生活习性的物种，不会在同一地方竞争同一生存空间。

后来，格乌司又做了一个相反的实验，他把大草履虫与另一种袋状草履虫放在同一环境中进行培养，结果两者都存活了下来，并且达到一个稳定的水平。这两种草履虫虽然竞争同一食物，但袋状草履虫占用的是不被大草履虫食用的那一部分食物。格乌司通过这个实验表明，亲缘关系接近的物种，若想在同一生存空间中生存，就必须有空间分隔，鹰击长空、鱼翔浅底，每种生物都需要找到自己的独特生态位。格乌司的这一发现被称为格乌司原理。

看看地球盖亚。在南极和北极，由于极昼极夜极端天气，几乎看不到植物的存在。从北极再往南，虽然依然是严寒天气，但已经不再像北极地区那样极端了，无论是俄罗斯西伯利亚地带，还是加拿大，都主要以针叶林为主，这些高纬度地带的植物极其单一，除了针叶林你几乎看不到其他植物，针叶林是这些高寒地带的优势植物。再往南走，你将看到越来越多的植物种类，直至赤道附近的亚马逊热带雨林地带，你将看到高低交错、眼花缭乱的植物，动物也极其多样。但即便如此，你仍能一眼就区分出热带雨林的优势植物来。所以，无论南北，每个地方都会有自己的优势植物，围绕着优势植物，会有差异化的其他种类的植物，各得其所。

企业也是如此，华为最初主要经营电信设备，自 1987 年创立后的二十多年间，一直处于跟随状态，生态位并不巩固。为此，任正非在华为发展的这二十多年时间里，拒绝了各种机会主义诱惑，持续不断地专注于电信领域的投入和发展。"只对准一个城墙口冲锋""不在非战略机会点上，消耗战略竞争力量"，依靠这股冲劲和耐力，华为不断地超越竞争对手，最终在 2012 年成功超越通信行业传统巨头爱立信，成为全球电信设备领域的领头羊，实现了华为"三分天下有其一"的战略设想，找到了华为在电信设备领域的生态位。

微软公司最初也是从一个领域开始攻破的。微软早期聚焦 IBM 个人计算机操作系统，然而这个领域存在众多竞争对手，包括 IBM 公司本身，但微软公司围绕个人操作系统不断将其图形化，降低用户操作门槛，从而获得了越来越多大众用户的接纳，成为 PC 时代一骑绝尘的操作系统之王，最终逐步将其他竞争对手挤出了市场的中心地带，建立起了自身在操作系统这一市场的独特生态位。对微软而言，操作系统是它的生态位，对公司的生死有着至关重要的作用。也因此，我们后来看到，当微软在手机操作系统领域错失机会，被苹果的 iOS、谷歌的安卓遥遥领先之后，微软的 10 年被称之为"失落的 10 年"。此后，随着新 CEO 纳德拉的上台，微软重新对自己进行定位，进军云市场，把云作为自己新的生态位进行进击。根据国际研究机构 Gartner 发布的 2020 年全球云计算 IaaS 市场跟踪数据，微软在该领域年增长率达到了 60%，市场份额为 19.7%，仅次于亚马逊。在 SaaS 领域，微软继续强化自身在办公协同软件领域的能力，通过广泛在安卓、苹果操作系统上布局 Office、Team 等办公协同软件，确保了微软这一能力快速拓展到主流手机操作系统，拥有全球 SaaS 市场约 18% 的份额，并以惊人的速度在一年内增长约 35%。最终，微软同时在云计算 IaaS 和 SaaS 市场站稳了脚跟，云成为微软公司新的生态位。微软如今已是一家不折不扣的云计算服务提供商，而非传统的操作系统软件及办公软件提供商。

英特尔公司的历史和微软公司相近。微软在 1979 年依靠生产记忆芯片起家，在市场上获得了认可。但同时，它还设计和制造微处理器，其中一款在 1980 年被 IBM 公司选作它的新个人计算机的处理器。英特尔公司于是开始双线经营，一边生产存储器，一边生产处理器。然而，它在这两块都没能站稳脚跟，其存储器业务份额逐渐被成本更低、缺陷更少的厂家夺走。1985 年，英特尔被迫放弃存储器业务，转而集中精力发展微处理器业务，使得公司快速恢复和提升了利润水平，并最终确保了公司在微处理器市场的领导者地位。至此，英特尔才真正找到了自身的独特生态位——微处理器业务！这开创了英特尔在此后长达近 40 年的大发展局面。

要素 2：组织的业务必须适度多元化

过去，农民在种地时，往往只种一种作物，水稻田只种水稻，麦田只种小麦，在水稻和小麦生长期间，农民会锄掉田间的其他一切"杂草"，以确保水稻和小麦对农田资源的独占。那么，究竟是单产作物好还是多产作物好？对这个问题的回答，要看是从短期来看还是从长期来看。如果从短期看，单产作物可以实现该作物的高产；但从长期来看，只种一种作物会让农田很容易遭受虫害或病害，同时，由于没有其他作物帮助改善土壤成分，土壤养分会很快耗尽，变得越来越依赖化肥，而化肥的大量运用，会加剧土壤的盐碱化，从而陷入恶性循环。特定作物会有特定的土壤酸碱偏好、光照偏好、湿度偏好，如果只在土壤中种植一种作物，当光照条件、空气湿度改变得不宜于这种作物时，就会对这种作物造成致命伤害。而如果土壤里种植多种作物，那么它们整体抵御灾害的能力将大大加强。当外界条件变得不利于 A 作物时，它可能会有利于 B 作物，而不至于颗粒无收。玉米地里不只种玉米，还可以种蚕豆。玉米有极强的边际效应，在玉米行间距达到 180 厘米时，玉米行除能得到最大程度的透风透光外，还可有效阻止玉米行间病虫害的传播。而节约下来的空间则可以被蚕豆充分利用，蚕豆植株较矮，不会对玉米的采光形成干扰。除此之外，蚕豆还能与土壤中的根瘤菌形成共生关系，从空气中吸收氮气，形成氮素，增加土壤肥力，这又能让同地生长的玉米受益。李隆在其主编的《河西走廊和沿黄灌区间套作种植技术》一书中指出，相比玉米单产模式，这种混合种植模式每亩可节约尿素 20 千克，节水 80 立方米，最终实现每亩净收益增加 585 元。

科学家曾进行过一些了不起的实验。在野外，研究人员在一片地里种上单一品种的草，另一片地里种上物种多样性 10 倍之多的草。起初几年，单一作物的草地生长得特别快，比多样性丰富的草地产出更多的植物，即所谓的"生物量"。但大概 10 年后，多样性较高的草地胜出，比单一作物的草地产出更多的生物量和更健康的植物，从而使依靠草丛生活的动物群体也更健康。在多样性高的草地中，不同种类的草和花产生花粉的时间会略有不同，开花和结籽会错开一定的时间，从而让授粉动物（如蝙蝠、鸟类和蜜蜂）在更长的时间段里能获得稳定的能量来源，不会出现像单一作物草地里的能量枯竭现象。缺少了生物多样性，每个物种都不那么成功。多样性带来韧性。[92]

企业也一样。华为曾经只做电信设备，其客户全部为电信运营商。但在电信设备领域成为全球王者之后，华为开始寻找新的增长点。2012 年左右，华为内部组织架构大调整，将内部业务从单一的电信设备业务拆分为运营商网络、企业网络、消费者网络三大业务板块。经过约 7 年的发展，华为 2019 年年度营收组成发生了翻天覆地的变化，运营商网络业务仅占华为当年年度总收入的 34.5%，而消费者网络业务在华为总收入中的占比则提升至 54.4%，企业网络业务收入占比也提升至 10.4%。从收入占比上看，华为的主要收入来源已经从 2012 年的运营商网络变成了消费者网络，华为已经不再是一家单纯提供电信设备的 2B 公司，而是一家主要以提供消费者网络设备（主要是手机）和服务为主的 2C 公司。也正因为华为提前做了此布局，当美国在 2019 年 5 月宣布将华为加入美国"实体清单"以限制其 5G 业务的发展时，华为受影响最大的主要业务最初仍集中在运营商网络业务板块，其消费者网络（手机）业务所受影响有限。在面对美国制裁时，华为充分利用了业务多元化的优势，形成相互支撑、相互扶持以度过危机的格局。华为 2019 年全球营收依然达到了 8588 亿元，同比增长 19.1%，净利润 627 亿元，同比增长 5.6%。具体到三大业务来看，运营商网络业务营收达 2967 亿元，同比增长 3.8%；企业网络业务实现销售收入 897 亿元，同比增长 8.6%；在消费者网络业务方面，智能手机发货量超过 2.4 亿部，同比增长 16.5%，营收 4673 亿元，同比增长 34%。从数据可以看出，正是华为的消费者网络业务抵消了华为运营商网络业务的负面影响，确保了华为整体营收的稳健。即便在面对美国制裁加码的 2020 年，华为依然实现了全年 8914 亿元的年营收，其企业网络业务板块实现了同比 23% 的增长率。如今，华为正试图将其业务延展到企业及消费者的方方面面，诸如 PC、平板电脑、电视、智能手表、车载设备、操作系统等领域，业务进一步多元化。正如华为在《人力资源管理纲要 2.0》中所说的，华为正逐渐从一棵大树变成一片森林。必然可以想见的是，如果华为不倒下，未来几年，在华为土地上一定会长出其他欣欣向荣的新物种。

我们来看看亚马逊公司。在 1998～2017 年间，亚马逊整体利润增长并不多，然而其股价却一直呈指数级增长，20 年增长了 800 倍，与其利润增长之间形成了巨大反差。那么，投资者何以如此看好亚马逊的发展前景呢？

亚马逊成立于 1994 年，以网上书店打入电商领域。随后，其零售商品品种不断丰富，国际业务不断扩张，自营和第三方平台共同发展，成为目前全球市值第二大的互联网科技公司（仅次于苹果公司）。

▶ 第一阶段（1994～1996 年）：贝佐斯敏感地意识到互联网发展的大趋势，成立了亚马逊。公司最初以经营网上书店为主，通过 24 小时不间断的便捷的网上购物体验，让用户足不出户即可购买到所需书籍，亚马逊快速成为"地球上最大的书店"。1996 年年末，亚马逊网站上有超过 250 万种图书，其中包括 150 万种在版英文图书，100 万种绝版图书。亚马逊并不拥有大量库存，而是通过在线形式灵活对接订单。截至 1997 年 3 月，亚马逊累计销售超过 3200 万美元的图书，服务超过 34 000 名客户，遍布 100 个国家，网站的日点击量超过 8 万次。

- 第二阶段（1997～2002 年）：电子消费品以及其他商品占比逐渐提高，并开始逐步拓展国际业务。
- 第三阶段（2003～2016 年）：多媒体业务占比逐渐下降，引入第三方服务、Prime 会员、AWS（亚马逊提供的专业云计算服务）等高毛利服务类业务。
- 第四阶段（2014 年至今）：亚马逊的服务类业务占比持续提高，多元布局寻找下一个高增长点。

亚马逊除在电商领域很成功外，在云计算领域同样非常成功。亚马逊在云计算领域的市场占有率一直保持在 40% 以上，拥有绝对的领先地位，这也是投资者对其估值大大提高的原因之一。亚马逊通过从资本市场融资，始终聚焦在那些能带来长远价值回报的项目上，不断扩大亚马逊的业务版图，增强其业务健壮性。

2019 年年底，一场突如其来的疫情严重冲击了企业的正常经营，威胁着很多企业的生存和发展。然而，在这个过程中，也有一些企业展现了顽强的生命力。阿里巴巴就是一家这样的企业。阿里巴巴从来不把自己当成一家单一的公司，而是把自己叫作数字经济体，寓意自己要打造一个数字平台，让消费者、商家、合作伙伴、品牌、零售商、第三方服务提供商、战略合作伙伴及其他企业都参与进来形成命运共同体。阿里巴巴在历史上经历过数次危机，但都成功地走了出来，而且越走越成功。2012 年，微信的崛起，让主要业务运行在 PC 上的淘宝感受到了巨大的危机，于是阿里巴巴内部全力投入无线，推出了"手机淘宝"，迅速地化危为机。再之后，京东的崛起让假货泛滥的淘宝平台广受诟病，一时间，京东会不会"吃掉"淘宝的声音在内部时有提起，然而时至今日，淘宝、天猫和京东各自行走在自己的赛道上，京东对淘宝、天猫的威胁也日渐减少。2018 年，拼多多在美国成功上市，并依靠低价策略迅速抢占了三四线城市大量消费者。截至 2021 年 3 月，拼多多年度活跃买家数达到 7.88 亿个，首次超越阿里巴巴平台活跃买家数，成为第一大电商平台。阿里人再一次感受到了强大的危机。阿里巴巴与拼多多的市场角逐还在进行着。2019 年年底疫情期间，所有电商平台无一例外都受到了影响。然而，在此期间，由于疫情导致企业无法复工，企业不得不开启线上办公模式，这让阿里巴巴的钉钉线上办公平台一下子成了香饽饽，企业用户数量激增，甚至学校也开始使用钉钉进行线上直播。数据显示，与 2019 年的春节同期相比，2020 年春节期间（2020.2.4～2020.2.21 相比 2019.1.24～2019.2.10）钉钉的平均日活增幅为 169.11%，新增用户增幅更是达到了 703.11%。钉钉 2020 年 3 月对外发布的数据显示，企业组织在钉钉上发起在线会议的数量单日突破了 2000 万场和 1 亿人次。据 2021 年 1 月 14 日钉钉 6.0 发布会官方数据，钉钉个人用户数已突破 4 亿个，其发展速度之迅猛大大超出了阿里巴巴高管的意料。这就是家大业大的好处，老大受损，老二来救，老二受损，老三来撑，这让企业易立于不败之地。疫情或许让阿里巴巴电商业务遭受了影响，但却催生了阿里巴巴在线办公平台钉钉的繁荣。阿里巴巴再一次展现了它旺盛的生命力。而那些只有单一业务的企业，日子就没这么好过了，尤其是传统线下零售企业，当疫情禁止线下人员聚集以后，它们显得无计可施。这次疫情告诉我们，企业不能只聚焦单一业务，在财务状况允许的情况下，总要养一些截然不同的"闲散"业务，它们或许有朝一日能成为救命稻草。企业切不可在一棵树上吊着，业务要从一棵大树发展成一片森林。

再来看字节跳动。字节跳动是一家产品思维驱动的公司。据统计，字节跳动旗下如今孵化出了 20 多个 App，知名度较高的包括今日头条、抖音、西瓜视频、火山小视频、TopBuzz、Faceu 激萌、图虫、懂车帝等多款产品。截至 2019 年 7 月，字节跳动旗下产品全球总日活用户数超过了 7 亿个，总月度活跃用户数超过 15 亿个，产品已覆盖超过 150 个国家和地区、75 个语种，在 40 多个国家和地区位居应用商店总榜前列，[93] 成功地在国内社交软件版图上杀出一条血路。

要素3：组织必须构建起清晰的价值大循环

生物生存于地球盖亚之中，它一定要食用某种其他生物，同时也会被其他某种生物所食用，食用和被食用的过程，就是能量在其间流动的过程。同理，一个企业想打造自己的盖亚组织，它一定要构建起清晰的价值循环链，明晰谁是生产者，谁是消费者，谁是服务者，谁是分解者等，这样才能形成一个完整的盖亚能量大循环，实现可持续发展。

阿里巴巴最初只是一家电子商务公司，专门从事商品的买卖活动，不直接生产产品，只负责产品的交易，是典型的服务型企业。随着阿里巴巴的不断发展，阿里巴巴意识到自己不能仅仅是一家电子商务公司。2016年，阿里巴巴提出了五新战略，即新零售、新制造、新金融、新技术、新能源。盒马鲜生是新零售的代表，过去阿里巴巴聚焦的是淘宝、天猫线上交易，盒马则既提供线上服务也提供线下服务，采用的是通过线下来促进线上的模式。蚂蚁金服是新金融的代表，其支付宝占据了中国第三方支付约一半的市场份额。阿里云则是阿里巴巴新能源的代表，约占2019年全球云计算市场的9.1%，位列全球第三，占亚太云市场份额的28.2%，稳居第一。同时，阿里巴巴成立了达摩院，着力于在人工智能、量子计算、芯片技术、语音智能、自动驾驶、区块链、5G等领域布局和实现技术突破。2020年，阿里巴巴在杭州成立了犀牛智造，阿里巴巴"五新"战略中的新制造也来了。阿里巴巴希望借助新制造，让"Made in Internet"成为现实。"犀牛智造"平台实现了生产端到端、全链路的数字化，因此具备高度柔性的供应链能力，可以按需生产、以销定产、快速交付。通常服装行业的生产模式是平均1000件起订，15天交货，而在新制造的模式下，已能100件起订，7天交货。它将销售端的数据洞察直接传递到设计、生产端，能精确预测某款单品未来一个月能卖多少件。这样的创新模式可以减少服装纺织产业链路中的效率和资源浪费，有效压缩库存成本，降低中小企业最大的创业门槛。

从盖亚的角度看，如今的阿里巴巴，既是生产者，也是服务者，还是分解者。

生产者：阿里巴巴建立的"犀牛智造"平台，致力于实现按需制造。同时，阿里巴巴通过原有的天猫网络购物平台，联结了数量庞大的其他制造企业，比如生产粮油的中粮集团、金龙鱼，以及生产科技类产品的制造企业如华为和小米，它们都是天猫平台上的入驻卖家。

服务者：阿里巴巴天生具有服务基因，其淘宝购物平台上入驻了大量中小淘宝卖家，它们不直接从事生产，专事买卖工作，把丰富的商品带给消费者。阿里巴巴自营的天猫直营店和盒马鲜生实体店，则直接面向消费者提供商品交易服务。所以，阿里巴巴既是直接服务者，也是一个在线服务大市场。

分解者：阿里巴巴还通过"闲鱼"平台，致力于撮合买卖双方进行二手物品交易，确保商品可以再次流通和重复利用，相当于"分解者"的角色。

通过淘宝、天猫平台，阿里巴巴黏合了无数商家，与它们结成了命运共同体，共同构成了一个价值链大循环。整体来看，阿里巴巴已然是一家盖亚组织，但阿里巴巴在生产者和分解者两个角色上的能力还比较弱，服务者角色仍是阿里巴巴的主要标签（见图14-1）。

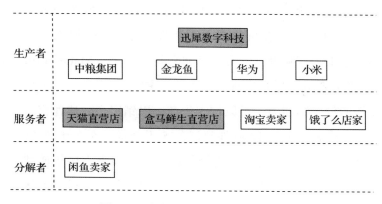

图14-1　阿里巴巴扮演的角色分析

要成为一家盖亚组织，企业一号位（阿里巴巴内部对一把手的称谓）要始终问自己两个问题：我被谁供养？我又在供养谁？在一个自由市场里，顾客是上帝，是企业的能量源泉；2C 的制造企业被最终消费者供养，相当于是植物一样的初级生产者；2B 的制造企业被其他 2B 或 2C 的企业所供养，相当于是肉食动物或食草动物；服务型企业则好似蜜蜂一样的服务者，虽然不直接创造价值，却是生物雄雌联姻的媒人，也为自然的繁衍生息发挥着不可或缺的重要作用。厘清这种供养和被供养的关系，有利于看清自身的经营是否健康。只有这种供养、被供养关系能形成一个完整的能量循环，企业的经营才是健康的，否则，发展到一定程度之后，必将因为难以为继而走向消亡，犹如癌细胞，通过恶性的自我增殖消耗宿主能量，最终必然是和宿主一起消亡。亚马逊创始人贝佐斯深知这一点，他在 2021 年卸任前发出的最后一封致股东信中，再次强调：任何不能为他人创造价值的企业，即使表面上看起来很成功，也不会在这个世界上存在长久，它终将会被淘汰。

要素 4：组织必须不断扩大生存空间

地球盖亚之所以存在了数十亿年，并且基本维持着稳定的大气环境，得益于地球盖亚庞大的身躯。地球盖亚也曾经历过小行星撞击，虽然那次小行星撞击导致了地球上恐龙物种的灭绝，但并没有毁灭地球上所有生物，相反，却迎来了地球上新一波生物大繁荣。试想，如果地球自身不够大，那么一次小行星撞击可能将地球撞离原来的轨道，离太阳更远或更近都将让这颗行星变得不再适宜生命生存。

阿里巴巴在 2016 年制定了新的企业愿景，即"服务 20 亿个消费者，提供 1 亿个就业机会，帮助 1000 万家中小企业盈利"。中国只有 14 亿人口，即便全部都在阿里巴巴平台上消费，也只有 14 亿个消费者，所以，要服务 20 亿个消费者，阿里巴巴非走出国门、非全球化不可。阿里巴巴是首家既在美国上市，也在中国香港二次上市的企业。阿里巴巴积极地进行全球化布局，包括资本布局和经营布局，正是要为阿里巴巴创造广阔的生存空间。

在中国的互联网巨头公司中，字节跳动成立时间不足10年，但字节跳动却是中国第一家成功走出国门的互联网公司。它的成功甚至让美国互联网同行和美国政界感到害怕。华为是美国倾尽全力封杀的第一家中国高科技公司，而字节跳动则是美国总统直接干预封杀的第一家中国互联网公司。能获此"殊荣"，华为用了30年，而字节跳动只用了8年，足见其成功。

船大抗风浪。一叶扁舟漂浮在大海上时，总是飘飘荡荡的，唯有如航空母舰般的巨型平台，才会不惧风雨。

总结起来，要具备健康的组织生态，企业必须先找到自身的独特生态位，此时企业不可避免地会和其他企业发生直接竞争，以争夺有限的生存资源，赢得生存优势，这是企业生存下来的关键，也就是说，企业首先要解决如何活下来的问题。在形成生态位优势后，企业要围绕生态位实现业务的多元化，这样才能增强自身抗风险的能力，也能充分利用资源。企业在开展多元化时，由于解决了生存问题，同时这些多元化业务通常不会很快成为企业的核心业务，在这些业务上同其他企业之间不存在你死我活的争夺，所以此时企业同其他企业之间是既竞争又合作的关系。当企业成功实现业务多元化之后，需要厘清自己与其他企业之间的价值关系，一定要与其他企业形成价值大循环。只知一味地竞争和贪婪地掘取其他企业生存空间的企业犹如癌细胞般不可持续，只是一味地奉献的企业也是不可持续的，要让价值流在企业间循环地流动起来。最后，企业必须走向全球化，联合更多的企业形成更大的命运共同体，让自己不仅能适应外部环境，还能不断地改造环境，把命运掌握在自己手中。组织生态的这四个要素是一个螺旋上升的过程（见图14-2），它们共同作用，让企业不但能活下来，还活得稳、活得好、活得长，走向繁荣的未来。

依照组织生态四要素看阿里巴巴、华为、字节跳动3家公司，哪家组织生态得分较高呢？我们不妨来对这3家公司在四要素上的表现打分（0分表示不具备，1分表示少量具备，2分表示基本具备，3分表示完全具备），如表14-1所示。

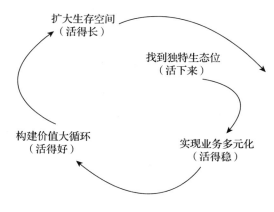

图 14-2 组织生态四要素

表 14-1 组织生态要素得分情况

组织生态要素	阿里巴巴	华为	字节跳动
找到独特生态位	3	3	3
实现业务多元化	3	2	2
构建价值大循环	2	0	1
扩大生存空间	0	3	2
综合得分	2	2	2

从表 14-1 中可以看出，3 家公司在组织生态上的整体表现不分伯仲，只是在细分维度上各有差异。

阿里巴巴也找到了自身的独特生态位，擅长做平台和做生态，通过打造一个又一个的大市场，把商家和消费者凝聚在一起，形成命运共同体，所以阿里巴巴在"找到独特生态位"这一维度得分为满分。阿里巴巴的业务也极其多元化，既做金融，也做制造，还做服务、医疗、娱乐、教育等，所以阿里巴巴在"实现业务多元化"这一维度也是满分。阿里巴巴的使命是"让天下没有难做的生意"，清晰地把自身定位为平台型企业，首先要让生存于其上的商家有钱可赚，致力于和它们有机共存，共同服务最终消费者，初步构建起了稳定的价值大循环，但阿里巴巴近年来在应对拼多多等竞争对手的崛起时，强制商家二选一，有悖价值大循环这一原则，所以阿里巴巴在"构建价值大循环"这一栏扣1分，得2分。到目前为止，阿里巴巴虽然有国际业务，但体量非常小，同其国内业务比起来不值一提，阿里巴巴还主要是一家中国企业，其在全球化上还不太成功，还有很长的路要走，所以阿里巴巴在"扩大生存空间"这一维度得分为0分。综合起来得分是2分，对应百分制里的67分。

华为找到了自身独特的生态位，在运营商网络业务和消费者网络业务两个领域具备全球性市场优势，所以在生态位维度，华为是满分。但相对而言，华为的业务并不算特别多元化，华为尝试在云计算领域和企业网络市场实现突破，但这两个业务目前仍然在奋力追赶中，依旧处于跟随者地位，即便算上这两个业务，华为主要也只有4个板块的业务，算不上非常多元化，所以该维度只能得2分。华为擅长自研或者外购，同外部企业要么是竞争关系，要么是资本买卖关系，没能围绕其核心业务构筑起强大的生态。当美国制裁华为时，华为充分意识到了这一点，2020年9月，华为推出了自研操作系统鸿蒙2.0，其目的也意在构建类似苹果、安卓一样的软件生态，但华为在这一道路上还有很长的路要走，我给华为在价值大循环这一维度的打分是0分。不过，华为很早就开始了全球化之路，经过20多年的努力，华为是中国少数成功踏出国门的全球化企业之一，华为在这个维度堪称中国企业的表率，得分满分。综合起来得分是2分，对应百分制里的67分。

字节跳动在人工智能算法领域具有无可匹敌的优势，它通过大数据分析精准地向用户推荐各种资讯，甚至在某些方面比用户更懂自己。字节跳动的今日头条、抖音等产品广受用户欢迎，通过这些产品，字节跳动找到了自己独特的生态位，在这一维度得分为满分。字节跳动的业务相对比较集中，虽然在广泛地探索，但还在成长的路上，在业务多元化维度我打2分。字节跳动也是少数成功走出国门的中国互联网企业之一，但踏出国门的时间还不长，也正经历着巨大的政治环境压力，在生存空间维度，我给它打2分。综合起来，字节跳动得分是2分，对应百分制里的67分。

需要指出的是，组织生态的本质是要处理好组织自身与其他组织之间的关系。在外部组织中，政府组织扮演的角色尤其特殊。一方面，它服务于组织，致力于促进组织的成长；另一方面，它又监管着组织，确保组织履行应有的社会责任，避免单一组织一家独大，形成垄断以扼杀社会创造力。企业必须处理好与政府组织之间的关系，遵从监管的要求，这也是组织生态中非常重要的一环。

第四部分

盖亚组织

第十五章

盖亚组织综合指数

———

一方面,组织要充满活力;另一方面,组织要经营好自身与外部其他组织的关系。这两方面都很重要,但重要程度略有不同。高活力组织可以披荆斩棘,平地起高楼。如互联网巨头阿里巴巴,在最初仅仅是一家电子商务公司,专门从事外贸业务,但通过构建淘宝商城、天猫商城,阿里巴巴逐步在其电商平台上聚拢了海量商家,最终形成业态繁荣的互联网生态。组织活力就是组织的生产力,组织活力决定组织的生命力。高活力组织可以影响和繁荣组织生态。当外部环境没那么苛刻时,病态的组织也能苟延残喘好一阵,而当外部环境严苛时,唯有高活力组织能生存下来。这样,当我们用一个综合指数来整体看待盖亚组织时,组织活力应当赋予 60%

的权重，组织生态则占 40% 的权重，这样盖亚组织综合指数的公式就是：

$$盖亚组织综合指数 = 组织活力 \times 60\% + 组织生态 \times 40\%$$

那么，在盖亚组织综合指数满分为 100 分的情况下，综合第十三章的组织活力评分以及第十四章的组织生态评分，阿里巴巴、华为、字节跳动这 3 家公司的盖亚组织综合指数得分情况是怎么样的呢？来看表 15-1。

表 15-1 盖亚组织综合指数得分情况

维度	权重	阿里巴巴（百分制）	华为（百分制）	字节跳动（百分制）
组织活力	60%	96	63	71
组织生态	40%	67	67	67
盖亚组织综合指数	100%	84	65	69

注：表中数据有四舍五入。

可以看到，3 家公司整体的盖亚组织综合指数都已过及格线（60 分），其中阿里巴巴的盖亚组织综合指数最高，为 84 分，字节跳动得分 69 分，华为得分 65 分。相对而言，阿里巴巴更接近盖亚组织一些。

但要成为更好的盖亚组织，几家公司都还有很多功课要做。

阿里巴巴组织活力很强。很多人不了解阿里巴巴，认识不到阿里巴巴的组织活力，认为阿里巴巴开口闭口都谈文化，得了文化病。阿里巴巴确实很注重文化传承和文化建设，也因而在中国的企业界独树一帜。华为、字节跳动在组织治理上借鉴了不少西方管理思路，注重制度或科技建设，但阿里巴巴则更多吸收了中国的传统道家文化，注重心灵层面的建设。作为一家发展了 22 年的巨头公司，阿里巴巴内部依然只保留了少量的流程规范和规章制度，赋予主管相当大的用人权，也积极鼓励员工自主发声和自由流动……乍一看，阿里巴巴很多地方看起来都不规整，甚至有点乱，但阿里巴巴的乱，是一种生机勃勃的乱，是乱中有序。在阿里巴巴内部，各种新思想不断激荡，组织架构也非常灵活，有什么样的业务战略，就设置什么样的组织，组织如水一般随战略而动。不过，阿里巴巴在外部组织生态的构建上，还需要补齐全球化这门功课，并且要校正过去在构筑价值大循环上的一些做法，未来要更多地让利商家、平衡好商家和消费者之间的关系，更合法合规地与其他企业良性竞争。

华为的组织活力相对较弱一些。华为公司的人员规模已超过 20 万人，它尤其强调流程，而流程一旦建立，就倾向于维持自身的稳定和对抗变化，让组织变得循规蹈矩。流程能让人正确地做事，但无法保证让人做正确的事。在动荡的环境中，是不需要流程的，流程也无法发挥作用。华为需要从流程型组织转型，在非电信业务领域为组织提供更大的弹性和灵活度，从而提升组织活力。同时，华为还需要补齐价值大循环（构筑生态）这一课，卷入更多的企业和合作伙伴与华为一起共建共生，改变过去那种垂直整合、靠一己之力单打独斗的局面。华为也需要让业务更加多元化，从而对抗外部环境的动荡和不稳定性。

字节跳动成立时间不长，但得益于创始人在组织管理领域的敏锐，不断地向奈飞和亚马逊学习，在公司内部为员工提供更多的自由度（Context），实现更少的管控（Control）。一个非常直接的例子是，在奈飞，员工可以自由决定报销额度，这一做法也被字节跳动借鉴过来了。字节跳动的员工报销无须主管审核，只需知会主管即可。同时，字节跳动善于借助科技和智能的力量去提升组织能力，字节跳动内部开发了大量的智能办公工具，如飞书、妙记、云文档等，以实现便捷的组织内部协同。传统企业开会，员工往往要花费不少时间进行信息整理和呈现，例如美化 PPT、整理会议纪要等，字节跳动则提倡以简洁精要的文档作为信息主要载体，避免 PPT 的无谓美化。同时，"飞书"会自动地记录工作环节的其他非文档原始信息，例如 OKR、招聘历史面评、工作流审批等信息，便于与会者在会前对会议做充分准备，从而大大提升了会议效率。作为一家成立时间仅 9 年、员工规模超过 10 万人的巨头公司，字节跳动的组织充满活力。在组织生态方面，字节跳动找到了自身独特的生态位，今日头条和抖音是其主打产品，在新闻流和短视频领域构筑起了独一无二的领先优势。字节跳动在全球化方面也非常成功，是国内互联网企业出海的典范。字节跳动的业务也相对比较多元化，广泛涉足了新闻、短视频、游戏、教育等多个业务领域，但字节跳动在构筑价值大循环维度需要继续努力，还需要卷入更多的企业与其一起共建业态，从而形成广泛的组织共生关系。

盖亚组织综合指数是衡量组织盖亚属性的一个参考坐标系，它有两个坐标维度，横坐标是组织活力，纵坐标是组织生态，这两个坐标维度建构了一个盖亚象限，如图15-1所示。组织既要充满活力，努力提升自身的组织活力，也要注意平衡好自身与外部其他企业之间的关系，经营好企业的组织生态。这两个方面同时满足得很好的组织，就是盖亚组织，这是组织发展的最佳状态，它实现了自身的健康与生态的和谐，这样的组织位于盖亚象限中的第一象限。还有一些组织看上去外部生态一片繁荣，但内部缺乏组织活力，问题多多。这样的组织由于选择了一个好赛道，因而具备先发优势，在一段时间内可以实现"躺赢"，但长久来看，"富不过三代"，也很难走远，它们只是时代的幸运儿，但时代不会让你总是这么幸运，打铁还得自身硬才行，这样的组织位于盖亚象限的第二象限，称为机遇组织。而如果组织在这两方面都不具备，得分都很低，那么它离关门破产就真的不远了，这样的组织位于盖亚象限的第三象限，称为僵死组织。除此以外，还有一些组织，内部生机盎然，充满组织活力，但不注重外部组织生态的建设，它有点像古代的封建诸侯，在自己的领地里实现自给自足，对外部组织仅有很少的依赖，所以又称为封建组织。这类组织位于盖亚象限的第四象限。

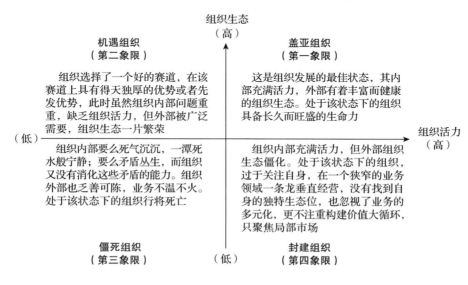

图 15-1　盖亚象限

第三象限是组织的死亡象限,组织应当努力提升盖亚象限两个坐标维度的表现,向第一象限演进,避免落入该象限(见图15-2)。阿里巴巴、字节跳动、华为都位于盖亚象限的第一象限中,都属于盖亚组织。

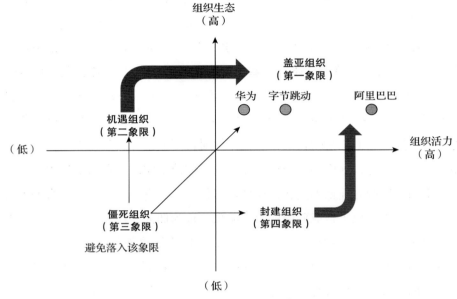

图 15-2　盖亚象限演进建议

第十六章

盖亚组织原则

在本书的最后,很有必要把盖亚组织的精髓凝练成原则。遵循这些原则,组织就会充满活力、生机勃勃,走向繁荣。

原则1:流程最小化,关系最大化

不要人为地给组织增加过于臃肿的流程。每增加一个流程,相当于多给组织增加了一层枷锁,这只会让组织在未来行动得更慢。流程能让组织用过去的方式取得过去的成功,但无法用过去的方式导向未来的成功。流程型组织适用于成熟行业或强监管行业,按部就班地用老规则办事。比如房地产行业,建房子必须先设计好施工图纸,然后打好地基，搭好框架，工人们必须严格按照施工图纸的要求去施工，容不得半点不一致。这里面有很多流程和规则要遵循。然而，即便传统房地产行业，也可能面临着被颠覆，随着3D打印技术的日益成熟，打印房子也并非不可能的事。未来是技术、智能为王的时代。在这样的时代里，技术日新月异，瞬息更替，唯一不变的是变化。要想让组织始终面向未来，组织绝不能按部就班地做事，必须搅动起组织这一池春水，不只在固定的小沟小渠里听话地流淌，而要在大江大洋里翻腾，充分地活泛起来，形成大循环嵌套小循环，成为真正的网状组织。对于组织来说，真正重要的既是组织里的人，更是组织里人与人之间的关系。孙悟空再厉害，当他被压在五行山下的时候，他也只是块会动的石头。对员工来说，繁多的流程就好比压在孙悟空身上的五行山。三个臭皮匠，充分交流的时候会变成一个诸葛亮，而三个诸葛亮，如果彼此之间缺乏交流，也仅仅是三个诸葛亮，很快就会被三十个充分交流的臭皮匠所超越。组织应当想方设法地最大化组织成员之间的关系往来，促成他们之间充分地交流与互动。

原则2：打开组织边界，让组织成为开放组织

组织一旦建立，就倾向于封闭自我，搞小循环，把组织内的人称为"我们"，把组织外的人称为"他们"。熵增定律已经告诉我们，封闭组织只有熵死一途。然而，组织的存在又有其必要，相比大组织，小组织会更有活力，行动也更敏捷。但组织总会不断壮大，大组织里分成若干个小组织是难免的事。于是，组织要有适当的机制，促成各个单元充分打开自我的边界，更大程度地开放自我。如何实现？阿里巴巴一年一度的"双十一"全球购物狂欢节，既是一次业务大考，也是一次组织大练兵，促成组织内各单元充分围绕如何打赢"双十一"这场战役去密切协同。打胜仗是最好的团建。另外，组织必须随时跟随外部环境的变化而做出相应调整，以此打破组织希望维持稳定的倾向。再则，允许人才在组织内合理地

流动,也会增进团队之间的了解,促成更大程度的开放。

原则 3:把组织驱离安全港湾,让组织始终处于不进则退的爬坡状态

那些躺在功劳簿上睡大觉的组织,很快一个个都倒下了。柯达、宝丽来就是最好的例证。这些企业因为过去的业务太过成功,不愿意把自己逼到一个新的业务战线上去殊死拼搏,最终都输给了这个时代。组织既不能活在过去,也不能只活在当下,组织必须要活在未来。亚马逊能持续成功近 30 年,源于其时任 CEO 贝佐斯提倡的 Day 1 文化,每个亚马逊人必须把在亚马逊的每一天都当成公司成立的第一天,以此勉励自己奋斗不止。华为任正非要求管理干部始终"战战兢兢、如履薄冰",高层要有使命感,中层要有危机感,基层要有饥饿感,唯独不能有安逸感,要始终保持奋斗状态。如何实现?成功的组织都必然实行绩效考核,坚决淘汰不胜任的南郭先生,从而始终让组织保持活力。组织可以允许失败,也可以为组织的未来储备一部分对当下"无用"的"闲人",但组织绝不能容忍无所作为、不思进取、混日子的懒人和庸人。组织创始人必须在组织里不断营造敢于挑战的氛围,并从机制上认可那些不自我设限、敢于超越自我的人,他们是组织的脊梁。

原则 4:一支"会玩"的 HR 队伍对提升组织活力至关重要

华为认为 HR 要懂业务,并把 HR 划分成 HR COE(HR 专家)、HRBP(HR 业务伙伴)、HR SSC(HR 共享服务中心)三个部分,俗称 HR 三支柱。HR COE 负责协助公司制定人力资源政策,HRBP 负责协助部门落地 HR 政策,HR SSC 则提供通用服务。这个设计看上去很合理,但只是把 HR 当成了一个政策工具,HR 站在组织这一侧和员工打交道,很容易让员工把他们当成自己的对立面。在任何一个公司,都会有管理者,也会有被管

理的员工，而 HR 则应该作为催化剂般地存在，去催化管理者和员工发生更好的化学反应。HR 既是组织的 HR，也是员工的 HR，HR 需要衔接好组织与员工两个界面，既不能单纯地站在组织视角成为组织的"打手"，也不能单纯地站在员工角度一味地"为民请命"，而应当站在组织视角考虑价值，站在员工视角思考问题，有机地协调组织与员工之间的冲突。这需要 HR 具备超强的沟通协调能力和随机应变能力，要能在充分考虑员工感受后，润物细无声地落地组织要求。在这方面，阿里巴巴做得很好。拿绩效管理这一件事来说，和其他公司一样，阿里巴巴也有强制比例分布，但和其他公司不一样的是，阿里巴巴禁止逐层比例摊派行为，如果发现有比例摊派，负责人会被问责。绩效比例应该在组织内拉通统一考虑，而不是简单的比例摊派。这必然会出现一些组织里绩效差的人分多了，一些组织里绩效好的人分多了，怎么解决这种组织之间的不均衡呢？答案只有一个：沟通。反复地和各个组织的负责人沟通，找到评估绩效的规则，达成一致。在这个过程中，HR 的作用就是要让组织中各个业务负责人坐下来一起评定和达成一致。绩效评定后，主管需要与员工进行正式的面谈，而阿里巴巴的每一个绩效面谈环节，HR 都必须参与，遵循"One over one, plus HR"原则，即在同员工沟通绩效时，必须四人在场：员工、员工直接主管、员工隔层主管、HR。在这个过程中，HR 需要发挥催化剂作用，如果员工有异议，需要协调主管和员工一起澄清异议。阿里巴巴在选取 HR 时，要求 HR 不光要专业，还必须要灵活，要"自带小宇宙，充满正能量，乐观积极"，要"有娱乐精神，会玩"，而这些正是让 HR 成为催化剂的关键。

除自带能量包外，HR 还要掌握场域相关知识和技能，以此促动团队成员之间发生更密切的连接，发生"化学反应"，产生"1+1>2"的效果。HR 还应善于掌握复盘相关方法论，帮助组织做好自我反思，以及不断地在经验中学习，实现组织能力的不断累积和进化。

原则 5：破除固定周期，让组织随需而动

很多传统公司的业务管理周期是以年为单位进行的，这让组织能从更长远的视角考虑业务经营。然而，目标一旦设定，过程中跟进的频度并不高，大部分传统公司会在年中进行一次绩效考核，仅此而已，这个过程开展得非常不灵动。而互联网公司通常按季度跟进目标的达成，字节跳动甚至以双月为周期跟进目标，过程十分敏捷，这也让字节跳动获得了很强的组织活力。除业务过程要灵动外，组织也必须灵动，"招之即来，来之即战"。组织在人员任用上也要尽可能地灵动，能者上，慵者下，无须设置繁杂的干部管理流程。在这方面，阿里巴巴做得很好，赋予主管充分的决策权，一个主管任命下级，只需这名主管的上级和 HR 同意即可，无须繁杂的组织考察和任命环节。而华为对干部的管理是最为重视的，其干部管理流程非常细。一个干部正式上任，需要先进后备资源池，然后由道德遵从委员会进行干部 360 度调查，调查无问题后即进行正式的干部任命公示，公示期为 2 周，2 周内如果有人举报干部行为不端，任命有可能会被撤销，只有通过干部任命公示之后，才会正式发送干部任免通知，干部才算正式上岗履职。这样的过程非常烦琐！所以，相较于阿里巴巴，华为的组织灵动性要弱很多。

原则 6：坚持培育员工的内在动机

动机有外在动机和内在动机之分。外在激励催生外在动机，内在激励培育内在动机。当组织需要执行力优势时，外在激励通常效果立竿见影，然而，这通常会损伤员工的内在动机，久而久之也会让员工越发功利。给一分钱干一分钱的活，给一分钱绝不干两分钱的活，这是外在激励主导下企业员工的典型心态。当组织需要创新优势时，仅靠外在激励是无法达成的，创新需要热爱，需要内在动机，此时，组织应尽可能从机制上减少外在激励的负面影响，培育员工的内在动机。阿里巴巴

通过多年的实践意识到，如果在一个组织里频繁开展职级晋升，会让员工变得非常浮躁，于是，自 2015 年起，阿里巴巴逐步将原来一年两次的晋升活动改为一年一次，将晋升对组织内在激励的损害降低到最小。华为则走了一条相反的道路，华为一年组织两次大的晋升活动，上下半年各一次，同时，每月还会组织例行的晋升评审，有特殊贡献的个人随时可以得到晋升。看上去员工的晋升更及时了，但实质上，这会导致员工功利化的加剧。组织应更多地思考，如何孵化和培育员工的内在动机。外在激励要有，但应尽可能地把它放在幕后，做到润物细无声。若非必要，绝不外化物质激励，应当让物质激励成为一种隐性和基础激励。内在动机才是员工工作的核动力，是一种更高阶的激励方式。

原则 7：组织要有灵魂

价值观是组织的灵魂，是一个组织区别于其他组织的关键。如今，几乎所有组织都宣称自己有价值观，但创始人是否愿意在不同场合、反复传播公司的价值观，则因公司而异。华为任正非会反复在各类讲话中强调要"以客户为中心"，客户文化在华为内部根深蒂固。阿里巴巴合伙人也会反复在新人培训、干部晋升、重大节日时积极地传播阿里巴巴的价值观和文化。也正因为如此，阿里巴巴和华为的价值观融入了组织血液之中，让这两家公司有了灵魂。除了公司层面的核心价值观，公司还应容许不同业务有不同的子文化氛围，子文化立足于业务土壤，是对核心价值观落地的完善。恰如阿里巴巴在公司层面有"新六脉神剑"价值观，在淘宝有武侠文化，在 B2B 有铁军文化，在阿里巴巴客服领域有柔军文化一样。正是这些基于各自业务土壤的子文化，让阿里巴巴的"新六脉神剑"价值观更加立体，更加有血有肉。

原则 8：组织机制的设计必须围绕组织理念进行

落实组织文化，除了依靠创始人的反复传播，还需要有配套的制度设计。华为通过公司的激励机制，物质回报向艰苦地区倾斜、向奋斗者倾斜，来落实奋斗者导向，每年也会自上而下地组织公司干部的自我批判会议。通过这些制度，华为从上到下都非常清楚，价值观不是挂在墙上说说而已的，它是组织工作的基础准则。而阿里巴巴，则将价值观作为考核的一个重要组成部分，实行绩效和价值观双轨制考核，每个人身上都会有两个考核标签，一个代表业绩，一个代表价值观，主管在和员工进行绩效沟通时，两者都需要沟通，以让员工认识到自己当期在哪些价值观项上表现很好，在哪些价值观项上还有差距。

原则 9：给信仰一个停靠的港湾

文化就像空气，它很重要，但又看不见摸不着，很多时候会让人觉得很虚。如何像阿里巴巴所说的那样，把文化这件"虚事"做实？这需要给文化寻找一些承载。比如，阿里巴巴形成了自己的"三节一书"：

- ▶ 三节即每年 5 月 10 日的阿里日，每年 9 月 10 日的阿里巴巴周年庆，以及每年 11 月 11 日的"双十一"全球购物狂欢节。
- ▶ 一书即一封阿里家书，阿里巴巴每年在春节前会向阿里巴巴员工的亲朋好友寄送一封包含阿里人生活记录及阿里巴巴取得成绩的家书，以让他们更好地了解阿里巴巴。

此外，阿里巴巴还有对入职满一年、三年、五年的员工的庆贺仪式，以增强他们的文化归属感。阿里巴巴园区的布置，也会尽可能地考虑承载文化属性，以让员工从头到脚感受到公司文化的存在。

原则 10：组织要找到自己独特的生态位

组织必须有自己的撒手锏，清晰认识到这一点很重要。华为擅长做通信设备，腾讯擅长做社交产品，阿里巴巴擅长做电商运营，字节跳动擅长算法驱动，这些都是它们各自的撒手锏，其他组织要想攻入这些领域，都是极其困难的。组织通过巩固自己的独特生态位，可以确保有一个稳固的根据地，它是组织得以发展壮大的能量源泉。可以说，一个企业如果没有独特生态位，它要么碌碌无为，要么很快消亡。

原则 11：从一棵大树到一片森林

生态位得到巩固后，企业必须伺机出击，发展新业务。杭州嘉云数据科技有限公司（Club Factory 为其旗下电商产品）自 2016 年起开始经营印度跨境电商市场，2019 年 6 月，Club Factory 对外宣称已超越印度的 Snapdeal，成为当地第三大购物应用程序。然而，2020 年 7 月，当印度政府开始大肆封禁中国 App 时，只在印度单一市场经营的 Club Factory 用户瞬间清零，公司不得不转向其他市场，并开始寻求多元化经营，以避免再次出现类似印度市场这样的情况。企业应该汲取这一教训。业务适度多元化，是增强企业抗风险能力的重要方式。

原则 12：大家好才是真的好

华为奉行垂直整合战略，几乎独立地打造了通信设备的全链条技术。过去，出于对"卡脖子"的考虑，华为很少寻求同外部企业的技术合作，而致力于把技术都掌握在自己手上。这有好的一面，但也有非常不利的一面。好的一面是华为攻克了很多疑难技术，比如 5G。不利的一面是华为是在一力承担所有的核心难题，而没有致力于构建一个繁荣的生态链。这样，当美国制裁华为时，华为发现它到处都有漏洞。也正是意识到了这一点，华为开始在全球进行技术投资和资本投资，把一些疑难技术交由其他企业去做，华为提供技术和资本支持，从而逐步培育一个围绕华为的庞大的企业生态链。华为沿着这条路走下去，就会改变过去的格局。

"3Q 大战"中的腾讯，一度非常被动。这起事件也促使腾讯思考，如何更好地与生态公司分利，从而形成价值循环链。如果所有的业务都自己做，所有的钱自己挣，那一定会招致不满。企业必须学会分享利益，把部分利益让渡给生态企业。大家好才是真的好，也才能更好地把企业带到更高的发展境界。

原则 13：放眼全球

单一市场的空间总是有限的，企业应当从成立之初就放眼全球，为自己争得更大的生存空间。企业并非一定要等到在本土形成生态位优势后再进军海外。华为很早就开始开拓海外市场。彼时，华为在中国国内并没有站稳脚跟，"巨大中华"——巨龙通信、大唐电信、中兴、华为这四家企业中，华为是实力最弱的一家。然而，华为咬紧牙关，1997 年就开始集结人力雄赳赳、气昂昂地奔赴海外，用了数年时间逐步打开了国际市场。到 2005 年，华为海外收入达到 48 亿美元，占总销售收入的 58%，首次超过国内，成为中国大陆首家名副其实的国际化企业。而阿里巴巴，则在较长时间内都深植国内市场，在国内取得了巨大的成功，但在试图全球化方面却困难重重。

上述 13 条原则是一个整体。符合这 13 条原则的组织，就是一个好的盖亚组织。这样的组织，内部充满活力、生机勃勃，向外能不断生长和连接，日益壮大。这 13 条原则是从地球盖亚的诞生与发展规律中借鉴来的智慧，是作者长达数年组织发展经验的结晶。华为在原则 3、原则 7、原则 8、原则 10、原则 11、原则 13 这六个原则上表现很好，并且是首个明确把熵减引入公司治理的企业。可以想象，如果华为能补齐其他原则，必将释放出更大的组织能量。阿里巴巴在原则 1~11 方面都表现较好，但近年来在面对拼多多、字节跳动等企业对其电商板块的侵蚀时，不断地处于防御地位。在构筑价值循环链上，争夺的多，让利的少，在原则 12 上做得不够。同时，相比于阿里巴巴在国内的投入，阿里巴巴在海外市场的投入是不够的，阿里巴巴海外业务也一直没能发展起来，在原则 13 上，阿里巴巴还有很多功课要补。全球化是一种能力，全球化也是一种决心，当两者都没有的时候，全球化是断难推进的。只需看看地球盖亚生生不息的生命力就知道，如果阿里巴巴能在原则 12 和原则 13 上补齐，阿里巴巴实现其活 102 年的愿景，就会是水到渠成的事。

POSTSCRIPT ◂ 结语

到这里，全书已近尾声！

恭喜你！你已完成了盖亚组织的全部旅程！现在，你已经知道了，盖亚组织的组织观是生命观、人本观和社会观。盖亚组织是二维的，从内部看它，它是高活力组织，具备三重属性（生物性、心理性和社会性）；从外部看它，它是一张生态网，有四大要素（找到独特生态位、实现业务多元化、构建价值大循环、扩大生存空间）。盖亚组织的核心是高活力组织，但组织生态的建设也不能忽视，两个维度需要并行不悖地发展，不可偏废。

成为盖亚组织的结果是美好的，但盖亚组织建设的过程是"痛苦"的。盖亚组织中一定会矛盾频发。盖亚组织是矛盾和问题的动态集合，它充满矛盾，快速消化矛盾，同时在产生新的矛盾。就像地球大气一般，彼此不相容的几种气体每时每刻都在发生着化学反应而消失，又在每时每刻被地球生物还原和再生。矛盾是盖亚组织生长的内燃机，驱动着盖亚组织不断进化，获得长生！没有问题、没有矛盾、一团和气的组织，不是盖亚组织，这样的组织只会是热力学第二定律所说的熵死或平衡态，它注定要走向衰亡。盖亚组织里有一种生机勃勃的乱。

这，就是盖亚组织，一个充满生机和活力的长生型生命组织（见图A-1）！

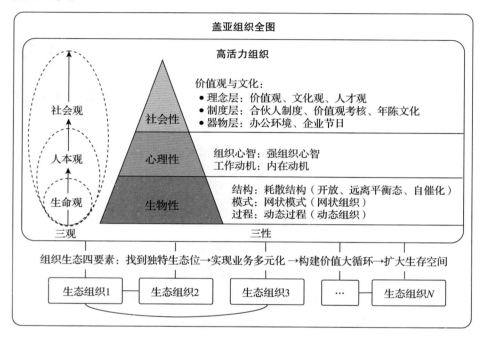

图 A-1　盖亚组织全图

参考文献

[1] 普里戈金（普利高津），斯唐热. 从混沌到有序：人与自然的新对话 [M]. 曾庆宏，沈小峰，译. 上海：上海译文出版社，2005：106.

[2] 赫西俄德. 神谱 [M]. 王绍辉，译. 上海：上海人民出版社，2010：23.

[3] LOVELOCK J. Gaia: A New Look at Life on Earth[M]. Oxford: Oxford University Press，2000：10.

[4] 马古利斯，萨根. 小宇宙：细菌主演的地球生命史 [M]. 王文祥，译. 桂林：漓江出版社，2016：1.

[5] 诺瓦克，海菲尔德. 超级合作者 [M]. 龙志勇，魏薇，译. 杭州：浙江人民出版社，2013：前言.

[6] 图尔钦. 超级社会：一万年来人类的竞争与合作之路 [M]. 张守进，译. 太原：山西人民出版社，2020：4.

[7] LEWIN K. Forces behind Food Habits and Methods of Change[J]. Bulletin of the National Research Council，1943，108：35-65.

[8] 麦格雷戈. 企业的人性面 [M]. 李宙，章雅倩，译. 长春：北方妇女儿童出版社，2017：37-38，53-54.

[9] 沙因. 组织心理学 [M]. 马红宇，王斌，译. 北京：中国人民大学出版社，2008：69-70.

[10] 道金斯. 盲眼钟表匠：生命自然选择的秘密 [M]. 王道还，译. 北京：中信出版社，2014：27.

[11] 西利. 蜜蜂的民主：群体如何做出决策 [M]. 刘国伟，译. 北京：中信出版社，2019：99.

[12] 霍兰（霍兰德）. 涌现：从混沌到有序 [M]. 陈禹，译. 上海：上海科学出版社，2006：2.

[13] 马古利斯，萨根. 小宇宙：细菌主演的地球生命史 [M]. 王文祥，译. 桂林：漓

[14] 布朗，艾森哈特.边缘竞争[M].吴溪，译.北京：机械工业出版社，2001：118-119.

[15] 张勇.阿里CEO：未来企业从树状变成网状，小前端+大中台[EB/OL].（2015-12-30）[2021-05-06]. http://www.iwshang.com/Post/Default/Index/pid/242367.html.

[16] NETFLIX. Netflix Culture：Freedom & Responsibility[EB/OL].（2009-08-01）[2021-05-06]. https://www.slideshare.net/reed2001/culture-1798664.

[17] 梅菲尔德.复杂的引擎[M].唐璐，译.长沙：湖南科学技术出版社，2018：198.

[18] 梅菲尔德.复杂的引擎[M].唐璐，译.长沙：湖南科学技术出版社，2018：199.

[19] 马古利斯，萨根.小宇宙：细菌主演的地球生命史[M].王文祥，译.桂林：漓江出版社，2016：228.

[20] 麦考德.奈飞文化手册[M].范珂，译.杭州：浙江教育出版社，2018：103.

[21] NETFLIX. Netflix Culture：Freedom & Responsibility[EB/OL].（2009-08-01）[2021-05-06]. https://www.slideshare.net/reed2001/culture-1798664.

[22] 黄旭.13+1体系：打造持续健康的组织[M].北京：机械工业出版社，2021：167.

[23] PAGELL M，PARKINSON M，VELTRI A，et al. The Tension Between Worker Safety and Organization Survival[J]. Management Science，2020：66（10）.

[24] 华为.华为简介[EB/OL].（2020-04-01）[2021-05-06]. https://solar.huawei.com/cn/company.

[25] 张勇.造风者不是追赶上一班列车，是创造下一班列车[EB/OL].（2021-04-29）[2021-05-06]. https://finance.sina.cn/2019-04-29/detail-ihvhiewr8863351.d.html?cre=wappage&mod=r&loc=3&r=9&rfunc=73&tj=none&cref=cj.

[26] 陆文斌，范越.阿里CEO张勇：去年912亿，今年双11目标是什么？[EB/OL].（2021-04-29）[2021-05-06]. https://zhuanlan.zhihu.com/p/23113242.

[27] 华为公共及政府事务部.任总接受《华尔街日报》采访纪要[EB/OL].（2020-04-20）[2021-05-06]. http://xinsheng.huawei.com/cn/index.php?app=forum&mod=Detail&act=index&id=4538789&p=1&pid=49648663#p49648663.

[28] 任正非.人力资源政策要朝着熵减的方向发展：战略预备队指导委员会在听取汇报时的讲话[Z]. 2016-12-26.

[29] 任正非.聚焦平台，加强血液流动，敢于破格，抢占世界高地：任正非在南研所业务汇报会上的讲话[Z]. 2016-11-15.

[30] SINCLAIR D A. Lifespan：Why We Age and Why We don't Have To[M]. London：Thorsons，2019：120.

[31] 柏拉图.柏拉图全集[M].王晓朝,译.北京:人民出版社,2018:718-721.
[32] 邱昭良.复盘+:把经验转化为能力[M].3版.北京:机械工业出版社,2018.
[33] 陈中.复盘:对过去的事情做推演[M].北京:机械工业出版社,2020.
[34] 任正非.任正非接受福布斯中文网采访[Z].2015-09-06.
[35] 任正非.任正非1995年12月26日在总结大会上的讲话:目前我们的形势和任务[Z].1995-12-26.
[36] 任正非.任正非2013年10月19日在干部工作会上的讲话:用乌龟精神,追上龙飞船[Z].2013-10-19.
[37] 高华平,王齐洲,张三夕.韩非子·内储说上[M].北京:中华书局,2010:345.
[38] 汉迪.组织的概念[M].方海萍,译.北京:中国人民大学出版社,2006:150.
[39] 张小龙.警惕KPI和流程[Z].2016.http://www.woshipm.com/it/436786.html.
[40] 潘纳宁.小团队更有战斗力[Z].2013.http://www.gamelook.com.cn/2013/11/137605.
[41] 卡尔加德,马隆.如何创建天才团队[M].王素婷,任苗,浦千里,译.成都:四川人民出版社,2019:275.
[42] 合克曼.高效团队:领导团队走向成功的5大黄金法则[M].柯祥河,译.海口:海南出版社,2006:123.
[43] 卡尔加德,马隆.如何创建天才团队[M].王素婷,任苗,浦千里,译.成都:四川人民出版社,2019:74.
[44] 贝瑞,塞尔曼.向世界最好的医院学管理[M].张国萍,译.北京:机械工业出版社,2009:50-51.
[45] 贝瑞,塞尔曼.向世界最好的医院学管理[M].张国萍,译.北京:机械工业出版社,2009:51.
[46] 利维,阿什凯.团队的群体动力学(第5版)[M].李文超,刘娜,赖葭,译.北京:北京师范大学出版社,2021:4.
[47] 任正非.华为,下一步如何作为?——对话任正非[Z].2018-04-05.
[48] 任正非.励精图治,十年振兴——任总在Fellow及部分欧研所座谈会上的讲话[Z].华为总裁办电子邮件[2018]063号,2018-05-15.
[49] 任正非.遍地英雄下夕烟,六亿神州尽舜尧——任总在四季度区域总裁会议上的讲话[Z].华为总裁办电子邮件[2014]086号,2014-11-06.
[50] MORGAN G. Images of Organization[M]. London: Sage Pubns, 2006:213.
[51] STERNBERG R J, KAUFMAN J C.The Nature of Human Creativity[M]. Cambridge: Cambridge University Press, 2018:2.
[52] AMABILE T M. The Social Psychology of Creative[M]. New York:Springer Verlag, 1983.

[53] AMABILE T M. Creativity in Context: Update to the Social Psychology of Creativity[M]. Boulder: Westview Press, 1996.

[54] 许良英, 李宝恒, 赵中立, 等. 爱因斯坦文集（增补本·第一卷）[M]. 北京: 商务印书馆, 2009: 9.

[55] RYAN R M, DECI E L. Self-Determination Theory: Basic Psychological Needs in Motivation, Development and Wellness[M]. New York: The Guilford Press, 2017: 53.

[56] BOSMA H, MARMOT M G, HEMINGWAY H, et al. Low Job Control and Risk of Coronary Heart Disease in Whitehall II (Prospective Cohort) Study[J]. British Medical Journal, 1997, 314 (7080): 558-565.

[57] THE ECONOMIST. Misery Index[J/OL]. The Economist, 2012（4）[2021-05-06]. https://www.economist.com/node/21552539?fsrc=nlw|hig|4-12-2012|1365927|47712639|NA.

[58] THE ECONOMIST. Misery Index[J/OL]. The Economist, 2012（4）[2021-05-06]. https://www.economist.com/node/21552539?fsrc=nlw|hig|4-12-2012|1365927|47712639|NA.

[59] 刘建鸿. 控制感: 与死亡抗争的正面心理资源之一 [EB/OL].（2010-05-02）[2021-05-06]. http://psychspace.com/psy/expert/ljh/03.htm.

[60] 尼斯塔特. 群体绩效: 有效管理的基石 [M]. 曹继光, 译. 北京: 人民邮电出版社, 2013: 66-67.

[61] KELLEY D. How to Build Your Creative Confidence[Z]. 2014.

[62] KELLEY D. How to Build Your Creative Confidence[Z]. 2014.

[63] 约翰逊 D W, 约翰逊 E P. 走到一起来!: 群体理论与团队技巧（第12版）[M]. 谈晨皓, 陈琳珏, 译. 上海: 上海社会科学院出版社, 2021: 104.

[64] EISENBERGER N I, LIEBERMAN M D, WILLIAMS K D. Does Rejection Hurt? An fMRI Study of Social Exclusion[J]. Science, 2003 (302): 290-292.

[65] 黄伟曼. 国大研究发现: 年长者若独居, 死亡风险增七成 [N]. 新加坡联合早报, 2015-12-17（6）.

[66] 汤普森. 创建团队 [M]. 方海萍, 等译. 北京: 中国人民大学出版社, 2007: 30.

[67] 梅奥. 霍桑实验 [M]. 项文辉, 译. 上海: 立信会计出版社, 2017: 28-29.

[68] 梅奥. 霍桑实验 [M]. 项文辉, 译. 上海: 立信会计出版社, 2017: 31.

[69] FREY B S, JEGEN R. Motivation Crowding Theory[J]. Journal of Economic Surveys, 2001, 15 (5): 589-611.

[70] 约翰逊 D W, 约翰逊 F P. 走到一起来!: 群体理论与团队技巧（第12版）[M]. 谈晨皓, 陈琳珏, 译. 上海: 上海社会科学院出版社, 2021: 2.

[71] 约翰逊 D W, 约翰逊 F P. 走到一起来!: 群体理论与团队技巧（第12版）[M]. 谈晨皓, 陈琳珏, 译. 上海: 上海社会科学院出版社, 2021: 2.

[72] 词典网. 三个和尚 [Z/OL]. （2021-05-06）[2020-11-17]. http://www.cidianwang.com/gushi/shuiqian/195312.htm.

[73] 汤普森. 创建团队 [M]. 方海萍，等译. 北京：中国人民大学出版社，2007：36.

[74] LATANÉ B，WILLIAMS K，HARKINS S. Many Hands Make Light Work：The Cause and Consequence of Social Loafing[J]. Journal of Personality and Social Psychology，1979，37（6）：822-832.

[75] WILLIAMS K，HARKINS S G，LATANÉ B. Identifiability as a Deterrant to Social Loafing：Two Cheering Experiments[J]. Journal of Personality and Social Psychology，1981，40（2）：303-311.

[76] HARKINS S G，JACKSON J M. The Role of Evaluation in Eliminating Social Loafing[J].Personality and Social Psychology Bulletin，1985，11（4）：457-465.

[77] 叶舟. 思考的艺术 [M]. 北京：台海出版社，2018：53.

[78] MILLER C C，WORTHAM J. Silicon Valley Hiring Perks：Meals, iPads and a Cubicle for Spot[J]. The New York Times，2011（3）.

[79] 哈斯廷斯，迈耶. 不拘一格 [M]. 杨占，译. 北京：中信出版社，2021：9.

[80] 约翰逊 D W，约翰逊 F P. 走到一起来！：群体理论与团队技巧（第 12 版）[M]. 谈晨皓，陈琳珏，译. 上海：上海社会科学院出版社，2021：20-22.

[81] DYER W，DYER W G，DYER J. Team Building：Proven Strategies for Improving Team Performance(4th Edition). San Francisco，CA：John Wiley，2007.

[82] 欧德张. 铁军团队 [M]. 北京：中信出版集团，2020：8-9.

[83] 约翰逊 D W，约翰逊 F P. 走到一起来！：群体理论与团队技巧（第 12 版）[M]. 谈晨皓，陈琳珏，译. 上海：上海社会科学院出版社，2021：27.

[84] 约翰逊 D W，约翰逊 F P. 走到一起来！：群体理论与团队技巧（第 12 版）[M]. 谈晨皓，陈琳珏，译. 上海：上海社会科学院出版社，2021：312.

[85] MOSING M A，MEDLAND S E，MCRAE A，et al. Genetic Influences on Life Span and Its Relationship to Personality：A 16-Year Follow-up Study of a Sample of Aging Twins[J]. Psychosomatic Medicine，2012（1）：16-22.

[86] 塔什曼，奥赖利三世. 创新跃迁：打造决胜未来的高潜能组织 [M]. 苏健，译. 成都：四川人民出版社，2018：115.

[87] 布拉德福特，伯克. 重新定义组织发展 [M]. 赵潇楠，郑洁銮，夏洁，等译. 北京：电子工业出版社，2020：62.

[88] 布拉德福特，伯克. 重新定义组织发展 [M]. 赵潇楠，郑洁銮，夏洁，等译. 北京：电子工业出版社，2020：63.

[89] 卡梅隆，奎因. 组织文化诊断与变革（第三版）[M]. 王素婷，译. 北京：中国人

民大学出版社，2020：62.

[90] 詹奇. 自组织的宇宙观 [M]. 曾国屏，译. 北京：中国社会科学出版社，1992：155.

[91] HANNA M T，FREEMAN J. 组织生态学 [M]. 彭壁玉，李熙，译. 北京：科学出版社，2014：12.

[92] 奈尔. 无可否认：进化是什么 [M]. 王艳红，译. 北京：人民邮电出版社，2016：99.

[93] 字节跳动. 加入我们 [Z/OL].（2019-10-07）[2021-05-06]. https://job.bytedance.com/about/product.